城市群经济与金融系统耦合机理研究

杨凤华　著

苏州大学出版社

图书在版编目(CIP)数据

城市群经济与金融系统耦合机理研究 / 杨凤华著
. —苏州:苏州大学出版社,2013.1
ISBN 978-7-5672-0407-2

Ⅰ.①城… Ⅱ.①杨… Ⅲ.①长江三角洲-区域经济发展-研究②长江三角洲-区域金融-研究 Ⅳ.①F127.5②F832.75

中国版本图书馆 CIP 数据核字(2012)第 313375 号

城市群经济与金融系统耦合机理研究
杨凤华 著
责任编辑 施小占 薛华强

苏州大学出版社出版发行
(地址:苏州市十梓街 1 号 邮编:215006)
扬中市印刷有限公司印装
(地址:江苏省扬中市科技园区东进大道 6 号 邮编:212212)

开本 700 mm×1 000 mm 1/16 印张 13.75 字数 246 千
2013 年 1 月第 1 版 2013 年 1 月第 1 次印刷
ISBN 978-7-5672-0407-2 定价:35.00 元

苏州大学版图书若有印装错误,本社负责调换
苏州大学出版社营销部 电话:0512-65225020
苏州大学出版社网址 http://www.sudapress.com

前言

城市群是城市地域系统中次高级的地域组织形式，是全新的国家参与全球竞争与国际分工的基本地域单元。在中国新型城市化战略中，城市群已经成为中国城市化的主要空间依托以及带动国家和区域现代化的主要阵地。城市群是一个开放的复杂巨系统，系统内各子系统的结构以及不同子系统之间的耦合状态决定着城市群整体运行效率的高低。在经济金融化程度日益提升的当今时代，城市群地域系统内实体经济子系统与金融子系统能否实现良性耦合，对城市群整体竞争力的提升至关重要。

城市群实体经济系统是工业化和城市化发展到较高阶段，在城市密集发展的相邻地域空间内，不同等级规模的城市经济主体在社会化大生产的长期博弈中，自发形成的具有紧密社会经济联系和分工协作关系的有机整体。其功能不仅表现为经济系统所固有的资源配置功能，而且其群体特性决定了它还具有更大范围的资源整合、高能量集聚和辐射等功能。这些功能的强弱与城市群实体经济系统的结构、环境、发展阶段、体制、机制等密切相关。城市群金融系统是金融地域运动与城市群地域条件紧密结合而成的相互制约的各种金融要素所联结成的有机整体，它不仅具有金融系统所特有的金融服务、金融中介、储蓄动员、调节经济、规避风险等功能，而且其群体特性使得它还具有提供金融产业成长的差异化承载空间、促进金融资源的城际转移、架构城市群金融等别城市结构等功能。经济发展对金融发展的基础性作用以及金融发展对经济发展的能动作用规律表明，城市群实体经济系统与金融系统的耦合发展是城市群整体资源优化配置的必然要求。结合系统耦合理论以及区域一体化发展理论的已有研究成果，本书建立了城市群经济与金融系统耦合发展的基本理论，并从城市群经济一体化与金融一体化发展状况的对比以及各城市经济与金融耦合状况的对比两个方面，构建了城市群经济与金融系统耦合度的测评模型。推进城市群经济与金融系统耦合发展的动力源于市场、政府、公民社会三方面的合力，而其行为机制则在于统筹发挥城市群实体经济系统的需求拉动作用和金融系统的供给推动作用。

长三角城市群是当前引领中国经济发展的三大城市群之一。目前，长三角区域经济一体化已经进入到深化阶段，而其金融一体化却相对滞后。同时，长三角“两省一市”（即江苏省、浙江省和上海市）的金融综合发展水平也落后于各自的经济综合发展水平，因此应从经济与金融两个方面采取措施，努力推进长三角城市群耦合发展。

本书的出版得到了南通大学学术著作出版基金的资助，在此表示衷心的感谢！

目录

第一章 绪 论

1.1 选题背景与研究意义

用组团式城市群代替单一城市扩张已成为当前国家和区域城市化发展的新型战略。国家“十二五”规划纲要明确提出，要“在东部地区逐步打造更具国际竞争力的城市群，在中西部有条件的地区培育壮大若干城市群”。

从系统的观点来看，城市群是一个开放的复杂巨系统，系统内各子系统的结构以及不同子系统之间的耦合状态决定着城市群整体运行效率的高低。城市群发展战略的实施，就是旨在通过各子系统结构的优化以及不同子系统之间关联方式的改善，使城市群更好地激发出“整体大于部分之和”的系统特性。

推进城市群加快发展，经济建设是基础，而在当今信用经济时代，金融是经济的核心，因此，城市群地域系统内实体经济子系统与金融子系统能否形成良性耦合关系，对促进城市群整体竞争力的提升至关重要。

虽然区域经济理论、区域金融理论已分别就经济发展和金融发展的空间差异以及空间运动规律进行了深刻阐释，但由于这些理论在分析区域经济和区域金融问题时往往就经济论经济、就金融论金融，所以在区域经济与金融耦合问题面前就显得力不从心。而从国家宏观视角揭示经济与金融关系的金融发展理论，又缺乏对经济、金融问题的空间考察。这就决定了必须寻求新的研究视角或研究方法来对城市群经济与金融系统的耦合问题展开研究。

本书的研究目的和意义在于，力图从系统观的视角，创新性地运用系统理论和方法，对城市群地域系统内的经济子系统和金融子系统进行深入剖析，在此基础上努力探求城市群经济与金融系统耦合的基本理论及其实现机制，并结合城市相互作用理论、经济增长理论、金融发展理论等相关研究成果，尝试建立城市群经济与金融系统耦合度的测评模型，从而为城市群经济与金融互动共生的实践提供理论支撑。同时，本书也注重理论联系实际，将理论研究与长三角城市群的发展实际相结合，从定性和定量的角度揭示出长三角城市群经济与金融系统的耦合现状，并提出相应的改善对策，以此保证本书研究具有很好的应用价值。

1.2 国内外研究动态

因为本书的研究主要涉及“城市群”和“金融与经济关系”两大研究范畴，故从这两方面对国内外研究现状和趋势作如下阐述。

1.2.1 国外研究动态

国外学者研究城市群空间经济联系问题的时间较早，成果颇丰。20世纪40年代以前，“田园城市”(E. Horward, 1898)、“集合城市”与“世界城市”(P. Geddes, 1915)、“有机疏散”(E. Saarinen, 1918)、“卫星城”(R. Unwin, 1922)等空间组织思想，已开始强调要在区域综合规划中注重考虑城市和区域间的密切联系；德国地理学家克里斯塔勒(1933)、经济学家廖什(1940)创立的中心地理论，揭示了城市与城市、城市与腹地市场等级(功能)联系规律；M. Jefferson(1939)和G. K. Zipf(1942)则从理论层面对城市群体的等级规模分布展开了进一步的探讨，后者首次将万有引力定律引入城市体系的空间分析。这些早期成果为城市群空间经济联系研究奠定了理论基础[1]。20世纪五六十年代，城市群体化现象大规模出现，城市体系研究思想应运而生，如城市体系理论(O. Duncan, 1950)、增长极理论(F. Perroux, 1950; J. Boudeville, 1957)、大都市带理论(J. Gottman, 1957)、空间相互作用理论(E. L. Ullman, 1957)、极化理论(G. Myrdal, 1957; A. O. Hirschman, 1958)、倒“U”型理论(J. G. Williamson, 1965)、核心—边缘理论(J. R. Friedmann, 1966)、空间扩散理论(T. Hagerstrand, 1968)等，普遍强调城市群体化现象是城市体系经济关联作用与地域空间扩展的结果。20世纪七八十年代，城市群经济联系的复杂性与动态性以及城市体系的等级关系研究加快发展，如J. R. Friedmann(1986)对城市体系的等级网络进行了深入研究[2]。20世纪90年代以来，经济全球化和区域一体化的不断加速使城市群的发展日益受到重视，围绕城市群空间经济联系的研究全面展开，主要研究内容包括城市群的空间结构演变、交通运输网络与城市群空间网络的关系、空间流(物流、人流、资金流、信息流等)的变动与城市群地域系统演化规律、城市群协调发展机制等。同时，在研究方法上也不断取得新的突破，如新经济地理学代表人物腾田、克鲁格曼和维纳布尔斯(1999)深入研究了城市体系的自组织演化问题[3]，杨小凯等（2003）则利用新兴古典分析方法阐释了分工和专业化经济中的最优城市分层结构问题[4]P111－125。在上述研究中，许多学者都指出资金流对优化城市群经济联系的重要性，但专注于城市群经济与金融关系的研究甚少，国外关于经济与金融关系的研究主要集中于国家宏观层面或跨国比较层面，这方面的成果通常称为金融发展理论。该理论最早可追溯到重商主义的货币财富观，之后，魏克赛尔（1898）的累积过程理论、熊彼特（1912）的非常信用理论、凯恩斯（1936）的有效需求理论、格利和肖（1960）创立的包含货币理论的金融理论以及包含银行理论的金融机构理论、戈德史密斯（1969）的金融结构理论等，为金融发展理论的创立奠定了基础。1973 年，麦金农和肖分别提出了"金融抑制"与"金融深化"理论[5－6]，主张通过实行以放松利率管制等为核心的金融深化改革来促进发展中国家加快发展，这标志着现代金融发展理论的正式创立。该理论在 20 世纪七八十年代得到了进一步修正和完善。20 世纪 90 年代以来，Greenwood 和 Jovanovic（1990）、M. Pagano（1993）、King 和 Levine（1993）[7－9]等在汲取内生增长理论成果的基础上，突破了麦金农—肖的理论框架，引入了内生金融中介体和内生金融市场，运用多种模型，从金融功能视角研究了金融发展与经济增长的内生互动关系。同时，Jayaratne 和 Strahan（1996）、Guiso 等（2002）、Dehejia 和 Lleras-Muney（2003）以及 Fernández de Guevara（2007）等还对一国国内区域层面的金融与经济关系进行了探讨[10－13]。以上成果为认识城市群经济与金融之间的关系提供了重要的理论和方法指引。

1.2.2 国内研究动态

国内对城镇密集区以及城市群现象的研究，开始于 20 世纪五六十年代。早期的研究主要集中于中国城市和区域的规划问题。改革开放后，关于城市群空间经济联系的研究日益活跃。于洪俊、宁越敏（1983）率先引入了戈特曼的"大都市带"理论[14]。周一星（1983）首次提出了都市连绵区概念[15]。姚士谋（1992）出版了国内最早的《中国城市群》专著，提出了中国城市群的形成、发展的指标体系等[16]。崔功豪等（1992）、许学强（1995）分别对长三角和珠三角城市群进行了实证研究[17－18]。顾朝林（1992）系统论述了中国城镇体系的历程、现状及展望[19]。自 20 世纪 90 年代中后期以来，学者们进一步对城市群的相关概念界定、模式演进、动力机制、管理模式等理论问题进行了广泛研究，同时，围绕我国长三角、珠三角、京津唐、辽中南、长株潭等城市群的实证分析中国城市群的总体分布与发展态势的研究显著加强。如南京大学、南京地理与湖泊研究所、华东师范大学、浙江大学以及江浙沪三地社科院的一些专家学者对长三角经济一体化发展的现状、模式、机制等进行了多年跟踪研究，代合治（1998）、朱英明（2001）、苗长虹（2005）、方创琳（2005）等学者则探究了中国城市群的总体发展方针、结构特征和发展态势[20-23]，仇保兴（2007）、牛文元（2009）、方创琳（2009）、张鸿雁（2010）等在分析中国城市化的战略转型时，均指出城市群应成为中国未来城市化的主体形态[24-27]。为了分析和测度城市间的经济联系方向与强度，周一星（1998）首次提出了主要经济联系方向理论[28]，王德忠等（1996）、李国平等（2001）、陈彦光等（2002）、郑国等（2004）、苗长虹等（2006）、邓春玉（2009）等则通过采用空间相互作用的引力模型，对特定区域内城市间的经济联系强度进行了测度和分析[29-34]。另外，陈涛等（1994）、刘继生等（1998）、许波（2001）、陈彦光（2004）、张雪花等（2008）还结合系统科学的自组织理论，剖析了城市体系的分形特征和演化机制[35-39]。在城市群发展理论与实践研究不断取得进展的同时，从20世纪90年代初开始，国内关于经济增长与金融发展关系的研究也逐步深入。学者们在这方面的研究大致可分为三个层面：一是在借鉴国外金融发展理论基础上，从国家宏观视角对中国金融发展的重要性、中国金融资产结构的演变轨迹以及金融发展与经济增长、经济结构变迁之间的关系进行了大量理论与实证研究。如盛松成等（1992）对西方货币经济理论的系统研究[40]，谢平（1992）、易纲（1996）、张杰（1997）、谈儒勇（1999）、赵志君（2000）、王维安（2000）、王广谦（2002）、沈坤荣（2004）、李健等（2004）、易纲等（2008）、林毅夫等（2009）对中国金融结构以及中国金融发展与经济增长关系的实证分析[41-51]，白钦先（2005）等对西方学者金融结构理论和金融发展理论的丰富和拓展[52]，都有力推动了国内对金融发展问题研究的深入。二是在国家区域协调发展战略指导下，从区域对比视角对中国区域经济总体发展不平衡的金融成因进行了实证剖析。如曾康霖（1995）、唐旭（1995）、贝多广（1995）、张军洲（1995）、巴曙松（1998）、周立等（2002）在这方面的研究开展得较早[53-58]，近年来，刘仁伍（2003）、陈先勇（2005）、麦勇（2005）、艾洪德等（2006）、田霖（2006）、张凤超（2006）、杨德勇（2007）、王景武（2007）、郑长德（2007）、范祚军（2007）、尹优平（2008）、高连和（2008）、陈雁云（2009）等学者则以专著形式对区域金融发展理论与实践的研究做出了重要贡献[59-71]。三是针对国内特定城市群经济一体化发展的战略要求，从增强经济一体化的金融服务功能视角，定性研究了长三角、珠三角、京津唐、山东半岛、长株潭、中原等特定城市群的金融协调发展问题。如潘志纯（2002）、诸大建（2003）、李方（2006）、洪银兴（2007）、刘志彪等（2007）、苏宁（2008）、中国人民银行上海总部国际部课题组（2008）等在深入探讨长三角区域经济一体化发展问题时，均将长三角金融协调发展列为推进长三角区域经济一体化的重要举措[72-78]。前两个层面的研究为城市群经济与金融关系的研究奠定了较好的理论基础和分析架构，第三个层面的研究则为城市群经济与金融关系的研究提供了直接素材。

1.2.3 简要述评

通过文献梳理可以发现：(1) 在城市群相关问题的研究中，复杂系统演化的自组织理论越来越多地得到运用，但目前的研究主要集中于城市群系统的分形特征和演化路径方面，而对于系统内相关子系统的耦合机理研究较少；(2) 在金融与经济关系的研究进展中，空间因素日益受到重视，但由于研究方法所限，目前国内的研究主要表现为对特定区域的经济与金融关系的现状描述，而在理论构建方面尚未有较大突破。本书拟将上述两个研究范畴相结合，运用系统科学理论和系统分析方法，对城市群地域空间内经济与金融系统的耦合机理加以深入研究。

1.3 研究思路、内容和方法

本书按照“提出问题→分析问题→解决问题”的研究思路展开，具体技术路线如图 1-1 所示。

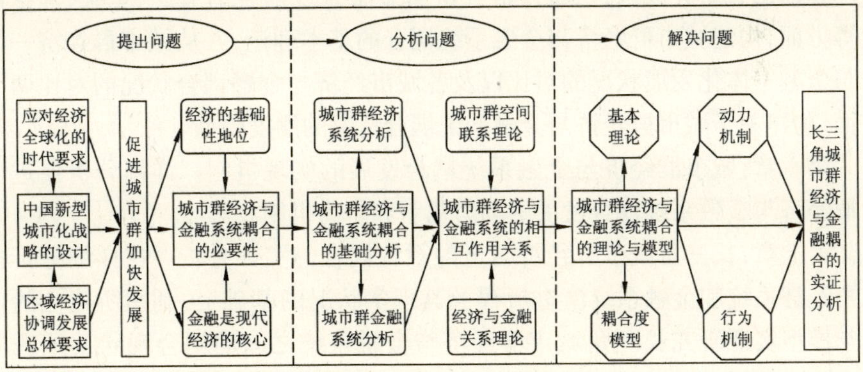

图 1-1　本书研究的技术路线

因循上述思路，本书各章节的内容安排如下：

第一章：绪论。交代本书的研究背景、研究目的和意义，并在对选题的国内外研究现状和趋势进行述评的基础上，明确本书的研究思路、内容和方法，指明本书的主要观点和创新之处。

第二章:相关基础理论概述。主要包括:(1)系统科学基本理论。主要介绍系统论思想以及复杂系统演化的自组织理论。(2)经济地域系统基本理论。简要介绍经济地域的内涵、基本特征、形成发展条件以及经济地域系统的演进阶段。(3)城市群基本理论。阐述城市群的内涵及其系统特征、城市群地域结构理论、城市群的发展模式及其发展趋势。(4)经济增长与金融发展关系理论。经济增长理论主要评介马克思和西方学者的经济增长理论。金融发展理论则根据思想流派和研究视角的不同,大致分为金融结构论、金融抑制和金融深化论、金融功能论、金融资源论几个派别来加以评介。

第三章:城市群经济系统分析。以有关经济系统、区域经济系统内涵的现有研究成果为依据,结合城市群的自身特点,界定城市群经济系统的内涵。在此基础上,对城市群经济系统的结构、环境、功能及其自组织机制进行详细、深入的剖析。

第四章:城市群金融系统分析。首先介绍金融系统的内涵及其基本特征,在此基础上凝练出城市群金融系统的内涵,并结合城市群金融系统实际,着重分析城市群金融系统的结构与功能。

第五章:城市群经济与金融系统耦合理论与模型。首先对经济发展与金融发展之间的相互作用关系进行理论和模型分析,指出要推进资源有效配置,不能就经济论经济,就金融论金融,而应从两方面联动推进。然后结合系统耦合问题的已有研究成果,从城市群经济与金融系统耦合的概念、意义、理论假说等方面,构建城市群经济与金融系统耦合的基本理论,并从城市群经济一体化与金融一体化发展状况的对比以及各城市经济与金融耦合状况的对比两个方面,构建关于城市群经济与金融系统耦合情况的测度模型。

第六章:城市群经济与金融系统耦合发展的实现机制。详细分析促进城市群经济与金融系统耦合发展的动力机制和行为机制。

第七章:长三角城市群经济与金融系统耦合的实证分析。在详细分析长三角经济系统和金融系统演进历程及其现实状况的基础上,利用所建立的理论与模型实证研究长三角城市群经济与金融系统之间的耦合现状及地区差异,并从经济与金融两个方面,系统提出促进长三角城市群经济与金融系统耦合的对策建议。

第八章:结论及展望。对全书在理论与实证研究中所形成的观点及结论进行总结,指明研究中存在的不足之处及今后进一步的研究方向。

在研究方法上,本书主要以马克思主义的唯物辩证法为指导,采用系统方法对选题展开研究,并做到以下几个方面的结合:第一,还原论与整体论相结合。在对城市群经济、金融系统进行分析时，既注重对其通过分析、分解和还原，深入剖析其组分即“系统之砖”的性质，又注重从整体上认识系统组分之间的关联方式，科学把握其整体涌现性。第二，定性描述与定量分析相结合。在运用一般系统论、耗散结构理论、协同学理论等系统理论对城市群经济系统、金融系统的行为特性以及相互间的耦合机理进行定性描述的基础上，通过科学选择变量参数，合理设计耦合度测度模型，深刻揭示出城市群经济与金融系统耦合的定量特性。第三，理论与实践相结合。以系统理论、经济学、区域经济学、金融学、金融发展理论、城市群空间联系理论等基础理论为指导，构建起城市群经济与金融系统的耦合理论与模型，并在密切联系长三角城市群的演进历程、发展环境、地域结构和发展态势等的基础上，运用所建理论与模型，对长三角城市群经济与金融系统的耦合现状及完善对策进行实证分析。

1.4 主要观点和创新之处

本书主要观点如下：

首先，在世界经济竞争已经进入区域性、集团化竞争的全球背景下，城市群正成为中国参与全球竞争与国际分工的基本地域单元，成为中国城市化的主要空间依托以及带动国家和区域现代化的主要阵地，主宰着中国经济发展的命脉。

其次，城市群是一个开放的复杂巨系统，系统内各子系统的结构以及不同子系统之间的耦合状态决定着城市群整体运行效率的高低。因此，对城市群的研究，就不能只关注个别子系统、只考虑个别子系统的利益，而应从整体上通盘考虑。

第三，在城市群加速发展过程中，经济建设是基础，而在当今信用经济时代，金融是经济的核心，因此，城市群地域系统内实体经济子系统与金融子系统能否形成良性耦合关系，对促进城市群整体竞争力的提升至关重要。

第四，城市群经济和金融系统的耦合，不能就经济论经济，就金融论金融，而是应在实体经济发展过程中注重充分发挥经济发展对金融发展的拉动作用，在金融发展过程中切实提升金融发展对经济发展的推动作用。

第五，城市群经济与金融系统的耦合度，不仅取决于城市群内各城市自身经济与金融的协调状况，而且取决于城市群经济一体化与金融一体化的协同程度。

本书在研究过程中的创新点主要体现在以下几个方面：

第一，在系统观、经济系统、经济地域系统已有研究成果的基础上，结合城市群的自身特点，界定了城市群经济系统的内涵，并运用三维结构图清晰地勾勒出了城市群经济系统的结构框架。同时，通过合理确定城市群经济系统的外部边界和内部边界，明晰了城市群经济系统的运行与其环境之间的相互作用关系。

第二，结合系统功能的内涵及其决定因素，从经济系统的特有功能、城市群地域组织的群体特性、城市群所处发展阶段及其体制与机制等方面，较为全面地阐释了城市群经济系统的功能及其影响因素。

第三，在金融地域系统和区域金融发展已有研究成果的基础上，结合城市群的自身特点，界定了城市群金融系统的内涵，并从子系统的划分、子系统的结构以及不同子系统之间的关联关系等方面，对城市群金融系统的结构进行了全面的剖析。同时，也从金融系统的特有功能、城市群金融系统的地域组织特性及其内部子系统之间的功能结构关系等方面，详细探究了城市群金融系统的功能。

第四，从经济发展对金融发展的基础性决定作用和金融发展对经济发展的能动作用两个方面，对经济发展与金融发展之间互为影响、互为制约的关系进行了理论和模型分析。

第五，在系统耦合理论已有研究成果基础上，从城市群经济与金融系统耦合的内涵、意义、理论假说等方面，构建了城市群经济与金融系统耦合的基本理论，并从城市群经济一体化与金融一体化发展状况的对比以及各城市经济系统与金融系统耦合状况的对比两个方面，构建了城市群经济与金融系统耦合情况的测度模型。同时，深入分析了城市群经济与金融系统耦合发展的实现机制。

第六，系统总结了长三角城市群经济一体化与金融一体化的演进历程，并在运用本书所构建的城市群经济和金融系统的耦合理论与模型对长三角城市群经济与金融系统的耦合现状进行详细分析的基础上，提出了促进长三角城市群经济与金融系统良性耦合的对策建议。

第二章　相关基础理论概述

2.1　系统科学基本理论

2.1.1　系统及其分类

科学技术的发展,极大地促进了物质生产组织、社会组织形式的发展和变化,同时也促进了科学技术研究本身以及社会科学研究的进步。社会物质生产的组织性、复杂性,社会生活系统的组织性和复杂性,社会管理的组织性和复杂性,科学研究对象的组织性和复杂性,都极大地增加了。它们都以系统的面貌出现,都要求从整体上加以优化解决。

所谓系统,是指“相互作用着的若干元素的复合体”(冯·贝塔朗菲,1973)[79]。相互作用指的是:若干元素(P),处于若干关系(R)中,以致一个元素 P 在 R 中的行为不同于它在另一关系 R' 中的行为。如果元素的行为在 R 和 R' 中并无差异,那么就不存在相互作用,元素的行为就不依赖于 R 和 R'。系统的上述定义可用一组联立微分方程式加以表示。假设 Q_i 表示 P_i($i=1,2,\cdots,n$)的某个量,对于有限数目元素的系统,处于最简单的情况,就有式(2.1)所示形式:

$$\begin{aligned}\frac{\mathrm{d}Q_1}{\mathrm{d}t}&=f_1(Q_1,Q_2,\cdots,Q_n)\\ \frac{\mathrm{d}Q_2}{\mathrm{d}t}&=f_2(Q_1,Q_2,\cdots,Q_n)\\ &\cdots\cdots\\ \frac{\mathrm{d}Q_n}{\mathrm{d}t}&=f_n(Q_1,Q_2,\cdots,Q_n)\end{aligned}\qquad(2.1)$$

(2.1)式表明,系统元素 P_i 的任何一个量 Q_i 的变化,是所有 Q(从 Q_1 到 Q_n)的函数;反之,任一 Q_i 的变化,承担着所有其他元素量以及整个方程组的变化。系统中不存在与其他元素无关的孤立元素，所有元素都按照该系统特有的、足以与别的系统相区别的方式彼此关联在一起，相互依存，相互制约。系统是由它的所有元素构成的具有特定功能的有机整体，具有整体的结构、整体的特性、整体的行为、整体的功能等。

撇开系统元素的具体基质，仅仅把对象看做系统，可以从以下方面来区分不同的系统：(1) 按照系统规模划分，有小系统(little system)、大系统(large system)、巨系统(giant system)三类；(2) 按照系统结构简单与否划分，有简单系统(simple system)和复杂系统(complex system)两类。

一般来说，小系统和大系统都属于简单系统，巨系统可能是简单的，也可能是复杂的。把这两个标准结合起来进行分类，就得到钱学森关于系统的一个完备分类(见图 2-1)[80]P23。

- 系统
  - 简单系统
    - 小系统
    - 大系统
  - 巨系统
    - 简单巨系统
    - 复杂巨系统
      - 一般复杂巨系统
      - 特殊复杂巨系统(社会系统)

图 2-1　系统的分类

2.1.2　系统论及其基本原理

随着科学技术的发展，人类越来越多地要面对并解决各式各样的包含大量个体的系统。社会需要的巨大推动，使得科学研究注定要进一步突破以往的思维模式和研究范式，由追求基元性向深究组织性挺进，由向往简单性向探索复杂性发展，由崇拜线性律向探讨非线性律而努力。于是，以系统为特定研究对象，横跨自然科学、社会科学和工程技术，从系统的结构和功能角度研究客观世界的新兴科学门类——系统科学便应运而生了。作为新兴科学，系统科学是人们认识组织性、复杂性、非线性问题的新起点，它代表了 20 世纪科学技术发展的新方向。

自美籍奥地利生物学家贝塔朗菲(Ludwig Von Bertalanffy)创立“一般系统论”以来，系统科学现已发展成为一个包含系统论、运筹学、控制论、信息论、系统工程、耗散结构理论、协同学、超循环理论、突变理论、混沌理论、分形理论等在内的学科体系。我国杰出的科学家钱学森对系统理论与系统科学的创立做出了独特的重要贡献，其中之一就是明确提出了系统科学“三个层次、一个桥梁”[81]的体系结构(见图 2-2)。“三个层次”分别是：工程技术层次，即直接改造客观世界的系统工程、自动控制技术等；技术科学层次，即工程技术共同的科学基础，包括运筹学、控制论、信息论等；基础科学层次，即系统科学的基础理论——系统学。“一个桥梁”则是指从系统科学到马克思主义哲学的桥梁，即系统论。[81]P3-12

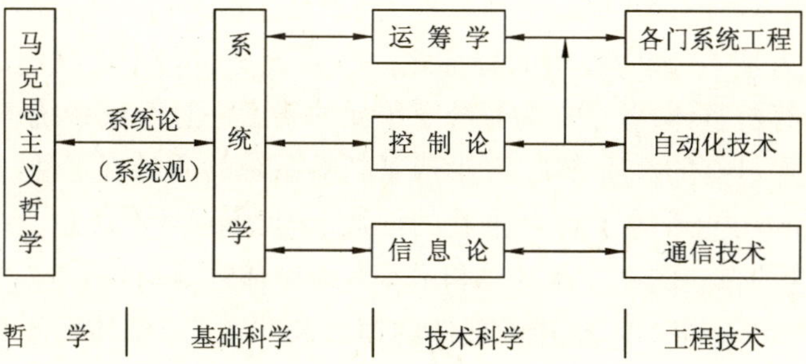

图 2-2 系统科学体系结构

（资料来源：许国志. 系统科学. 上海：上海科技教育出版社，2000：15.）

在系统科学体系中，系统论是系统科学与辩证唯物主义联系的桥梁，也可以称为系统科学哲学，它是由于引进“系统”这个新的科学范式（与经典科学那种分析的、机械的、单向因果的范式大不相同）而产生的思想和世界观的重新定向。虽然现代科学技术在为系统思想提供定量方法和计算工具等方面具有重大贡献，但系统思想绝不是 20 世纪中叶的新发现和现代科学技术独有的创造，而是属于辩证唯物主义的内容[82]。系统论的产生有着深远的历史、思想渊源和现代科学技术基础。它的产生是经过古代—近代—现代三个不同的阶段，从系统观逐渐发展到当今的系统论。它的产生、发展是和人类辩证地认识客观世界分不开的[83]。马克思、恩格斯的辩证唯物主义认为，物质世界是普遍联系的，它是由无数相互联系、相互依赖、相互制约、相互作用的事物和过程所形成的统一整体，这一观点是系统思想的充分体现。恩格斯说：“思维既把相互联系的要素联合为一个统一体，同样也把意识的对象分解为它们的要素。没有分析就没有综合。”①系统思想是进行分析与综合的辩证思维工具，它在辩证唯物主义那里取得了哲学的表达形式，在运筹学和其他系统科学那里取得了定量的表述形式，在系统工程那里获得了丰富的实践内容。系统观充实了科学技术的方法论，并为马克思主义哲学的深化和发展提供了素材，即通过人的社会实践汇总、提炼到系统科学的基础科学——系统学，又从系统学通过一座桥梁——系统观，达到人类知识的最高概括——马克思主义哲学[82]P266-267。

---

① 摘自《反杜林论》，《马克思恩格斯选集》（第三卷），北京：人民出版社，1972，第 81 页。

系统论认为,系统具有整体性、层次性、开放性、目的性、稳定性、自组织性、突变性和相似性8个方面的基本特性,将它们进一步概括,则可形成系统论的8条基本原理[84]。

第一,整体性原理。系统之所以称为系统,首先就必须要有整体性。整体性是系统最为基本、最为鲜明的特征之一。系统是由若干要素组成的具有一定新功能的有机整体,各个作为系统子单元的要素一旦组成系统整体,就具有独立要素所不具有的性质和功能,形成了新的系统的质的规定性,从而表现出整体的性质和功能不等于各个要素的性质和功能的简单加总。在系统科学中,通常将这种孤立的部分及其总和不具有而整体才具有的特性,称为整体涌现性(whole emergence)。整体涌现性的通俗表述就是"整体大于部分之和",从整体中必定可以发现某些在部分中看不到的属性和特征[80]P20-21。具体到社会系统,整体性问题也是它的一个极为重要的问题。一个经济区具有其中每一个成员在单独发展时所不具有的分工协作的功能,而且整个经济区的生产效率也具有整体性,不等同于各个成员的简单加总。

第二,层次性原理。组成系统诸要素的种种差异以及它们在结合方式上的不同,使得系统组织在结构与功能、地位与作用上表现出等级秩序性,形成了具有质的差异的系统层次。同时,系统的层次区分又是相对的,一个系统被称之为系统,实际上只是相对于它的子系统即要素而言的,而它本身又是其所从属的上级系统的子系统即要素。当然,相对区分的系统的不同层次之间又是相互联系的。如社会系统就是一个多层次系统,个体、群体、单位、社区,直到省市、国家,就是这个系统中的一个层次序列。社会系统中的不同层次有其不同质的规定性,不同层次之间又有联系性,社会系统的这种双重功能,使得社会系统处于不同层次的普遍联系之中。

第三,开放性原理。系统向环境开放是系统得以向上发展的前提,也是系统通过内因和外因的相互作用得以发展演化的条件。系统具有不断地与外界环境进行物质、能量、信息交换的性质和功能。系统开放得越充分有效,越有利于系统的生存和发展。开放不够,系统生存发展将受到影响,严重时将使系统处于病态或者使其解体。正如系统论创始人之一拉兹洛所指出的:"任何一个给定的孤立系统,随着其内部储存的可用于其组成部分组织化的能量消耗尽,该系统就相应地走向解体。"[85]

第四,目的性原理。在一定的范围内,系统在与环境的相互作用中其发展变化坚持表现出某种趋向预先确定的状态——目的的特性。系统的目的通过系统的行为来实现,系统的目的引导着系统的行为。系统的目的性是系统发展变化的阶段性与规律性的统一。一方面,对于开放的自组织演化系统而言,系统的目的性与系统发展趋向于与更稳定状态相联系。而稳定状态指的是系统在一定发展阶段的状态,所以,系统发展变化的目的性总是与发展的一定阶段相联系,表现为系统发展变化的阶段性,而无最终目的即是永恒目的。另一方面,由于合乎某种目的的发展,也必然是合乎一定规律的按照一定逻辑的发展,所以,系统的目的性还表现为系统发展的规律性。

第五,稳定性原理。在稳定之中求发展,在发展之中求稳定,是系统稳定性原理所追求的。没有脱离稳定的发展,也没有脱离发展的稳定,系统的稳定和发展具有同一性。在外界作用下,开放系统具有一定的自我稳定能力,能够在一定范围内自我调节,从而保持和恢复原来的有序状态,保持和恢复原有的结构和功能。正确地认识和掌握系统稳定性原理,不仅具有自然科学的意义,而且具有社会科学的意义。一个社会系统,想要达到正常的发展,就必须处理好稳定和发展的关系。

第六,自组织性原理。组织既是一个过程,也是一种状态。前者是指组织属于一类特殊的系统演化过程;后者则是指组织过程所形成的结构,是系统内部的相互联系及其表现。就过程而言,组织可以分为自组织和他组织。在系统实现空间的、时间的或功能的结构过程中,如果没有外界的特定干扰,仅是依靠系统内部的相互作用来达到,则称系统是自组织的[80]P176。相反,系统的他组织则是指系统组织结构的形成是在外来特定干预下进行的。在系统内外两方面因素的复杂非线性相互作用下,开放系统内部要素的某些偏离使系统状态的波动可能得以放大,从而在系统中产生更大范围的更强烈的长程相关。现实的系统都处在自发运动、自发形成组织结构、自发演化之中。系统的开放性、随机涨落的放大、竞争和协同的相互作用对系统自组织进化的机制具有决定性意义。

第七,突变性原理。系统通过失稳从一种状态进入另一种状态是一种突变过程,它是系统质变的一种基本形式。突变方式多种多样,同时系统发展还存在着分叉,从而有了质变的多样性,带来系统发展的丰富多彩。经过突变而发展变化是系统发展变化的一种基本形式。突变对于系统发展变化的最重要的贡献是使得系统的发展变化出现分叉。分叉使得系统的发展演化前途具有多种可能性。最极端的情形,分叉既可是新的进化,成为系统向上发展的创造性的源泉,也可能是系统走向崩溃、走向退化的开始。这对于人们认识社会系统的发展变化具有重要意义。在社会系统的演化之中,要注意避免那些不希望的起破坏性作用的涨落突变,而要利用那些有利于社会正常发展的具有建设性的涨落突变。

第八，相似性原理。系统具有某种相似性，是系统理论得以建立的基础。系统具有同构和同态的性质，体现在系统的结构和功能、存在方式和演化过程具有共同性，这是一种差异的共性，是系统统一性的一种表现。如果没有系统的相似性，就没有具有普遍性的系统理论。系统的相似性，不仅仅是指系统存在方式的相似性，也指系统演化方式的相似性；不仅仅是指系统实体意义上的相似性，也指系统关系意义上的相似性。同时，系统的相似性也是相对的，系统的相似性实际上是在相似和差异的对立统一之中的相似性。系统的相似性原理，不仅在科学研究中具有重要的实践意义，而且在社会实践中具有十分重要的现实意义。在我国社会主义现代化建设中，引入外国先进的科学技术和管理经验，乃至引进西方国家市场经济的先进经验为我国社会主义市场经济服务之所以是可能的、也是可行的，就在于尽管两种不同社会体系有其本质上的区别，但是却具有作为社会经济系统的相似性和共性方面。

系统论的基本原理表明，系统论所提供的新的系统思维方式是根据系统的性质、关系和结构，把对象有机地组织起来构成模型，研究系统的功能和行为，着重从整体上去揭示系统内部各要素之间以及系统与外部环境之间的多种多样的联系、关系、结构与功能。虽然系统思维与辩证思维在许多方面有共同之处，如都认为事物是联系的、发展的，内因是变化的根据，外因是变化的条件等等，但系统思维却大大深化和发展了辩证思维，使辩证思维更加具体化。如系统思维以系统信息、反馈层次、结构、复杂性等概念，大大丰富和深化了联系范畴，以开放系统的自适应、自组织等概念丰富和深化了发展的范畴，从而使人们对事物联系和发展的多样性及其动因认识得更为深刻和具体[83]P80-84。系统论所提供的新的系统思维方式，作为人类思维方式发展到现代的必然产物，它不仅适合于人们认识世界，揭示事物的运动规律，而且适应人们改造世界、变革现实的需要。在推进我国社会主义现代化建设过程中，需要实行一系列的经济结构、政治体制、科技体制、教育体制以及区域发展总体战略等方面的重大变革和调整，这些改革涉及各个部门、多种因素，关系极为复杂，这就必然要求我们充分运用系统思维方式来分析解决经济社会改革发展过程中的诸多理论和现实问题。

2.1.3 复杂系统演化的自组织理论

系统的演化是系统的一种主要行为，而组织则是系统的一类特殊演化过程，是系统发生质变、有序程度增加的过程。同时，组织过程中所形成的有序结构通常也称为组织。前已述及，系统的组织过程可分为两类：自组织和他组织。由于在市场经济中，一般而言，人们并不能随心所欲地组织生产和安排经济活动，而是必须符合经济规律，这就要求经济系统处在自组织状态，所以这里主要介绍自组织理论。

作为研究客观世界中自组织现象产生、演化等的理论，自组织理论主要包括普利高津创建的耗散结构理论和哈肯创建的协同学。

2.1.3.1 耗散结构理论及其形成条件

耗散结构理论是比利时物理学家、布鲁塞尔学派的领导人普利高津（I. Prigogine）于1969年首先提出的。它的中心思想是：在宏观世界中，除了通常的处于平衡条件下的稳定的有序结构外，还有另一种稳定的有序结构，即在远离平衡态的开放系统中，由于与外界不断地进行物质和能量交换，有可能从“无序”走向“有序”，形成非平衡态下的稳定有序结构。普利高津将自组织系统中从原先相对无序、较高对称性的组织结构，通过自发的对称性破缺而实现的相对有序、较低对称性的组织结构，称为耗散结构（Dissipative Structure）。因为，这类组织的维持必须不断地对系统做某种形式的“功”，即不断地消耗外界的物质、能量和信息。同时，他还指出，系统要形成这种耗散结构，必须具备一定的条件[86]P90－106。

首先，系统必须开放。耗散结构与平衡结构不同，后者是一种“死”的结构，这个结构的维持不依赖于外界，而前者是个“活”的结构，它只有在开放条件下，不断地与外界保持物质、能量和信息交换才能维持。热力学第二定律已经指出，一个孤立系统（指与外界没有接触的系统）的熵①（S）总是向着它的极大值增加。当熵达到极大值时，系统则达到最无序的平衡态。由此可见，孤立系统绝不会出现耗散结构。即使原来的系统存在耗散结构，一旦把系统孤立起来，这个结构也会瓦解。因此，系统开放是使系统朝着有序方向发展的必要条件。

开放系统之所以出现本质上不同于孤立系统的行为，原因就在于系统与外界之间的熵的交换不同。一个开放系统的熵的改变（$\mathrm{d}S$）可以分为两个部分，即 $\mathrm{d}S=\mathrm{d}_eS+\mathrm{d}_iS$。$\mathrm{d}_iS$ 表示系统内部由于不可逆过程引起的熵增，它总是正的，即 $\mathrm{d}_iS>0$；d_eS 表示系统开放条件下外界不断给系统注入的熵流，它可以大于、等于或小于零。在 $\mathrm{d}_eS<0$ 的情况下，只要这个负熵流足够强，它除了抵消掉系统内部的熵增 d_iS 外，还能够使系统的熵的总变动量（$\mathrm{d}S$）为负，那么整

---

① 用来说明系统混乱程度的一个物理量。

个系统的熵减少,系统由此进入相对有序的状态。

其次,远离平衡态。开放系统是形成耗散结构的必要条件而非充分条件。形成耗散结构的另一个重要条件是外界必须驱动开放系统越出非平衡线性区,到达远离平衡态的区域去。由普利高津给出的最小熵产生原理可知:在非平衡线性区即近平衡区,系统演化的最终结果是达到熵产生最小的、与平衡态类似的非平衡定态,当环境使系统逐渐接近孤立系统时,该非平衡定态将平滑地变为平衡态,系统根本不可能形成有序结构。只有在外界驱动开放系统越出非平衡线性区,到达远离平衡的非线性区时,才有可能演化为有序结构。

第三,非线性相互作用。上述关于系统的整体性原理已经说明,组成系统的子系统之间存在着非线性相互作用,它们不满足叠加原理。因此子系统在形成系统时,会涌现出新的性质。自组织理论与上述原理一致,自组织也是系统演化涌现新性质的一种,自然也就与子系统之间的非线性相互作用有关。

第四,涨落现象。涨落是指系统在某一时刻的实际物理量与其平均值的偏离。在正常情况下,由于热力学系统非常大,这种涨落相对于平均值来说是很小的,即使偶尔有大的涨落也会立即耗散掉,不会对系统的宏观态产生影响,因而经常被忽略掉。然而,在临界点附近,情况就大不相同。这时,很可能出现大的涨落(巨涨落),而且这种涨落可能不会被耗散,反而可能被放大,从而导致系统达到新的宏观态。当新的稳定态实现后,涨落的作用又变得微乎其微,不再产生影响系统的宏观行为。如果没有涨落的存在,那么无论在什么条件下,系统也不会自行脱离原来的不稳定的定态解,而实现新的有序的耗散结构。因此,可以说涨落是使系统由原来均匀定态解到耗散结构演化的最初驱动力。涨落是偶然的、杂乱无章的、随机的,它可以由系统内部引起(可称为内涨落),也可以由系统外界环境的变化引起(可称为外涨落)。最后实现的耗散结构的序,正是由增长得最快的那个涨落的时间和空间的序所决定的。普利高津所提出的“涨落导致有序”的论断,就在于说明,在非平衡系统具有了形成有序结构的客观条件后,涨落对实现某种序起着决定作用。

耗散结构形成的上述几个条件是相互紧密联系的。系统不开放,就无法与外界进行物质、能量和信息交流,系统就不能远离平衡态,子系统之间的非线性相互作用也不能使系统脱离平衡态,涨落也仅仅能起到稳定系统使之处于平衡态的作用,而无法形成有序状态。没有远离平衡态,系统开放也是没有用的,与外界交流也仅是类似微扰的作用,不能使系统发生本质的变化。非线性相互作用是系统内部发生质变的基础,满足叠加原理的系统不可能形成耗散结构。而涨落则是系统从一个定态解变为另一个定态解,使系统发生质变的一个基础,没有涨落,其他条件再充分,系统也不会出现有序结构。因此,根据上述条件,可以把耗散结构概括为:在非平衡条件下产生的,依靠物质、能量、信息的不断输入和输出来维持其内部非线性相互作用的有序系统。

2.1.3.2 协同学的役使原理

为了探讨支配生物界和非生物界结构及(或)功能的自组织形成过程的普遍原理,德国理论物理学家赫尔曼·哈肯(H. Haken)1977 年创建了协同学(Synergetics),提出了役使原理。

协同学认为,具有自组织现象的系统在宏观尺度上所产生的空间、时间或功能结构,主要源于系统内部要素子系统之间的协同作用。任何系统运动都有两种趋向,一种是自发地倾向无序的运动,这是系统瓦解的重要原因;另一种是子系统之间的关联引起的协调、合作运动,这是系统自发走向有序的重要原因。自组织系统内各子系统的状态变量很多,在自组织的过程中,各子系统的状态变量之间紧密相连、相互影响,自组织的过程就是系统内各子系统的状态变量相互作用,形成一种统一的"力量",使系统发生质变的过程。为了描述自组织的状态变化过程,哈肯提出了序参量的概念。

所谓序参量,是指在描述系统状态的众多变量中,有某一个或几个变量,在系统处在无序状态时,其值为零,随着系统由无序向有序转化,这类变量从零向正有限值变化或由小向大变化,它们可以用来描述系统的有序程度。相比于系统的其他状态变量,序参量的个数比较少,随时间变化缓慢,所以也被称为慢变量,而其他状态变量数量多,随时间变化快,被称为快变量。

协同学认为,在系统发生非平衡相变时,序变量的变化情况既决定着系统相变的形式和特点,也决定着其他快变量的变化情况,序参量的大小不仅决定着系统有序程度的高低,而且还起着支配其他快变量变化的作用。因此,序参量也可以称为命令参量,它主宰着系统整体演化的过程。描写系统"有序"程度,在非平衡相变中"命令"、支配其他快变量变化,这两种意义在同一类变量上具备,也正好由同一个英文单词"order"表示,所以称为"order parameter"(序参量)。[80]P192 由于序参量能够为我们集中概括地提供整个系统的信息,所以一旦确定了序参量,我们就可以通过序参量来了解、认识系统的演化。

不少系统的序参量是在自组织的过程中形成的,因此可以说,在系统自组织的过程中,众多变量形成某些序参量,反过来,序参量又役使其他状态变量的变化。序参量支配、主宰、役使系统状态的其他变量,它本身一般又是由系统的其他变量形成的。系统相变过程是一个由系统状态变量形成系统序参量,序参量又役使系统其他状态变量的过程。哈肯将相变过程中,系统状态变量中序参量与其他快变量之间役使、服从的关系称为役使原理（Slaving Principle）。

2.2　经济地域系统基本理论

2.2.1　经济地域的内涵及其基本特征

顾名思义，经济地域是指经济的地域。经济是其内容，地域则是其空间表现形式。因此，所谓经济地域，就是指人类经济活动与具体时空条件紧密结合而形成的相对完整的地理空间，它具有综合性、层次性、开放性、发展的周期性和类型的多样性等基本特征[87]P16,68。

首先，经济地域是指综合性的地域。经济地域不是指工业、农业或交通运输网络等单项的部门经济地域，而是指国民经济诸部门相互联系、紧密结合的综合性经济地域。同时，该地域内的产业和城镇并不是杂乱无章地分布，而是有规律地组合成相对完整的地域单元。

其次，经济地域具有层次性。一方面，经济地域在劳动地域分工规律的作用下，始终处于形成、发展、变化的过程中，因此，各个经济地域的生产力发展水平、商品经济发展程度明显不同，表现出高、中、低的不同层次；另一方面，各个经济地域在经济地域系统中，由于其实力强弱、规模大小的差别，也必然分属于不同层次和占据不同的位置。

第三，经济地域具有开放性。任何经济地域都是劳动地域分工大系统中的一个有机环节，都与其他地域发生着十分密切的经济联系。复杂的网络系统是经济地域开放的重要手段和渠道，而物质流、能量流、人流、资金流和信息流等，则是开放地域间联系的主要内容。

第四，经济地域的发展具有周期性。经济地域也是一个生命有机体，随着时间而表现出自然形成、发展、成长、衰退的发展过程。因此，在经济地域研究中，必须搞清区域的发展阶段，以此为出发点，探讨区域进一步发展的对策。

第五，经济地域的类型呈现出多样性。由于世界各国、各地区的自然禀赋、地理条件等千差万别，因此必然形成各具特色且具有不同产业结构的经济地域。正是由于经济地域类型的多样性，经济地域间进行广泛的经济联系才成为可能。

经济地域所呈现出的上述系统特征，决定了应该充分运用系统科学的观念、理论、方法和技术，对经济地域的结构、功能、演化等问题加以深入探究。

2.2.2 经济地域形成发展的条件

经济地域的形成发展离不开其赖以生存和发展的条件。经济地域形成发展的条件，主要包括自然条件与自然资源、位置与交通信息条件、人口与劳动力条件、经济条件以及社会条件等五个方面[87]P70-117。

自然条件和自然资源始终作为生产力的重要组成部分和自然物质基础而在经济地域的形成和发展过程中发挥着重要作用。在工业社会，一个地域内的工业、农业、交通运输业和第三产业都是直接、间接地在自然条件与自然资源的基础上形成发展起来的。自然条件与自然资源对地域产业的分布、地域产业结构的特征以及经济地域的类型、经济地域的空间结构等，均有重要影响。

位置与交通信息条件是经济地域形成发展的区位基础，同时也是区域发展的一种重要的社会经济资源。位置与交通信息条件优越的经济地域，即使资源短缺或严重短缺，也会发展成为发达的经济地域，形成典型的加工型经济地域类型；相反，即使资源丰富，由于交通偏僻和运输困难，也难以开发利用。位置与交通信息条件对于促进区内与区际间的劳动地域分工和加强地域间的经济流动，促进区域的快速发展，均具有十分重要的作用。

人口与劳动力条件是经济地域形成发展的劳动力保障与动力源泉，也是区域消费的主体。人口和劳动力是生产力的主体。人口和劳动力的数量直接影响产业分布、产业结构类型以及消费的地域分布；人口和劳动力的素质对区域产业结构的层次、水平及其经济效益有着十分重要的影响，它直接反映出经济地域的科技进步程度和经济发展水平；人口和劳动力的结构（如职业结构、城乡人口结构等）可以反映出经济地域的工业化、城市化水平；人口和劳动力的移动不仅可以带动产业分布的变化，而且还可带动技术、文化等的传播。在当今知识经济时代，知识已经成为第一生产力，具有高科技能力的劳动力和管理人才，在经济地域的发展中起着重要的决定性作用。

经济条件是经济地域形成发展的经济基础，是经济地域进一步发展的起跑点，主要包括经济地域已有的经济基础、所处的经济发展阶段、市场条件和资金条件等四个内容。已有的经济基础反映区域经济发展现状与生产力发展水平，是区域经济进一步发展的基础。所处的经济发展阶段反映经济地域的成长状况，准确把握所处的经济发展阶段，便于科学制定发展战略。区域市场条件是区域的地域分工条件，市场条件直接影响着产业分布的内容和经济地域产业结构的变化，它是发挥地区优势和发展商品经济的前提。资金条件是影响经济地域发展的重要因素，任何经济地域的发展都离不开资金保证，大力完善金融体系,合理调剂资金的余缺,是推动经济地域发展的重要支撑。

社会条件是经济地域形成发展的社会基础,主要包括管理体制、政策、规划、法律和国内外政治环境等。随着经济的迅速发展,经济一体化与社会化进程的加快,社会因素在产业分布和经济地域发展中的影响日益增强。理顺管理体制、加强科学规划、制定合理政策、完善政策法规体系是经济地域加快发展的重要保障。同时,任何国家的经济发展都必须有一个良好的国际国内政治环境,否则,就会对产业分布和经济地域的和谐、稳定发展带来不利影响。

上述五个条件紧密联系、相互影响、互为制约,错综复杂地共同作用于经济地域。但是,由于各个经济地域所拥有的自然条件与自然资源、所处的地理位置、各自的发展水平等互不相同,所以,上述诸条件在经济地域形成和发展中各自作用所占的比例并不相同,各个经济地域形成发展的主要条件与次要条件也就互不相同。同时,任何经济地域在其形成发展中的主要影响因素也不是恒久不变的,而是处在不断地转化和递变之中。随着生产力的发展,自然资源状况的变化,位置与交通条件的改变以及人口与劳动力素质的变化等,经济地域形成发展的主要影响因素也会不断变化。一般而言,一个经济地域在自然资源蕴藏状况没有新的变化的情况下,各条件的主导作用大致经历着自然条件与自然资源—位置与交通信息条件—人口与劳动力条件或社会经济条件的转变过程,其地域类型则经历着资源型—资源加工混合型—加工型—更高层次加工型的递变过程。经济地域产业结构和产业政策的科学调整,需要正确认识经济地域类型的演化规律。

2.2.3 经济地域系统及其演进

经济地域是经济地域系统的基本细胞,所有经济地域系统的各种地域组织形式都是由基本细胞分化组合而成的。在当今世界,市场经济迅猛发展,科技、信息、通讯业高速增长,生产力水平迅速提高,人类社会经历农业社会、工业社会后,开始走向知识经济社会(即信息社会),全世界已经形成十分复杂的经济地域系统。所谓经济地域系统,是指人类经济活动在劳动地域分工不断深化和经济地域运动不断拓展作用下所形成的多功能、多层次、结构复杂、网络发达的空间地域体系,它是由经济地带系统、经济区系统、城市地域系统、规划区系统、地缘经济地域系统和网络结构系统等 6 种主要地域系统所组成的错综复杂的复合地域巨系统。[87]P183 这些子系统相互紧密联系、互为制约、相互交错,统一于经济地域巨系统内,共同组合成世界经济地域巨系统(见图 2-3)。

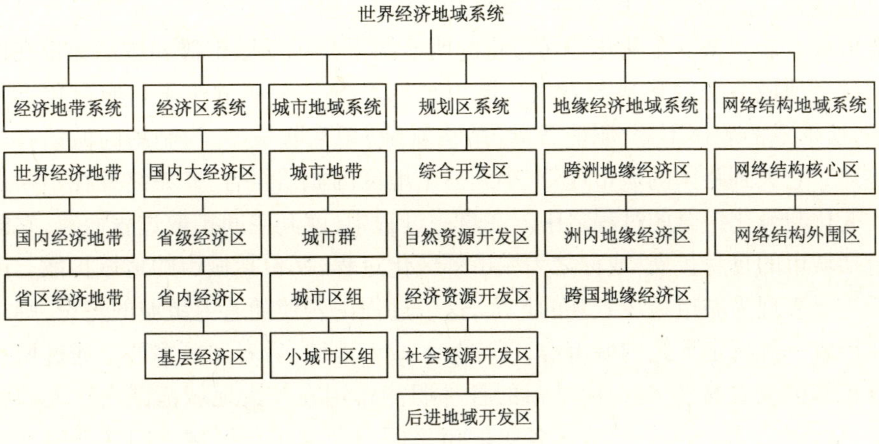

图 2-3　世界经济地域系统略图

（资料来源：陈才. 区域经济地理学. 北京：科学出版社，2001：185.）

世界经济地域巨系统，经历了一个很长的发展过程，而且，这一过程仍在继续进行之中。[87]P180－182

在农业社会阶段，以自然经济为主，商品经济与地域分工均不发达，地区之间的经济联系十分有限，严格说来，这一阶段还不可能形成经济地域和经济地域系统。

经济地域系统是以商品经济为主要特征的工业社会的产物，是商品经济与劳动地域分工发展到较高阶段所形成的地域组织形式。产业革命标志着人类已从农业社会进入到工业社会阶段，它加快了商品经济与地域分工的进程，促进了地域分化与重新组合。

在工业化初期阶段，由于现代工业的迅速发展，首先形成工业城市间较为密切的经济联系，进而形成城市与周围地域日益密切的经济联系。在不断形成以专门化为主要特点的工业区和农业区的过程中，在工业、农业和现代化交通运输业都较发达的地域，首先形成了综合性的经济区。经济区是以中心城市为核心，以地域专门化为主要标志，以区域综合发展为基本特征，以广泛的内外经济联系为纽带的开放型经济地域[87]P206。世界各国不只形成全国一级的经济区，而且还形成多层次的直至基层的经济区。诸种经济区组合而成的结构系统则构成经济区系统，它是经济地域系统中的重要地域组织形式，也是最早形成的地域系统。

第二次世界大战以后，由于工业化进程加快、城市化迅猛发展和地域分工日益深化，除经济区系统继续发展外，其他地域组织形式和经济地域系统也日益形成发展起来。工业化与城市化的明显结果是包括城市群和城市地带在内的城市地域系统的形成与发展。城市地域系统是指在工业化和城市化推动下，所形成的规模不等、职能各异、结构复杂、相互联系、互为制约的城镇有机整体。它大到跨国的城市地带，小到一个地区的城镇组合，并始终处在不断发展变化与分化组合的过程之中。在这一过程中，就其空间扩散过程而言，它既包括城市的自身扩展，或称之为城市郊区化过程，又包括城市的地域扩散。前者主要表现为城市地域景观的扩大，这一过程中若伴随着卫星城的建设，则往往形成一种特定形式的城市群，可称为大城市地域；后者则更多的是通过城市的相邻扩散或等级扩散，使城市的各种职能作用在较大地域范围内扩大和传播，从而在不断加强一定地区各级城市之间以及城市与区域之间联系的基础上，形成网络化城市群、城市地带等特定结构功能的城市地域，从系统科学的观点来看，这是一个系统的有序过程，是城市地域系统不断完善和高级化的表现。

经济地带系统是工业化和城市化进程中逐渐出现的另一种重要的地域组织形式，主要表现在大的地域范围内，经济呈带状分布和地带间经济发展水平既具有梯度差异又存在密切联系的特点。如世界范围内形成的发达经济地带、次发达经济地带、发展中经济地带和待开发经济地带；中国形成的东、中、西部三大经济地带；江苏省内形成的苏南、苏中、苏北三大经济地带；等等。任何国家和地区的经济发展都要充分利用其优势区位和资源条件，采取重点开发与逐渐推进的办法，以便取得最大的宏观经济效益，在这一过程中，必然形成具有明显梯度差异的经济地带系统。在区域开发实践中，人们应当承认经济地带和梯度差异的客观性，因势利导地促进地带间的物质流动，不失时机地推动较后进地带的经济发展，从而将遵循梯度推移规律与缩小地带间差距有机地结合起来。

随着区域开发成为一些政府的行为和政府进行国土规划、国土治理以来，另一种新型的地域组织系统，即规划区系统产生了。人们遵循客观规律，在诸种资源富集地区或重点开发区，为了某种目的而人为地划分各种规划区和组建地域生产综合体，如开放区、开发区、特区、开放城市、试验区、出口加工区以及各种基地等，使其有效地促进区域经济的综合发展。与上述三种经济地域系统有所不同，这种规划区在地域上不完全连片，不全面覆盖，其边界完全由政府确定，但它的分布也有规律可循，因而也就构成了一个大的经济地域系统。

自第二次世界大战后，尤其是20世纪七八十年代以后，在世界经济一体化与区域集团化不断发展与地缘经济作用不断增强的形势下，地缘相近的一些国家或相邻国家的一些地区，为了谋求共同发展而建立起一种新的地域组织形式——地缘经济区与地缘经济地域系统。如欧洲经济区的形成、各种经济合作的地域组织和多国合作开发区等，均属于地缘经济地域系统类型。地缘经济地域系统的形成是世界政治经济形势重大变化的结果，是地缘政治让位于地缘经济的必然产物。这种地域组织形式，随着跨国公司与各国之间区域合作的进一步发展，还将进一步发展和扩大。

以现代信息、通讯产业为主体的知识经济是与农业经济和工业经济迥然不同的一种经济形式，但它又是在后者基础上发展起来的新型经济，与后者有着密切的联系。由于知识经济与以通讯信息技术为基础的新型网络经济关系密切，一种新型的网络结构地域系统已经开始形成。大分散、小集中、网络传输是网络结构地域系统的主要表现形式：硅谷、高新技术产业区、高校与科研集中区是系统的结节点与信息源；通过网络将信息传递给各企业、各公司乃至个人。

通过对经济地域巨系统上述发展过程的分析表明，生产力是经济地域系统形成发展的总动力，劳动地域分工的不断深化和经济地域运动的不断拓展是它形成发展的直接原因，经济地域系统的基本细胞是基层经济地域，各个基层经济地域所处地理条件、生产力水平、产业结构与空间结构及其内外经济联系的特点不同，因而也就分化组合成了不同层次、不同结构类型、不同功能的经济地域系统，各种经济地域系统错综复杂、犬牙交错，紧密地联结成一个复合地域巨系统。经济地域巨系统有其共同的功能，即通过合理的地域分工与地域运动实现科学的地域组织管理体系，促进商品经济的不断发展和社会劳动生产率的提高，以推动所有经济地域的社会经济发展水平的不断提高。但是，由于形成发展机制与地域分工的要求不同，经济地域巨系统内各个子系统在国民经济体系中分别有其具体功能。6种主要经济地域系统的不同特点见表2-1。

表2-1　经济地域系统形成发展机制与功能

名　称	形成发展的主要机制	系统的主要功能
经济区系统	地域专门化部门的发展，中心城市的核心作用，交通网络的传输作用	促进地域专门化与综合发展，发挥中心城市对区域的带动作用

续表

名　称	形成发展的主要机制	系统的主要功能
经济地带系统	具有经济地域发展不平衡，地域间经济的梯度差异，大地域间的物质流动特点	促进优势地域的发展，加速地域梯度推移进程，加强基地建设
城市地域系统	城市化与工业化的产物，城市群体与地理条件综合作用的结果	协调城市群体组合关系，发挥城市群体与地区的总体协调功能
规划区系统	自然、经济、社会资源富集区在经济地域形成中的重要作用。规划者行为的重要作用	对自然、经济、社会资源富集区的重点开发，用以带动其他地区的发展，开发落后地区
地缘经济地域系统	地缘经济的主导作用，各国间资源互补，国际间经济合作	对内合作促进共同发展和区域一体化，对外的保护与排他作用
网络结构地域系统	知识经济时代的重要地域组织形式，信息、通讯产业发展的结果	促进信息通讯产业核心区的发展及其向外的扩散作用

（资料来源：陈才. 区域经济地理学. 北京：科学出版社，2001：185. ）

2.3　城市群基本理论

2.3.1　城市地域系统的演进及其层次

经济地域系统的形成过程表明，城市地域系统作为经济地域巨系统的子系统，它是世界工业化与城市化的产物，其主要功能在于协调城市等级系统内城市与城市之间以及城市与周围地域之间的关系。城市是人类社会以第二、第三产业为主要生产方式，从事政治、经济、社会、文化等活动的聚落，是人类文明的结晶，是建设物质文明和精神文明的中心。城市本身形成的历史很早，最先出现的城市距今已有四五千年。但是，作为城市地域系统，其形成则较晚。在前资本主义的农业社会，商品经济不发达，城市虽已出现，但分布十分分散，严格说来，还没有形成城市地域系统。产业革命以后，随着生产力的发展、商品经济的日趋活跃以及地域分工的不断深化，城市地域系统开始形成并不断加快发展。城市地域系统的演进历程大致可划分为城镇区组阶段、城市区组阶段、网络化城市群发展阶段和城市地带形成发展阶段等四个阶段。

城镇区组阶段。最早形成的城市地域有两种地域组织形式：一是低水平的区域城镇体系，以分散的中小城镇为主，没有明显的中心城市，其产业以农产品加工与商业服务业为主，其城镇体系主要反映在行政的隶属关系上，这类体系层次低、经济发展缓慢，其产业与城镇发展仍然处于均质阶段。二是开始形成明显的区域中心，加工业与第三产业向中心城市集聚的作用明显加强。在区域中心已形成几组主要产业，第三产业已有一定规模。通过行政隶属关系与经济的集聚作用，区域中心仍处在发展阶段，它对外围城镇的经济带动作用还不明显。目前，我国多数地区级的城镇体系属于这种类型。

城市区组阶段。这一时期，一些中心城市已发展到相当规模，产业已有相当基础，主导产业已有很大发展，产业间的联系不断加强，产业在进一步集聚的同时，开始向外扩散，区域的二元结构状况开始变化，城市群开始出现。但此阶段的中心城市仍处于以集聚为主的发展阶段，距网络化的城市群的形成还有一个阶段。

网络化城市群发展阶段。在此阶段，一个区域里不仅形成一个或几个特大城市，还形成了大中小城市相配套的城市体系。区域内已形成了较为发达、较为密集的交通、通讯、信息等网络系统，各城市之间也已形成了紧密的生产、生活联系，从而形成了以网络化为特色的城市群。

城市地带形成发展阶段。城市地带是城市地域系统发展的最高地域组织形式。它是在工业化和城市化已发展到很高水平的地域，在诸多中心城市与城市群的基础上，以主要航线、主要铁路、高速公路为轴带形成的城市连绵带。如北美东海岸的城市带、日本太平洋沿岸城市带等。

由于受区位条件、地理环境、社会经济条件等多种因素的影响，同一时期不同经济地域的城市，可能处于不同的发展阶段，因而，某一时期的城市地域系统可能是一个包括城镇区组系统、城市区组系统、城市群系统和城市地带系统四种地域组织形式在内的多层次的地域体系，它们依次反映着由低到高的工业化与城市化发展水平。城镇区组反映区域经济仍处于工业化初始阶段；城市区组是工业化与城市化处于初期与中期的产物；城市群只有在区域经济发展到工业化与城市化中期，乃至中后期才能形成；城市地带则是工业化后期的产物[87]P232-233。

2.3.2 城市群的内涵及其特征

上述分析表明，城市群是城市地域系统中次高级的地域组织形式。国内外学者从不同视角对它的内涵及其基本特征进行了较为深入的探讨。

2.3.2.1 城市群的概念

城市群是在二次大战后伴随着社会经济的快速发展而出现的一种新的城

市空间分布形态。1957 年,法国地理学家简·戈特曼(Jean Gottmann)首次用"大都市带"(megalopolis)一词来描绘美国东北部大西洋沿岸的城市密集区域,这一区域北起波士顿,南至华盛顿,是由纽约、普罗维登斯、哈特福德、纽黑文、费城、巴尔的摩等一系列大城市组成的长 600 公里、人口 3 000 多万的大都市带,并指出大都市带是人类社会居住形式和城镇群体发展的最高阶段,它将成为21世纪人类文明的标志。[88] 1989 年,他又在《大都市带》一书中指出,世界上已形成六大都市带或城市群,其中分布于先进工业化国家和地区的有英格兰大都市带、欧洲西北部大都市带、美国五大湖沿岸大都市带以及日本北海道太平洋沿岸大都市带,分布于新兴工业化国家的有中国长江三角洲大都市带。

20 世纪 90 年代中期以来,随着经济全球化程度的日益加深,区域与空间的联系不断加强。在经济全球化和区域一体化的条件下,产业的集聚与扩散已成为推动城市群经济发展的主要影响因素。范吉提斯(Pyrgiots,1991)、昆曼与魏格纳(Kunzmann and Wegener,1991)对经济全球化与区域经济一体化背景下跨国网络化城市体系进行研究后指出,作为新的地域组织形式,城市群是产业空间整合的产物,势将占据全球经济的核心位置。[89-90] 艾伦·J·斯科特(2001)也在研究中指出,城市群已经成为全新的国家参与全球竞争与国际分工的基本地域单元,它的发展深刻影响着国家的国际竞争力,对国家经济持续稳定发展具有重大意义。[91] 国内学者对于城市群概念的界定具有不同的侧重点。姚士谋等(2006)认为,城市群是在特定的地域范围内具有相当数量的不同性质、类型和等级规模的城市,依托一定的自然环境条件,以一个或两个超大或特大城市作为地区经济的核心,借助于现代化的交通工具和综合运输网的通达性,以及高度发达的信息网络,发生和发展着城市个体之间的内在联系,共同构成一个相对完整的城市"集合体"。[92]P5 顾朝林(1995)认为,城市群是由若干个中心城市在各自的基础设施和具有个性的经济结构方面,发挥特有的经济社会功能,而形成一个社会、经济、技术一体化的具有亲和力的有机网络。[93] 代合治(1998)指出,城市群是由若干基本地域单元构成的连续区域,城市群区域应具有较高的城市化水平并应达到一定的面积、人口、城市规模,同时,他还构造了一个基本指标体系来确定构造城市群的基本地域单元。苗长虹等(2005)认为,城市群是指在一定规模的地域范围内,以一定数量的超大或特大城市为核心,以众多中小城镇为依托,以多个都市区为基础,城镇之间、城乡之间紧密联系而形成的具有一定城镇密度的城市功能地域。同时,他还指出,城市群可看做是一般意义上的城镇密集区发育的高级阶段,而都市连绵区则可看做是城市群发育的高级阶段。牛文元(2009)则指出,在新型城市化战略的实施中,发展组团式城市群是大、中、小城市和乡村“结构有序、功能互补、整体优化、共建共享”的有效空间镶嵌体,体现出“以城乡互动、区域一体”为特征的新型城市化的高级演替形态。

结合对城市群内涵的已有研究,本书认为,所谓城市群,是指在工业化和城市化发展到较高阶段,在特定的相邻地域范围内,相当数量的不同性质、类型和等级规模的城市,依托一定的自然环境条件和地域文化认同,以一个或几个特大城市或大城市为核心,以发达的交通、运输、信息、市场等网络为纽带所形成的大、中、小城市间生产与生活往来密切的有机城市“集合体”。城市群是建立在区域市场整合基础上的地域空间经济组织形式,是全新的国家参与全球竞争与国际分工的基本地域单元。中国城市化的实践也已清楚地表明,城市群已经成为中国创造财富的主体区域,成为托起中国城市社会的主要力量,成为中国城市化的主要空间依托。[94] 国家“十二五”规划纲要中也已明确提出,未来一段时间内,中国要打造“两横三纵”的城市化战略格局,即构建以陆桥通道、沿长江通道为两条横轴,以沿海、京哈京广、包昆通道为三条纵轴,以轴线上若干城市群为依托、其他城市化地区和城市为重要组成部分的城市化战略格局,以此促进经济增长和市场空间由东向西、由南向北拓展。

2.3.2.2　城市群的基本特征

关于城市群的特征,学者们也有不同的概括,如陈柳钦(2008)认为,地域性、群聚性、中心性和联系性是城市群的基本特征[95];赵晓雷(2009)认为城市群的基本特征包括聚集性、高效性和开放性[96]P273。本书从系统的角度出发,将城市群的基本特征概括为以下几点:

第一,空间网络结构性。城市群是一个区域空间、自然要素和社会经济等组成的有机体,是由具有较强活力且彼此相互作用的城市或称为子系统组成的集合体,具有广泛的空间网络结构性。作为城市群子系统的每个城市,一方面是经济、财政、交通、人口等不同部分相互配合、彼此制约的统一体,另一方面又通过交通、运输、信息、市场、生产协作等网络与其他城市保持着密切的经济社会联系,正是这种联系,使得各个城市在组成城市群之后,其整体功能超过了封闭状态下单个城市功能的简单加总。城市群形成的过程,也就是各个城市空间相互作用的过程。城市群整体结构反映了各个城市在一个群体内的集合功能以及形成的千丝万缕的网状关系,每一个城市在城市群内具有特定的联系关系。因此,对城市群的研究,就不能只关注个别子系统、只考虑个别子系统的利益，而应从整体上通盘考虑，详细分析各个子系统之间的关系，并在此基础上深入探讨如何有效实现各子系统之间的合理分工与协调发展。

第二，开放性。耗散结构理论指出，一个孤立系统，不论其初始状态如何，最终都将发展到一个均匀、单一的平衡状态上去，任何有序结构都将被破坏，呈现一片“死”的景象。只有与外界有物质、能量、信息交换的开放系统，才有可能走向有序。[86]P135 正如所有进化系统都是开放系统一样，城市群也是一个开放系统，具有开放性。虽然城市群内的各个城市之间保持着复杂的空间网络联系，彼此间有着紧密的物质、能量和信息交换，但是，作为商品经济与劳动地域分工发展到较高阶段的地域组织形式，任何一个城市群都不可能完全靠自己来提供原料，也不可能消化自己生产的所有产品。城市群内的各个城市不仅不能脱离与系统内其他城市间的相互联系，而且还必须与系统外的地区发生联系。城市群需要不断与外界进行物质、能量和信息交换。只有开放，城市群才能不断发展。当然，耗散结构理论同时也指出，并不是所有的开放系统都能达到有序。因为，一个开放系统从外界可以得到负熵流，也可能得到正熵流。后者不仅不会促使系统形成耗散结构，相反会加速系统无序化的进程。[86]P137 因此，在强调城市群开放性特征的同时，也要对城市群与外界（包括国内与国外）进行交流的内容进行分析。也就是说，一方面，要使城市群开放，大力引进促使城市群进步的流；另一方面，又要加强控制，尽量不让或减少不利因素流入。只有这样，才能使城市群不断走向有序，才能使城市群经济社会不断得到发展。

第三，系统内复杂的非线性相互作用。城市群内各城市之间不是简单的因果关系或线性依赖关系，而是存在着复杂的非线性相互作用。比如，在城市群内，不仅首位城市具有集聚和扩散功能，其他城市也同样具有集聚和扩散功能，只不过由于经济实力、政治地位等的差异，其作用力有大有小而已。当然，同系统开放可能引入负熵流，也可能引入正熵流一样，城市群内复杂的相互作用可能产生协同效应，形成良性循环，推动城市群经济社会向有序化发展；也可能产生消极效应，互相牵制，形成恶性循环，甚至导致原来某些有序结构的消失。如果城市群内各城市之间分工合理，职能互补，协同共进，则城市群就能不断地从无序变为有序，从低级有序变成高级有序，从而一步一步达到人们预定的目标。或者说，如果城市群能够通过经济协作网络和运输通讯体系，有效促进城市群内物资、人员、技术、金融、信息等的合理流动，成功实现集聚效应和扩散效应的有机统一，则城市群的整体功能就能得到更好的发挥；反之，如果各个城市之间不是团结协作、互相促进,而是互相牵制、彼此扯皮,产生负作用也会非常明显。而且由于城市群内相互作用复杂,互相影响大,因此出现牵制作用时对系统的破坏作用也更大。城市群内存在的复杂的非线性相互作用,会使整个城市群有多种演化的可能。

第四,远离平衡态。在耗散结构理论中,平衡态是指孤立系统保持相当长时间以后形成的一种静止状态,它不随时间而变化,与外界没有联系,整个系统呈现出均匀、单一的特点,是一种"死"的状态、混乱无序的状态。开放系统则不然,通过与外界环境进行大量的物质、能量和信息交换,系统可以形成一种稳定的有序结构。由于城市群内部复杂的非线性相互作用,以及城市群与外界之间有充分的物质、能量和信息的交换,城市群一般都处在一种远离平衡的状态。形成有序的、良性循环的经济社会结构是城市群演化的目的,要实现这一目的,就必须打破僵死的平衡,打破无序,使城市群处于远离平衡的非平衡态。由于自然条件和历史基础的不同,不仅城市群内各个城市的规模、功能和经济发展水平等存在着空间差异,而且城市群与外部地区之间也存在着空间差异。这种差异使得城市群内部各个城市之间以及城市群与外界之间无时无刻不在通过人流、信息流、商品流、资金流等进行着物质、能量和信息交换,从而使得城市群处在非平衡态上。处于非平衡态的城市群内部,通过城市与城市之间的相互作用(相互竞争和相互协同),使得城市群有可能达到新的有序状态。

2.3.3 城市群地域结构理论

"结构"是指事物的基本构成部分即要素之间的相互关联方式。城市群地域结构理论就是关于特定地域内相邻城市关联所形成的城市群的空间特征及其演化规律的基本理论,其研究内容主要是在认识各城市多层面的结构(社会结构、经济结构、规模结构、职能结构)及相互作用(人流、物流、信息流、资金流)的基础上,分析形成这种结构与相互作用的主导机制或组织原理,也就是城市结构、形成机制与相互作用三者结合的研究。[92]P50-51

2.3.3.1 城市群地域结构的概念

城市群地域结构实际上就是城市群空间结构,它是城市群发展程度、阶段与过程的空间反映,是各城市的社会结构、实体经济结构、金融结构、规模结构、职能结构、区位结构等组合结构在地域空间上的投影(见图2-4)。

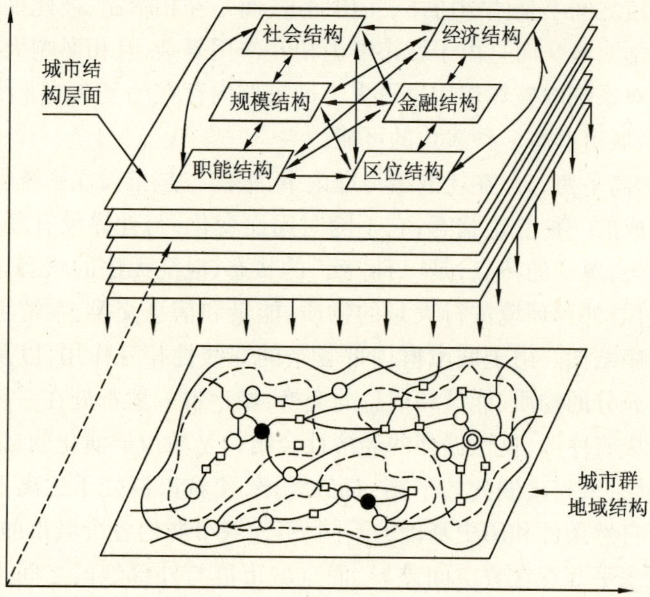

图 2-4　城市群地域结构示意图

（资料来源：姚士谋等著. 中国城市群(3 版). 中国科学技术大学出版社,2006:15.）

2.3.3.2　城市群地域结构演化规律

系统理论强调，一定结构的系统实际上是结构要素之间相互联系、相互调节的耦合系统。由于结构要素时时处于动态变化之中，且常常改变彼此之间的关联关系，因而系统结构会随之不断演化。城市群地域结构正是由各个城市之间的关联方式决定的，各城市之间的关联方式发生变化，城市群地域结构也会相应改变。

城市群地域结构类型取决于各城市之间的关联方式所决定的功能地域结构的合理性。各城市功能地域结构的市场化联系越密切，城市群地域结构类型就越有利于发挥整体功能。城市群内城市地域交通区位的扩展和功能强化的有机统一过程，是城市群地域结构的功能组织演化的阶段性规律的反映。城市群地域结构演化模型可划分为以下四个阶段（图 2-5）。[92]P57 – 58

第一，分散发展的单核心城市阶段（如图 2-5 中 A 所示）。作为城市群地域结构发展的最初阶段，该阶段中的城市主要表现为单核心向外蔓生发展。大多数城市沿区域交通干线分布，也有少数城市分布于远离交通沿线的地区，分散的城市间规模等级差别较小。城市间的功能联系仅仅限于狭窄的交通沿线地带的城市之间，主要城市中心的吸引范围非常有限，远离交通沿线的其他

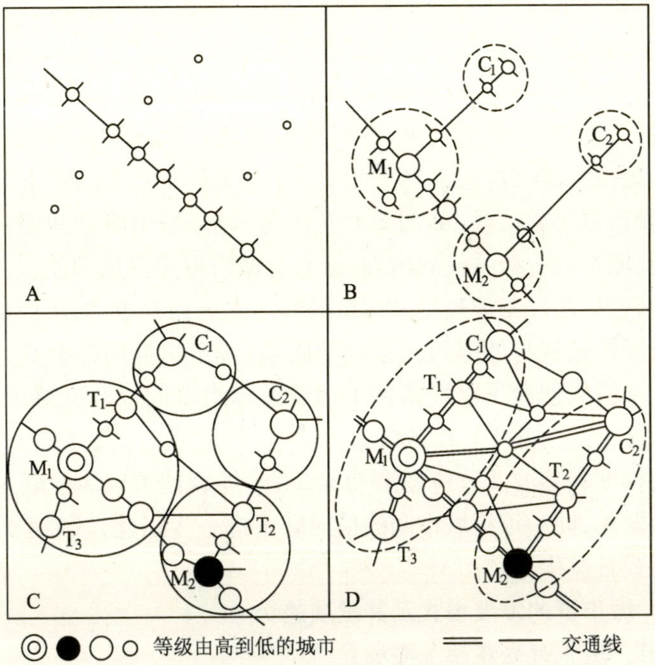

图 2-5　城市群地域结构演化规律

（资料来源：姚士谋等著. 中国城市群（3 版）. 中国科学技术大学出版社，2006：57.）

城市间以及它们与交通沿线的主要城市间仅有微弱的功能联系。各城市周围被不同的农业地带所环绕，城市的专业化生产联系差。

第二，城市组团阶段（如图 2-5 中 B 所示）。交通渗透干线向重要中心城市（M1 和 M2）侧向联系的方向发展，使中心城市与远离交通干线的边远城市（C1 和 C2）相连接，中心城市与边远城市间的功能地域结构由此得到极大优化。区域交通干线上的中心城市（M1 和 M2）由于集聚与扩散效应的持续发挥而发展成为区域大都市。这些区域大都市规模的不断扩大以及功能的日益完善，使得与区域大都市有着密切联系的其他城市也得到了充分发展，其功能地域结构的组织方式随之发生了显著的变化，与中心城市联系密切的城市开始形成城市组团。

第三，城市组群扩展阶段（如图 2-5 中 C 所示）。位于渗透干线上的主要城市开始扮演地区中心的角色，一方面继续接受较高级城市的辐射，另一方面又对次级城市扩散其部分功能作用。不久，边远城市（C1 和 C2）间除了通过渗透干线间的联系外，它们之间的直接联系也因交通支线的建立而开始得到发展。然后,更小的城市(T1、T2 和 T3)通过渗透干线开始发展,它们之间也会逐步通过交通支线连接起来。各城市沿着干线和支线密切联系的程度日益加深,并与日益增加的专业化生产和城市间竞争力相对应。通过获得密切的联系以及发挥其集聚与扩散功能,各城市试图改进其在正在形成的城市群交通网络中的地位。城市群区出现了几个不同地域结构功能的城市群组。

第四,城市群形成阶段(如图 2-5 中 D 所示)。城市组群间综合交通走廊的发展,以及城市群等级系统的出现,标志着城市群走向成熟阶段。城市组群内城市间的联系,已经不能满足城市组群整体发展的要求,城市组群需要在更大的空间范围内拓展与外部的社会经济联系,城市组群间综合交通走廊的形成为满足这一需求创造了重要条件。随着城市组群间综合交通走廊的发展,城市群内各城市间的共生互动效应逐步增强,职能分工日趋明确,产业结构与产品结构的梯度转移波及效应逐渐明显,不同等级城市间纵向联系的行政隶属关系逐步弱化,同一等级城市间的横向联系进一步强化,城市群地域结构的功能组织方式日益优化。

2.3.4 城市群的发展模式及其发展趋势

2.3.4.1 城市群发展的主要模式[96]P296-297

城市群的发展有两种典型模式:一是城市主导型城市群发展的“欧美模式”。欧美发达国家的城市群大体上经历了二三百年的漫长演进过程,城市化与市场化、工业化互动,形成了工业发展、社会分工和市场细化的自然结果。由于各国历史、地理、人口、文化等条件的差异性,发达国家城市群规模也不尽相同,基本上分为两类:一类是以英国、美国、日本为代表的,发展以大城市为主体构成的城市群。另一类是以德国、荷兰、奥地利等西欧发达国家为代表的,发展以中小型城市为主体构成的城市群。世界城市体系发展趋势是以首位型城市为主体的城市群。在发达国家,城市群的形成始于城市郊区化,城市群中的大城市、特大城市成为工商服务业的主要聚集地,投资效益高,基础设施完善,交通便利,信息灵通,人才密集,企业总部和政府机关集中。首位型城市作为经济发展的增长极对世界政治、经济的影响力与日俱增,在世界城市体系中居于重要地位。二是政府主导型城市群发展的“墨印”模式。由于发展中国家的经济发展战略具有较强的赶超色彩,其发展模式也是在政府主导下向工业和城市倾斜。因此,多数发展中国家走的是以政府为主导的城市化发展道路。墨西哥和印度就是政府主导型城市群的代表。其主要特点是:城市化推进速度快,人口向大城市高度聚集,城市群迅速发展。但城市群发展往往缺乏经济基础,社会问题突出。政府主导的城市群发展在短期内是有效的,从长远来看,未能有效地完成社会分工和市场细分,并导致城市群之间的不平衡增长,造成严重的社会问题。

2.3.4.2 城市群的发展趋势

随着经济全球化和区域一体化影响的逐渐深入和更加广泛,现代城市群在全球经济中的地位和作用日益显著,并呈现出以下发展趋势[97]:

第一,城市群的中枢功能日益凸显。世界贸易和跨国投资的不断增加,在推动形成新的国际劳动地域分工的同时,也造就了一批具有全球性政治、经济、文化交流等作用的综合性城市群,如分别以伦敦、巴黎、纽约、芝加哥、东京为中心的英国城市群、法国城市群、美国东海岸城市群、美国中部城市群和日本城市群等。跨国公司的世界或地区总部多数落户在这些城市。这些城市的国际影响力不仅有利于加速推进区域一体化进程,也有利于促进经济的全球化。同时,世界级中心城市之间的联系也愈加紧密,使城市群在全球经济中的中枢作用日益显现。

第二,城市群体系成为经济全球化中的主体。现代信息技术的发展降低了跨国公司在全球范围内协调、监管的成本,这不仅使得跨国公司的规模扩张、空间拓展更为明显,而且使得跨国公司的管理和生产功能出现了分离的趋势,即跨国公司将管理和研发中心等总部机构布局在城市群的中心城市,而将制造业中心布局在城市群中的二级城市、中小城市。经济全球化进程中所形成的这种全球性的城市群体系,对世界经济发展发挥着越来越重要的作用。

第三,城市群中的首位城市控制全球经济趋势明显。据统计资料显示,世界上一些首位度很高的城市中,至少有 1/4 的国内大企业和大银行的总部设在那里。如在美国排名 500 强的公司中,有 1/3 的总部设在纽约的曼哈顿;在法国巴黎,全国最大企业 1/2 的总部就设在巴黎的台方斯;在日本的东京,全国 1/4 的公司、1/3 的银行,以及资本在 1 000 亿日元以上的大公司的 60% 都集中在这里。因此可以这样认为,在若干城市首位度极高的国家或地区,首位城市左右和逐渐控制该国或地区经济社会事务的趋势十分明显。

第四,城市向网络化的趋势发展。在现代信息社会,城市的发展潜力不仅仅取决于它的规模大小,还取决于该城市与全球其他城市的相互作用强度和协同作用程度。较小的城市也可通过联系网络,利用相互作用、相互协同和专业优势来获得较大的发展活力。城市间的这种经济网络开始控制全球经济活动,聚集更多的人才、技术、信息、资本,使若干世界性的城市群不仅在空间上的影响力非常广泛,更对全球经济活动产生强大的作用力。

2.4 经济增长与金融发展关系理论

2.4.1 经济增长理论

2.4.1.1 马克思的经济增长理论

在经济增长理论史上，马克思第一个科学地、系统地研究了经济增长理论。从19世纪50年代末到80年代初，马克思历经二十多年的科学拓荒，最终完成了社会资本再生产理论[98]。马克思在分析社会资本再生产时，既分析了简单再生产，也分析了扩大再生产①，但对前者的分析只是为对后者的分析提供基础。在他看来，“规模不变的简单再生产只是一个抽象”②，扩大再生产才是资本主义生产的基本形式，“简单再生产的前提[Ⅰ$(v+m)$ = Ⅱc]同资本主义生产是不相容的”，因为在这个前提下，“就不可能有资本的积累，即实际的资本主义生产”③。马克思对社会资本扩大再生产的有关论述，实际上就体现为关于资本主义经济的增长理论，相应地，马克思关于扩大再生产实现条件的分析，就构成关于资本主义经济实现稳定增长条件的分析。

马克思提出的社会资本再生产理论中的两个基本前提是：一方面，社会总产品在价值形式上由不变资本c、可变资本v和剩余价值m三个部分构成；另一方面，社会总产品在实物形式上由两个部分构成，即生产生产资料的第一部类(Ⅰ)和生产消费品的第二部类(Ⅱ)。同时，该理论还有如下假设：扩大再生产过程中的资本有机构成保持不变，即不变资本与可变资本的比例保持不变；剩余价值率保持不变，即剩余价值与可变资本的比例保持不变；资本家对剩余价值的分配决策为，一部分作为资本家的个人消费用，一部分作为追加资本(即积累)用。

根据以上假设，每一部类借助资本而生产的全部年产品的价值就可表示为：$(c+v+m)$，扩大再生产前两大部类年产品的价值构成如(2.2)式所示：

$$\left.\begin{array}{l}\text{Ⅰ}(c+v+m)=q_{\text{Ⅰ}}\\ \text{Ⅱ}(c+v+m)=q_{\text{Ⅱ}}\end{array}\right\}=q \tag{2.2}$$

式中，q为两部类的生产总值，$q_{\text{Ⅰ}}$为第Ⅰ部类生产的产值，$q_{\text{Ⅱ}}$则为第Ⅱ部

---

① 简单再生产是指没有资本积累从而生产规模不发生变化的再生产；扩大再生产是指发生资本积累从而生产规模扩大的再生产。

② 参见《马克思恩格斯全集》第24卷，第438页。

③ 参见《马克思恩格斯全集》第24卷，第589页。

类生产的产值。

年末，两个部类的资本家都决定追加不变资本（Δc）和可变资本（Δv），即以所得 m 的一部分转化为积累，而所得 m 的另一部分（$\overline{m}$）则作为资本家的个人消费。该决策作出后，在第二年年初两部类产品的价值分配如（2.3）式所示：

$$\left.\begin{array}{l}\mathrm{I}(c+\Delta c)+\mathrm{I}(v+\Delta v)+\mathrm{I}\,\overline{m}=q_{\mathrm{I}}\\ \mathrm{II}(c+\Delta c)+\mathrm{II}(v+\Delta v)+\mathrm{II}\,\overline{m}=q_{\mathrm{II}}\end{array}\right\}=q \tag{2.3}$$

在此情形下，上述两个部类的产品通过交换后只要能满足（2.4）式所示的平衡要求，第二年的扩大再生产就可顺利实现。

$$\mathrm{I}(v+\Delta v+\overline{m})=\mathrm{II}(c+\Delta c) \tag{2.4}$$

（2.4）式表明，对于第Ⅰ部类的产品，一部分用来满足补偿本部类所消耗的以及扩大再生产时所追加的生产资料的需要 $\mathrm{I}(c+\Delta c)$，剩余的部分 $\mathrm{I}(v+\Delta v+\overline{m})$ 则通过在两部类之间的交换，以满足第Ⅱ部类所消耗的和扩大再生产时所追加的生产资料的需要（其价值相当于 $\mathrm{II}(c+\Delta c)$），同时也换回本部类扩大再生产时所需要的消费资料。同样，对于第Ⅱ部类的产品，一部分用来满足本部类在扩大再生产情况下对消费资料的需要 $\mathrm{II}(v+\Delta v+\overline{m})$，剩余的部分 $\mathrm{II}(c+\Delta c)$ 则通过在两部类之间的交换，以满足第Ⅰ部类在扩大再生产情况下所需要的消费资料（其价值相当于 $\mathrm{I}(v+\Delta v+\overline{m})$），同时也换回本部类所消耗的和扩大再生产时所追加的生产资料。这样，$\mathrm{I}(v+\Delta v+\overline{m})=\mathrm{II}(c+\Delta c)$ 就是社会资本扩大再生产的实现条件，也即为资本主义经济实现稳定增长的条件。

假设两大部类生产在扩大时能够保持平衡关系，即有：$\mathrm{I}(v+\Delta v+\overline{m})=\mathrm{II}(c+\Delta c)$。以此为前提，我们可以通过合并两大部类的生产来考察总产值增长率的决定因素。

假设第一年全部年产品总产值的价值构成如（2.5）式所示：

$$q=c+v+m \tag{2.5}$$

年末准备在第二年扩大再生产时，剩余价值 m 被分为三部分，即：追加的不变资本（Δc）、追加的可变资本（Δv）和资本家的个人消费（$\overline{m}$）。这样，第二年扩大再生产开始时，不变资本和可变资本的价值分别为（$c+\Delta c$）和（$v+\Delta v$）。经过扩大再生产，第二年年末的总产值（q'）的价值构成如（2.6）式所示：

$$q'=c'+v'+m'=(c+\Delta c)+(v+\Delta v)+m' \tag{2.6}$$

设第二年总产值较第一年的增长率为 g,则有 $g=\frac{q'-q}{q}$,即有(2.7)式:

$$g=\frac{[(c+\Delta c)+(v+\Delta v)+m']}{[c+v+m]-1} \tag{2.7}$$

以 x 和 y 分别表示资本有机构成和剩余价值率,根据马克思扩大再生产理论中资本有机构成以及剩余价值率不变的假定,有(2.8)式成立。

$$\begin{aligned} x&=\frac{c}{v}=\frac{(c+\Delta c)}{(v+\Delta v)} \\ y&=\frac{m}{v}=\frac{m'}{(v+\Delta v)} \end{aligned} \tag{2.8}$$

由(2.7)和(2.8)式,有(2.9)①式成立:

$$g=\frac{\Delta v}{v} \tag{2.9}$$

以 z 表示剩余价值积累率,则 $z=\frac{\Delta c+\Delta v}{m}$,从而有(2.10)②式成立:

$$\frac{\Delta v}{v}=\frac{zy}{x+1} \tag{2.10}$$

由(2.9)式和(2.10)式,有(2.11)式成立:

$$g=\frac{zy}{x+1} \tag{2.11}$$

这样,我们就从马克思的社会资本扩大再生产理论中概括出了如(2.11)式所示的总产值增长率决定公式。从(2.11)式可以看出,经济增长率取决于资本有机构成(x)、剩余价值率(y)和剩余价值积累率(z)。在这三个决定因素中,资本有机构成和剩余价值率取决于历史条件和生产技术条件,一般而言变化较慢,波动较小;而剩余价值积累率则取决于众多企业资本家的分散决策,他们究竟以多大的比率将剩余价值用于追加资本,主要取决于资本家对未来利润的预期,具有较大的不确定性,这也因此决定了资本主义条件下的经济增长具有不稳定性[99]。如果撇开马克思经济增长理论中所反映的资本主义经济的特有形式,(2.11)式实际上揭示了建立在社会化大生产基础上的市场

① $g=\frac{(c+\Delta c)+(v+\Delta v)+m'}{c+v+m}-1=\frac{(v+\Delta v)x+(v+\Delta v)+(v+\Delta v)y}{vx+v+vy}-1=\frac{(v+\Delta v)(x+1+y)}{v(x+1+y)}-1=\frac{v+\Delta v}{v}-1=\frac{\Delta v}{v}$。

② $z=\frac{\Delta c+\Delta v}{m}=\frac{\Delta vx+\Delta v}{vy}=\frac{\Delta v(x+1)}{vy}$,移项得:$\frac{\Delta v}{v}=\frac{zy}{x+1}$。

经济运行的一个共同规律,即资本积累的规模是决定经济增长的重要因素。而随着时代的变迁,金融因素在促进资本积累方面的作用日益强大,金融因素显然也就成为影响经济增长的重要因素。

马克思的经济增长理论对现代经济增长理论的研究产生了十分深刻的影响。一方面,一些马克思主义经济学家在马克思扩大再生产理论基础上建立了马克思主义经济增长数学模型,苏联学者菲尔德曼1928年建立的国民收入增长模型就是其中的一个典型代表。在菲尔德曼之后,有些西方学者也做过这种尝试。他们各自按照自己对马克思扩大再生产图式的理解,建立了互有差异的马克思经济增长理论的数学模型。另一方面,西方经济学家从马克思那里得到启示,倡导并着力建立自己的经济增长模型[100]。

2.4.1.2 西方学者的经济增长理论

在西方经济学中最早对经济增长问题进行研究的是古典学派。斯密和李嘉图都强调资本积累的扩大是国民财富增长的根本原因,认为国民财富的增长取决于资本积累的规模。斯密侧重于资本积累过程以及资本积累和经济增长之间相互关系的一般分析,而李嘉图则侧重于资本积累与收入分配相互作用的分析。但19世纪70年代以后,随着边际主义的兴起,西方经济学主要偏重于对主观价值理论和优化资源配置理论的研究,而对经济增长问题探讨较少。直到20世纪30年代,凯恩斯在世界经济危机的背景下以有效需求理论解释萧条和失业的原因从而在理论上进行了所谓的"凯恩斯革命"后,西方经济学才重新开始重视宏观经济的分析。20世纪40年代,英国罗伊·哈罗德(Roy F. Harrod)将凯恩斯的理论动态化,提出了自己的经济增长模型。同期,美国的埃弗塞·多马(Evsey Domar)也独立提出了与之相似的增长模式,两者构成了众所熟知的哈罗德-多马经济增长模型。从此,关于经济增长理论的研究成为西方经济学界的热点。[99]

1. 凯恩斯的经济增长理论[101] P8

虽然从严格的角度讲,凯恩斯并未提出长期经济增长理论,他关注的核心问题是如何在短期内使经济摆脱衰退。由于在经济衰退时期总供给大于总需求,总产出由总需求决定,因而通过扩张总需求能够起到促进短期经济增长的作用。就现实而言,国内市场也可能在相当长的一段时间内面临着供大于求的局面①,因此总需求因素也应成为决定经济增长的重要因素。

① 例如马克思认为资本主义生产能力的扩大远远超过社会需求能力的增长,这是资本主义经济危机的根源。

假设市场无法自动出清，在总供给大于总需求的条件下，总产出由总需求决定，则总产出(Y)可以表示为消费需求(C)、投资需求(I)、政府购买(G)和净出口(NX)之和，如(2.12)式所示：

$$Y = C + I + G + NX \tag{2.12}$$

对(2.12)式分别求总产出(Y)对消费需求(C)、投资需求(I)、政府购买(G)和净出口(NX)的偏导数，则有(2.13)式成立：

$$\frac{\partial Y}{\partial C} > 0, \frac{\partial Y}{\partial I} > 0, \frac{\partial Y}{\partial G} > 0, \frac{\partial Y}{\partial NX} > 0 \tag{2.13}$$

(2.13)式表明，在短期内，消费、投资、政府购买和净出口的增加都能够起到拉动经济增长的作用。而一个发达的金融体系对于拉动个人消费、促进企业投资、扩张政府财政支出、扩大出口都发挥着重要作用。比如，就消费而言，一方面，发达高效的金融部门可以为家庭提供丰富的、多样化的投资理财产品，从而使家庭能够通过金融资产的投资组合降低投资风险，提高资金的收益率，进而通过财富效应增进家庭消费；另一方面，金融部门还可以通过消费信贷为家庭提供外部融资，使得家庭能够把未来的收入提到现在来消费。

2. 哈罗德-多马经济增长模型

该模型将凯恩斯的储蓄与投资事后恒等的基本方程动态化，用比率分析代替水平分析，从而得出如(2.14)式所示的基本方程：

$$G_A = \frac{s}{v} \tag{2.14}$$

式中，G_A 为国民收入的实际增长率，即国民收入增量(ΔY)与国民收入(Y)的比值；s 为储蓄率，即储蓄(S)与国民收入(Y)的比值；v 为资本(K)与产出(Y)比，也是资本增量($\Delta K = I$)与国民收入增量(ΔY)之比。该式表明，一定时期内，国民收入的实际增长率取决于储蓄率与资本—产出比。国民收入的增长率随着储蓄率的增加而提高，随着资本—产出比的扩大而降低。哈罗德—多马模型还根据这个基本方程引出了两个规范性的增长率，即“有保证的增长率”($G_W = \frac{s}{v_r}$)和“自然增长率”($G_N = n$)①，并从这两个增长率与实际增长率的比较中论述了资本主义条件下充分就业均衡增长途径的存在性，即当均

① 有保证的增长率(warranted rate of growth)是指与企业家意愿中所需要的资本—产出比(v_r)适合的收入增长率；自然增长率(natural rate of growth)是指能够实现劳动力充分就业的收入增长率，式中 n 为劳动力增长率。

衡增长条件 $G_A = G_W = \frac{s}{v} = \frac{s}{v_r} = n = G_N$ 得到满足时，资本主义经济实现充分就业的均衡增长是可能出现的，但由于储蓄率 s、实际资本—产出比率 v 和劳动力的增长率 n 分别由各不相同的若干因素独立地外生决定，因此，除非偶然的巧合，这种充分就业的均衡增长是不会出现的。同时，该模型还通过论证指出，资本主义经济的均衡增长具有不稳定性，即一旦实际增长率与有保证的增长率之间发生偏差，经济活动不仅不能自我纠正，而且还会产生更大的偏离。

虽然哈罗德—多马模型中未直接考虑到金融因素对经济增长的影响，但该模型在一定意义上也揭示出，发达的金融体系，一方面可以通过提高投资（储蓄率）来促进经济增长，另一方面可以通过加速发达地区的资本转移，产生技术扩散的连带效应，降低资本承接地区的资本—产出率，进而促进承接地区的经济增长。

3. 新古典经济增长理论

由于部分西方经济学者认为哈罗德—多马模型关于资本主义经济均衡增长不稳定性的结论过于悲观，且这一结论也不符合战后资本主义发展的事实，因此，一些西方学者在 20 世纪 50 年代提出了不同的增长理论，其中以美国的索洛（1956）[102] 提出的新古典增长模型最为有名。

索洛抛弃了哈罗德—多马模型中资本和劳动不能代替、资本—产出比 v 为固定常数的外生变量的假设，认为资本与劳动在生产中可以相互替代，进而在假设生产规模报酬不变、不存在技术进步和资本折旧以及劳动力按一个不变的比率 n 增长的前提条件下，利用生产函数 $Y = F(K,L)$ 推导出了如（2.15）式所示的新古典经济增长模型的基本方程：

$$sf(k) = \dot{k} + nk \tag{2.15}$$

式中，s 为储蓄率，即储蓄（S）与国民收入（Y）的比率；k 为人均资本，即总资本量（K）与总劳动量（L）之比；$f(k) = y$ 为人均产量（或国民收入），即总产量（或国民收入）（Y）与总劳动量（L）之比；$\dot{k} = \frac{\mathrm{d}k}{\mathrm{d}t}$ 为单位时间内人均资本的增加量；$n = \frac{\dot{L}}{L}$ 为人口增长率。

（2.15）式表明，一个社会的人均储蓄可被用于两个方面：一是资本的深化，即为每个人配备更多的资本设备，表现为人均资本的增加 $\dot{k}$；二是资本的广化，即为新增的每个人提供平均数量的资本设备，表现为新增的每个人平均应

得的资本设备 nk。索洛根据(2.15)式所示的基本方程,进一步论证了资本主义经济均衡增长途径的存在性及其稳定性,认为资本主义可以在充分就业的情况下,保持长期的稳定增长。而所谓的稳定增长,就意味着人均资本(k)达到均衡值(k^*)并维持在均衡水平不变,此时 $\dot{k}=0$,因此,稳定增长的条件为:$sf(k)=nk$。相应地,由 $y=f(k)$ 可知,人均产量(y)也达到均衡值(y^*)并维持在均衡水平不变,即 $\dot{y}=0$。同时,可以证明,在忽略技术进步的条件下,稳定增长时,总产量、总资本、劳动人口都以相同的速度 n 增长,即有:$\frac{\Delta Y}{Y}=\frac{\Delta K}{K}=\frac{\Delta N}{N}=n$。

若考虑到技术进步和资本折旧,则经济中的生产函数可写为:$Y=F(K,AL)$。其中,A 是外生给定的反映技术状态的变量,假定它以一个固定的比率 g 来增长;AL 被称为有效劳动。假定资本折旧率固定为 $\delta(0<\delta<1)$,则资本存量的变化 $\Delta K=I-\delta K$。考虑到这些情况后,可以证明,新古典增长模型的基本方程变成(2.16)式所示形式:

$$sf(\tilde{k})=\dot{\tilde{k}}+(n+g+\delta)\dot{k} \tag{2.16}$$

此时,式中的 $\tilde{k}$ 称为按有效劳动平均的资本,即 $\tilde{k}=\frac{K}{AL}$;$f(\tilde{k})=\tilde{y}$ 称为按有效劳动平均的产量,即 $\tilde{y}=\frac{Y}{AL}$;$\dot{\tilde{k}}=\frac{\mathrm{d}\tilde{k}}{\mathrm{d}t}$为单位时间内按有效劳动平均的资本增量。

考虑到技术进步后,根据(2.16)式可知,在稳定增长状态下:① $\dot{\tilde{k}}=\dot{\tilde{y}}=0$,即按有效劳动平均的资本($\tilde{k}$)和按有效劳动平均的产量($\dot{\tilde{y}}$)均达到均衡值并维持在均衡水平不变,增长率为 0;② 由于 $\tilde{y}=\frac{Y}{AL}$,所以总产出的增长率($\frac{\Delta Y}{Y}$)为 $n+g$;③ 由于 $y=\frac{Y}{L}$,所以人均产出的增长率为 g。由此可以看出,在考虑到技术进步后,一旦经济处于稳定状态,人均产出的增长率只取决于技术进步的比率。换句话说,根据新古典增长理论,只有技术进步才能解释生活水平(即人均产出)的长期上升。[103]

在索洛对经济增长理论的研究中,他还提出了用于测量技术进步对经济增长贡献的“余值”法。假定生产函数的形式如(2.17)式所示:

$$Y_t=A_t f(L_t,K_t) \tag{2.17}$$

式中,Y_t、A_t、L_t、K_t 依次代表 t 时期的总产量(或实际国民收入)、技术进步水平、投入的劳动量和投入的资本量。由此可以得到一个描述产出增长率(G_Y)、技术进步增长率(G_A)、劳动投入要素增长率(G_L)和资本投入要素增长率(G_K)之间关系的增长率分解方程,如(2.18)式所示:

$$G_Y = G_A + \alpha G_L + \beta G_K \tag{2.18}$$

式中,α 和 β 是参数,分别是劳动和资本的产出弹性。

(2.18)式表明,产出的增长是由劳动和资本投入的增长以及技术进步带来的。由于 G_Y、G_L、G_K 的数据可以从历史资料的分析中得到,因此,在用适当的方法估计出参数 α 和 β 之后,便可以把技术进步增长率 G_A 作为"余值"计算出来,这是估计包括技术进步在内的总生产力的增长率的重要方法。同时,从(2.18)式还可看出,当参数 α 和 β 都小于 1 时,要想提高产出的增长率,技术水平的提高最为有效。由于发达的金融体系是提高技术水平的重要支撑,所以(2.18)式也就为完善金融体系的政策提供了很好的理论说明。

索洛模型的缺陷之一是要求行为人的储蓄倾向(储蓄率 s)必须保持不变。一般而言,这一凯恩斯式的假设并不是跨期最优的。为了解决这一缺陷,卡斯(1965)和库普曼斯(1965)[104-105]通过把拉姆齐(1928)的跨期最优储蓄理论引入到新古典经济增长模型中,从而内生化了新古典经济增长模型中的储蓄率,形成了含有微观基础的经济增长模型,称之为拉姆齐—卡斯—库普曼斯模型。这些工作奠定了新古典经济增长的理论基础和研究框架。从 20 世纪 60 年代到 80 年代中期,新古典增长理论一直在经济增长研究中占据主导地位,这一期间的许多研究都是围绕用数据分析来验证新古典增长理论的结论和推论。

4. 内生经济增长理论

由于新古典增长模型无论在理论还是实践方面都存在一些不足,如关于完全竞争市场的假设以及关于资本边际报酬递减的假设与实际经济环境不符;又如技术进步被假定为一个外生变量而无法由模型本身做出解释。为了解决这类问题,从 20 世纪 80 年代后期以来,经济增长理论在新古典模型的基础上又有了一些新的发展。其中,一些西方学者在放弃资本边际报酬递减这一先验假设的基础上,建立起使增长率内生化的内生增长理论。对于资本边际报酬不递减的原因,内生增长理论主要通过两条路径对之进行解释[101]P11:一是将技术进步内生化,即通过在索洛模型中引入研究开发部门。研发部门知识积累的"知识溢出效应"和正外部性能够克服资本边际报酬递减,从而使经济可以实现持续增长(保罗·罗默,1986、1990)[106-107];二是在索洛模型中区分了不同劳动力会有不同的工作技能和教育水平,家庭人力资本的投资使得资本的边际收益不再递减,从而经济可以实现持续增长(卢卡斯,1988;曼昆、戴维·罗默和韦尔,1992)[108-109]。下面借助单要素线性生产函数对内生增长理论的思想加以简单介绍,这类模型通常被称为 AK 模型。

假设生产函数为(2.19)式所示的单要素线性生产函数:

$$Y = AK \tag{2.19}$$

式中,Y 是产出,K 是资本存量,A 是一个常量。(2.19)式所示的生产函数虽然简单,但它已打破了资本边际报酬递减的传统假设,资本边际报酬始终等于 A。

仍然假设收入中的一个比例 s 用于储蓄和投资,并令资本折旧率为 δ,则经济中的资本积累由(2.20)式描述:

$$\Delta K = sY - \delta K \tag{2.20}$$

(2.20)式表明,资本存量的变动(ΔK)等于投资(sY)减去折旧($s\delta$)。结合(2.19)式和(2.20)式,有(2.21)式成立:

$$\frac{\Delta Y}{Y} = \frac{\Delta K}{K} = As - \delta \tag{2.21}$$

(2.21)式表明,经济增长率($\frac{\Delta Y}{Y}$)与储蓄率正相关。只要 $As > \delta$,即使没有外生技术进步的假设,经济的收入也一直增长。

在新古典增长理论中,储蓄导致了经济的暂时增长,但资本边际报酬递减最终使经济达到增长只取决于外生技术进步的稳定状态。而在上述内生增长模型中,储蓄和投资会引起长期增长。这种区别的关键在于,内生增长模型中不存在资本边际报酬递减,而是资本边际报酬不变。内生增长理论对资本边际报酬不变的解释是,资本应从广义的角度去考察。资本不仅包括通常意义上的厂房与设备存量,作为经济生产中重要投入的知识也应看做是一种资本。而与通常意义上的资本相比,知识一般表现为收益递增。因此,如果接受知识是一种资本的观点,那么,内生增长模型中关于资本边际报酬不变的假设就更合理。

由此可见,这种被称为 AK 模型的内生增长模型提供了一条内生化稳态增长率的途径,即如果可以被累积的生产要素有固定报酬,那么稳态增长率将被这些要素的积累率所影响。从(2.21)式可知,储蓄率 s 越高,产出增长率也将越高。这一模型进一步暗示,那些能提高投资率的金融举措会使经济增长率相应提高。同时,内生增长理论也为金融发展影响经济增长的作用机制提供了新的渠道:金融发展不仅可以直接促成资本形成,而且还可以通过促进知识创新和人力资本积累来提高资本的边际收益。例如,企业研发活动和新企业的创立都需要巨额的资金投入,一个功能良好的金融体系能够及时甄别、发现哪些新项目具有投资价值,从而为它们提供融资支持。

2.4.2 金融发展理论

系统研究金融与经济增长关系的理论统称为金融发展理论。从研究层次来看,金融发展理论既包括微观层面的研究,也包括宏观层面的研究。在微观层面上,金融发展理论着重研究金融体系与微观企业绩效之间的关系,而在宏观层面上,它主要从国家或产业视角来研究金融发展与经济绩效的关系。根据思想流派和研究视角的不同,金融发展理论大致可分为:(1) 金融结构论,以戈德史密斯(1969)的成果为代表[110]。该理论认为,金融的结构与规模的差异,是解释各国金融发展和经济绩效差异的关键因素。(2) 金融抑制和金融深化论,以麦金农(1973)的成果为代表。该理论注重强调价格(利率)变量对理解金融发展和经济绩效的重要性。(3) 金融功能论,以 Merton(1995)、Levine(1997)等的成果为代表[111-112]。该理论着重分析各种金融体系对经济发展提供的服务和功能。(4) 金融资源论,以中国学者白钦先 20 世纪 90 年代后期的系列研究成果为代表。该理论强调金融也是一种资源,也有合理开发与有效利用的问题,即金融可持续发展问题。

2.4.2.1 金融结构论

针对 20 世纪初以来特别是第二次世界大战后,美国金融领域面临的各色金融机构间竞争渐趋激烈的新情况、新问题,美国经济学家约翰·G·格利(John G. Gurley)和爱德华·S·肖(Edward S. Shaw)(1960)认为,货币不是货币金融理论的唯一分析对象,货币金融理论应该面对多样化的金融资产,而货币只是无数金融资产中的一种;除商业银行外,形形色色的非银行的金融机构也在信用创造过程中扮演着重要角色;控制货币的政策不是决策者可以依赖的唯一经济政策,影响金融制度乃至经济制度的应该是一套完整的金融政策,它包括货币政策、债务管理政策以及财政政策。由此,他们首次"发展了一种包含货币理论的金融理论和一种包含银行理论的金融机构理论"[113],从而为西方经济学界对广义货币金融理论的研究指明了方向。

随着现代金融制度在资本主义国家的广泛建立,经济生活中金融工具和金融机构的种类日益多样化,其重要性也越来越高,同时各个国家之间在各种现存金融工具与金融机构的相对规模、经营特征和经营方式,金融中介机构中各种分支机构的集中化程度以及各种金融工具和金融机构的相对规模随时间变化的方式等都存在着差异。为了探究这种差异形成的原因以及这种差异与金融发展与经济增长的关系,1969 年,美国经济学家雷蒙德·W·戈德史密斯(Raymond W·Goldsmith)出版了《金融结构与金融发展》一书。书中,戈德史密斯提出,一国现存的金融工具与金融机构之和构成该国的金融结构,这包括各种现存金融工具与金融机构的相对规模、经营特征和经营方式,金融中介机构中各种分支机构的集中程度等,而金融发展就是指金融结构的变化,在“金融领域中,金融结构与金融发展对经济增长的影响如果不是唯一的一个最重要问题,也是最重要的问题之一”[110]P380。在明确金融结构和金融发展基本内涵的基础上,戈德史密斯通过参考国民账户体系,创造性地提出了一套衡量一国金融结构与金融发展水平的流量指标(新发行总比率,ANIR)和存量指标(金融相关比率,FIR),对 35 个国家 1860—1963 年的金融结构与金融发展进行了国际横向比较与历史纵向比较,指出了决定一国金融结构差异的主要经济因素,并阐明了这些因素通过相互作用促成一国金融发展的基本规律,从而开创了比较金融学研究的先河。虽然由于当时经济增长理论和金融发展理论研究的滞后,戈德史密斯未能就金融结构和金融发展的差异与经济增长之间的因果关系进行精确细致的实例研究,从而无法弄清“到底是金融因素促进了经济的发展,抑或金融发展是由其他因素引起的经济增长的一种反映”[110]P41-42,但他已在书中提出了关于金融上层结构对经济发展影响的具有洞见的判断:“以初级证券和次级证券为形式的金融上层结构加速了经济增长,改善了经济的运行,为资金转移到最佳的使用者手中提供了便利,也就是说,把资金转移到经济体系中能取得最高社会收益的那个地方”。[110]P397

另外,Patrick(1966)也深入研究了金融发展与经济增长之间的因果关系。他指出,经济增长与金融发展之间孰因孰果取决于经济发展的不同阶段。在经济发展的早期阶段,量的增长是其主要特征,而金融体系可以通过大规模动员储蓄,迅速实现资本数量的扩张,从而推动经济增长,因而此阶段的金融发展更可能是推动经济增长的原因。当经济发展到较高阶段,质的增长是其主要特征,经济发展过程中对金融服务产生的新的需求会不断催生出新的金融产品和金融机构,由此推动金融发展,因而此阶段的经济增长更可能是推动金融发展的原因。Patriek(1966)将前一种类型的金融发展称为供给主导(supply-leading)型,将后一种类型的金融发展称为需求跟随(demand-following)型。但 Patriek(1966)的研究基本上是定性的,未能给出金融发展与经济增长因果关系的明确答案。

综上所述,金融结构论认为,金融发展主要表现在金融结构的变化和金融数量的增加。他们的主要贡献在于:一是初步揭示了金融发展对经济增长的促进作用；二是建立了度量金融结构和金融规模的指标，为计量分析奠定了基础。他们研究工作的欠缺之处主要表现在[101]P15-16：(1) 缺少对金融发展促进经济增长的作用机制(渠道)的研究；(2) 忽略了价格(利率)变量对经济增长和金融发展的影响。就长期而言，市场总能自动出清，因此可以不考虑价格变量。但是，在现实中，绝大多数国家都或多或少地对利率进行着管制，在市场非均衡的条件下，利率变量就不能被忽略。

2.4.2.2　金融抑制与金融深化论

西方主流货币金融理论的研究对象一度曾主要是市场机制相当完善、金融体系比较发达、金融产品非常丰富的西方市场经济国家，对于发展中国家及其前身殖民地的研究几近空白。另一方面，传统的经济发展理论主要阐述资本积累、人口增长和技术进步等实际变量同长期的经济发展和国民收入增长的关系，而对货币金融因素与经济发展之间关系的研究重视不够。这种状况一直持续到20世纪70年代初才被彻底改写。1973年，美国经济学家罗纳德·麦金农(Ronald I. Mckinnon)出版了《经济发展中的货币和资本》，爱德华·S·肖(Edward S. Shaw)也于同年出版了《经济发展中的金融深化》，两人因此成为当代金融发展理论的奠基人。在书中，他们放弃了以成熟市场经济国家金融体系为研究对象的传统做法，转而以发展中国家作为分析对象，在全面分析发展中国家货币金融的特殊性和深刻论证发展中国家货币金融与经济发展内在联系的基础上，分别提出了“金融抑制”与“金融深化”的新理论，从而创立了现代意义上的金融发展理论。

根据麦金农的分析，所谓“金融抑制”是指一国的金融体系不健全，金融市场机制未充分发挥作用，经济生活中存在过多的诸如人为的低利率政策、金融业内的垄断、本币高估、信贷和外汇硬性配给等金融管制措施，抑制了金融的发展，而受到压制的金融反过来又阻碍着经济的成长和发展，从而造成金融抑制与经济落后的恶性循环。麦金农和肖一致认为，“金融抑制”是欠发达国家经济发展的一大障碍，要想实现经济迅速增长，就必须实施一系列的金融自由化政策，取消政府对金融活动的过多干预，从而形成金融发展与经济发展的良性循环，这就是所谓的“金融深化”。

“金融抑制”与“金融深化”理论的核心思想是主张实行金融自由化，以使实际利率通过市场机制的作用自动趋于均衡水平，从而保证经济发展以最优速度进行。其政策主张既不同于凯恩斯学派低利率刺激投资的政策，也不赞同货币学派过分倚重控制货币发行的做法，而是主张通过金融自由化和提高利率，在增加货币需求的同时，扩大投资规模，优化投资分配，从而使经济稳定、持续增长。

由于麦金农和肖的金融发展理论既克服了主流货币金融理论在研究对象上的狭隘视角，又弥补了以往的经济增长理论忽视货币和金融因素的不足，他们的理论提出以后，在经济学界引起了巨大反响。20世纪七八十年代，许多经济学家在他们的关于金融深化和经济增长关系的理论框架上，通过进一步修正与完善，相继提出了一些逻辑更加严密、论证更趋规范的金融发展理论模型，他们的政策主张也直接催生了发展中国家20世纪七八十年代以金融自由化为核心的金融改革，并取得了一定的成效。这方面的主要代表人物有加尔比斯（Vicente. Galbis）、卡普（Basant K. Kapur）、马西森（D. J. Mathieson）和弗莱（M. J. Fry）等。

2.4.2.3 金融功能论

由于麦金农——肖金融发展理论及其修正模型中只是简单地将金融变量处理为外生变量，对经济增长和金融发展相互作用的复杂机制往往缺少解释力，同时，他们提出的某些过激的政策主张也遭到了来自理论和实践的严峻挑战，因此，20世纪90年代以来，一些金融发展理论家不再仅仅停留于对麦金农——肖理论的修修补补，而是在吸收内生增长理论重要研究成果的基础上，对麦金农——肖的理论框架作出了新的突破，即通过引入内生金融中介体和内生金融市场，从理论和实证的角度，运用多种模型，进一步揭示了金融发展影响经济增长的机制（功能）。他们研究认为，一方面，只有在经济发展到一定阶段之后，金融市场和金融机构才得以内生形成，即在金融市场和金融机构的形成上存在着“门槛效应（threshold effect）”；另一方面，金融体系形成后可以通过其金融服务功能的发挥，使得资本投资获得更高的、更安全的收益率，进而促进经济增长，反过来经济的增长又可为建立更完善的金融体系提供相应的途径和手段。

这里借鉴马科·帕加诺（Marco Pagano，1993）的研究框架[114]，使用AK模型（一个最简化的内生增长模型），对20世纪90年代以来学者们关于金融中介和金融市场对经济增长作用的理论加以介绍。

假设产出总量是关于资本存量的线性函数，如（2.22）式所示：

$$Y_t = AK_t \tag{2.22}$$

式中，Y_t、K_t 分别代表 t 时期的产出和资本存量，A 是一个常量。为便于分析，假定人口规模不变，且经济中只生产一种商品（可被用于消费或投资）。若用于投资，则假定每期以 δ 的比率进行折旧，由此总投资为 $I_t = K_{t+1} - (1-\delta)K_t$。

在一个不考虑政府部门的封闭经济中，总储蓄 S_t 等于总投资 I_t 是其资本市场的均衡条件。如果由于金融中介成本的存在使得 $(1-\Phi)$ 比例的储蓄在金融中介过程中流失掉，那么有：$\Phi S_t = I_t$。

根据以上假设，$t+1$ 期的经济增长率为：

$$g_{t+1} = \frac{Y_{t+1}}{Y_t} - 1 = \frac{K_{t+1}}{K_t} - 1 = \frac{[I_t + (1-\delta)K_t]}{K_t} - 1 = \frac{\Phi S_t}{K_t} - \delta$$

再假设 $S_t = sY_t$（s 为私人储蓄率），且去掉时间下标，则稳定状态下的增长率可表示为(2.23)式：

$$g = A\Phi s - \delta \tag{2.23}$$

由(2.23)式可以看出，金融体系可以通过三条路径对经济增长产生影响：

一是通过影响金融中介将储蓄转化为投资的比例（Φ）。将储蓄转化为投资是金融体系的第一种重要功能。在将储蓄转化为投资的过程中，金融体系需要吸收一部分资源，这主要包括交易成本（集中储蓄）和信息成本（克服信息不对称），以存贷利差的形式流向银行，以佣金和手续费的形式流向证券经纪人和交易商，从而导致 1 货币单位的储蓄只能带来少于 1 货币单位的投资。由于金融体系自身效率的高低在一定程度上决定着储蓄转化为投资的比重，因此，在动员储蓄过程中，高效率的金融调度和金融运行能够降低交易成本和信息成本，从而减少 $(1-\Phi)$ 的比重。也就是说，金融体系的发展能够改善储蓄与投资之间的联系，进而提升整体宏观经济的微观经济效率。

二是通过资本的边际社会生产率（A）。将资金配置到资本边际产品最高的项目中去是金融体系的第二种重要功能。在金融资源配置过程中，金融体系可以通过以下三种方式提高资本的边际社会生产率进而促进增长：通过信息收集从而对各种可供选择的投资项目进行评估；通过提供风险分担（risk sharing）促使个人投资于风险更高但更具生产性的技术；促进创新活动。

三是通过私人的储蓄率（s）。金融发展的第三个功能是通过改变储蓄率来影响经济增长。然而，在这种情况下，金融发展和经济增长之间的关系并不确定。因为，一方面，金融发展可以从分散的储蓄者手中更好地动员储蓄，因而能增加投资，促进经济增长；另一方面，随着金融市场的发展，风险分散渠道的增多以及消费信贷的更易获取也可能减少储蓄，影响经济增长。因而，金融发展通过储蓄渠道对经济增长的影响效果并不明确。

随着经济金融化的进一步深入，金融功能问题引起了越来越多专家学者的关注。博迪和莫顿（1995）基于金融系统资源配置的单一基本功能，首次较为完整地阐述了金融系统的六大核心功能[115]P4，分别是：在不同的时间、地区和行业之间提供经济资源转移的途径;为储备资源和在不同的企业中分割所有权提供有关机制;提供清算和结算支付的途径以完善交易;提供管理风险的方法;提供价格信息,帮助协调不同经济部门的决策;当交易中的一方拥有另一方没有的信息,或一方为另一方的代理人时,提供解决激励问题的方法。Levine(1997,2004)也详细总结了金融的功能及其影响经济的渠道,指出金融体系具有五大功能[116]:(1)配置资源;(2)交换、隔离、分散或汇集风险;(3)促进产品和服务交换;(4)加强储蓄流动性;(5)监督管理者和改进公司治理。

国内较早探究金融功能问题并对之开展持续研究的代表性学者是白钦先。20世纪80年代中期,白钦先在比较银行学项目的研究中,使用"总体效应"①概念强调了金融体系整体对经济与社会的协调、适应关系,并提出了金融渗透功能的深刻广泛性和它日益脱离于实体经济的独立性问题;90年代中后期,白钦先在金融资源学说的研究中,又将金融功能列为功能性高层金融资源,并重点论证了金融功能性资源的客观性、稳定性和稀缺性,强调了它比前两个层次的金融资源(核心性货币资源、基础性实体资源——金融组织、工具、制度、法规与人才等)更客观,更易于整体观察与把握,更少人为干预的可能,更难能,更难成,更难得,因而更稀缺;新世纪以来,白钦先在进一步明确金融功能的客观性、稳定性、稀缺性和层次性等几大本质性特征的基础上,阐述了从功能视角观察研究金融较之以往以金融组织(机构与市场)为主的研究视角所具有的优势,并重新界定了金融功能,认为金融功能的本质含义是金融对经济的功效、效用、效应或作用,它是研究金融与经济相互关系的主轴、核心与关键,金融功能的扩展、提升与金融的发展、经济的发展具有极大的相关性、协同性和一致性,是质性金融发展的直接结果和观测器。同时,他还将金融功能划分为基础功能、核心功能、扩展功能和衍生功能等四个具有递进关系的层次,并从历史发展的视角勾勒出了金融功能的演进轨迹,最后提出了金融发展的功能观:金融功能演进即是金融功能的扩展与提升,金融功能的扩展与提升即是金融发展。同时,由于金融功能的扩展与提升更多地关注在量性金融发展基础上的质性金融发展问题,这就为重新审视与思考质性和量性相统一的金

① 白钦先在《比较银行学》一书中指出,所谓金融体系的"总体效应",是指一国银行(金融)体系的总体效率和构成要素间的协调的吻合度,具体包括:(1)金融体系整体与社会环境、经济环境及金融环境相互协调适应的程度,即外部效应;(2)金融体系内部各要素间相互协调、适应吻合的程度,即内部效应;(3)金融体系总体及各类金融机构系统自身的功能、效率与效益。

融发展开辟了一条新的路径。[117-118]另外,国内其他一些学者也分别从不同角度对金融功能问题进行过深入研究。如孙立坚等(2003)提出金融体系具有流动性供给、投融资服务、价格发现、风险分散、信息传递和公司治理等六大基本功能[119];徐良平等(2004)则深入探讨了金融功能观和金融机构观①,分析范式的基本区别,认为人们对金融与经济关系的研究长期以来普遍采用的是一种叫做机构分析的范式,具体表现为"既定的结构—功能—行为绩效"的研究思路,而新的功能范式与传统机构范式的区别在于,它首先对系统的目标和外部环境进行分析,从中演绎出目标和外部环境对金融的功能需求,然后再探究需要何种载体来承担和实现其功能需求,即它遵循的是"目标和外部环境—功能—结构"的思维模式[120]。

总体而言,金融功能论(也被称为金融发展的微观理论)主要是在内生增长框架下,通过引入借贷双方之间的信息不对称,对金融系统的功能及其对储蓄率、投资率、投资效率、知识和技术积累、人力资本,进而对经济增长的影响等问题进行深入研究。根据信息不对称发生时段的不同,该理论的建模思路大致沿着两个方向展开:一是指出金融功能的发挥有助于解决事前的逆向选择问题。金融中介和金融市场通过对投资项目进行评估,甄别好的投资项目,为创业者提供资金,降低生产率风险和流动性风险,促进了企业投资和技术创新。二是指出金融功能的发挥有助于解决事后的道德风险问题。金融中介通过代理监督,有助于保证项目的顺利实施、促进企业研发活动和提高资本的收益率。

2.4.2.4 金融资源论

随着科学技术的发展与社会的进步,在人类资财的构成中来自自然资源的比例相对日益降低,而在传统上人们不认为是资源或经济资源的那些因素日益显示出其特有的经济资源的属性,传统经济学经济资源观关于土地、人口和实物资本存量的限定日益受到挑战。如果人们无视当今非自然资源即社会资源的存在与其日益明显的资源属性以及在人类财富增长中极端的重要性,那么许多自然资源极度贫乏的国家或地区经济与社会的高速发展这一事实就无法得到合理解释。基于此,人力资源、金融资源、文化资源、知识(产业科技与教育)资源这些非自然资源或者社会资源的存在逐步被人们所认知。

在经济学文献中最早提及"金融资源"概念的西方学者是戈德史密斯

① 在金融功能观提出之前并不存在所谓的金融机构观,而只是在金融功能观提出以后才把以前研究金融的视角对称地称为金融机构观。

(R. W. Goldsmith,1955),他在《资本形成与经济增长》一书中谈到:“本书应该探讨金融资源和传递渠道对经济增长的速度和性质的影响……”但他并没有重视这一概念的理论含义,“金融资源”概念在他的著作中只是偶然提及,以至在其后的几十年里这一概念并没有在西方经济学界或金融学界引起重视。中国金融学者在 20 世纪 90 年代中后期,在讲话或文章中也使用过“金融资源”一词,但都不是正面的和系统的,且其含义常常仅指“信贷资源”或仅是一种泛指的模糊概念。白钦先 1998 年 5 月 25 日在一次国际会议上所做的“以金融资源学说为基础的金融可持续发展理论与战略”演讲中,第一次郑重其事地将“金融资源”作为金融学理论的一个基础性、系统性概念提出,认为金融是一种资源,是一种稀缺的社会资源,是一种战略性资源[121]。自此,围绕金融“资源属性”定位的学术研究全面展开。随着金融资源开发、金融资源配置机制、金融资源效率等方面研究的完善和发展,金融资源理论现已基本形成。

金融资源论认为,金融属性具有二重性。金融既是资源配置的对象,具有一般资源属性,同时又是资源配置的机制,具有特殊资源属性。也就是说,金融作为一种资源,是通过自身配置进而可以促进其他资源配置的特殊资源。具体而言,首先,金融作为整体,它是社会经济运行和发展的基本构成和支持要素,体现着金融的资源属性。金融的资源属性定位,不仅超越了对金融属性的传统认识,而且改变了金融问题在经济学研究中的传统定位,使得金融作为一个整体成为经济学的一般研究对象之一。因为,经济学所研究的就是既定约束下的资源配置问题,金融的资源属性决定了经济学对资源配置问题的研究应该扩大到金融资源的配置上;其次,金融资源又是一种特殊的资源,它是社会经济最重要的资源配置手段和机制之一,虽然与之并行的还有其他资源配置手段和机制,但与其他手段和机制相比,随着经济全球化、经济金融化和知识经济的蓬勃发展,金融配置资源的重要性变得越来越突出,金融资源的配置决定着对其他实际经济资源的配置。

金融资源论关于金融属性的二重性不仅阐明了金融内生于、独立于经济,而且赋予了金融发展新的政策含义。以往的经济学、金融学理论中关于金融发展的政策含义主要包括两个方面:一是戈德史密斯的“金融结构论”,该理论主要利用金融相关率(FIR)来测度金融发展水平的高低,相应地,所谓的金融发展,就是包含金融资产、金融机构等要素的金融结构的变化结果,其实质是量性的增长;二是麦金农和肖的“金融深化论”,即放松对利率和金融机构的管制,其实质是金融自由化。实践证明,量性金融增长并不能自动带来金融整体效率和功能的提升,金融自由化也存在着与经济发展相协调的问题,二者共同的缺陷在于无法保证金融的可持续发展。金融资源论则认为,金融发展的关键在于金融质的提高,合理地开发、利用和配置金融资源,同时注重作为资源配置手段和机制的金融整体效率和功能的改善,是实现金融可持续发展的必经途径[122]。

金融资源论还进一步将金融资源划分为紧密联系、具有逻辑递进性的三个层次:第一个层次是基础性核心金融资源,即广义的货币资本或资金,是金融资源最基本的层次;第二个层次是实体性中间金融资源,包括金融工具体系和金融组织(机构)体系,以及与这两个体系相关的规则制度和专门人才等,大体上与戈德史密斯所说的金融结构相一致;第三个层次是整体功能性高层金融资源,即金融体系对经济社会发展的作用、功效,该层次的金融资源虽然较抽象,但又在现实中客观存在着,具体包括资源配置功能、资金媒介功能、资产避险功能、引导消费功能、产业结构调整功能等。第一、二层次构成了金融资源的实体部分,第三层次构成了金融资源的功能部分。从金融资源论关于金融资源的上述层次划分可以看出,金融资源论是对金融机构观与金融功能观的一种综合(如图 2-6 所示)。

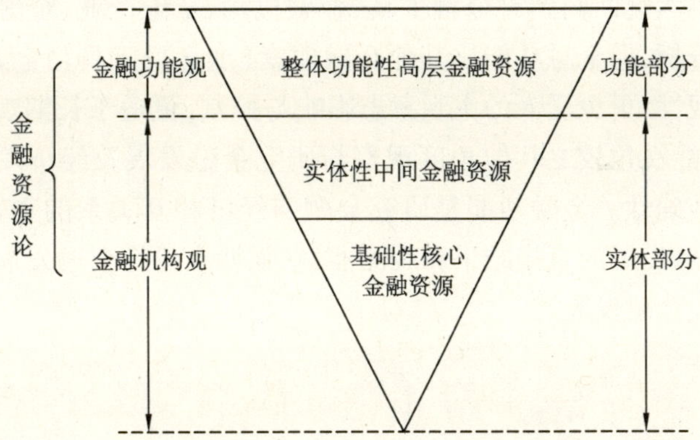

图 2-6　金融资源论对金融机构观和金融功能观的综合

从研究视角上来看,金融机构观侧重于金融机构(包括金融工具和金融组织)的研究,主要涉及金融的微观层面和量性金融发展;金融功能观侧重于金融功能的研究,主要涉及金融的宏观层面和质性金融发展;而金融资源论不仅研究金融机构,而且研究金融功能,不仅涉及金融的微观层面,而且涉及金融的宏观层面,不仅注重量性金融发展,而且注重质性金融发展,并尽力实现量性金融发展与质性金融发展的统一[123]。这种研究视角上的综合,大大提升了金融资源论的解释能力和适用范围。以上关于金融问题研究视角的逐步转变和深入，不仅反映出人们对金融问题由表及里、由浅入深、由局部到全局的研究历程，也揭示出金融由简单事物到核心事物的历史演进脉络。

通过对有关金融发展理论的梳理可以发现，对金融发展问题的研究经历了一个从具体分析金融要素（包括金融工具和金融机构）到抽象思考金融功能的逻辑过程。一般而言，一定的金融工具和金融机构形成一定的金融组织，一定的金融组织形成一定的金融产业，一定的金融产业形成一定的金融结构，一定的金融结构具有一定的金融功能，如果金融的各种功能都得到有效的发挥也即实现了金融发展。在这一逻辑链条上，如果采取不同的研究切入点，则会产生对金融发展的不同界定。从金融组织切入就会产生金融发展的机构观；从金融产业切入就会产生金融发展的产业观；从金融结构切入就会产生金融发展的结构观；从金融功能切入就会产生金融发展的功能观。另外，由于金融资源是一个内涵极为广泛的概念，它既涉及金融机构，又涉及金融功能，所以，金融发展的资源观并不在上述逻辑链条内，而是在该逻辑链条之外对该逻辑链条的一种综合。因此，利用金融资源观对金融发展问题进行研究是一个全新的研究视角，它可以加深对金融发展的全面理解[124]。虽然对金融发展问题的深入研究仍然会回归到对金融工具、金融机构、金融产业、金融结构等具体金融要素的分析，但金融功能比其他金融要素（如金融工具与金融机构）更具稳定性和客观性，更少受人的主观意志影响与控制，更适于长期观察与整体把握，因而从功能视角较之其他角度观察与研究金融发展及经济发展问题就更具优越性和准确性。金融功能是研究金融与经济相互关系的主轴、核心与关键，是质性金融发展的直接结果和观测器，它强调在量性金融发展的基础上要注重实现质性金融发展。

第三章　城市群经济系统分析

新古典主义经济理论的结构在很大程度上是为了使一般均衡模型和一系列严格的假设条件能够自圆其说，而这些基本假设又是建立在所谓的牛顿—拉普拉斯范式的基础之上。该历史范式的核心，是反演对称的（过去和未来没有区别）时间观念和机械因果决定论。这显然与现实中经济系统的不可逆性、不确定性和非线性相互作用等不相吻合。为了摆脱新古典主义均衡范式与现实相脱节的局限，一些学者开始尝试利用现代系统科学的思想和方法，为经济学的研究建立起新的范式和方法论体系。下面主要利用系统科学的基本理论对城市群经济系统展开分析。

3.1　城市群经济系统的内涵

虽然目前还没有学者专门对城市群经济系统的内涵进行科学界定，但学者们在利用现代系统科学分析经济问题时，已从不同视角对经济系统和区域经济系统的概念进行过论述，这为我们深刻理解城市群经济系统的内涵提供了指导和借鉴。

在我国学者昝廷全所创建的系统经济学中，经济系统被定义为：是由经济元和它们之间的经济关系共同构成的整体。其中，经济元是指具有一定功能的所有组织水平上的经济实体，在不同的情况下它可以是参与资源竞争和利用的个人、家庭、企业、地区、国家甚至整个人类。系统经济学通常把经济元的集合称为经济系统的硬部，而将经济元之间的经济关系称为经济系统软部。这样，经济系统就可形式化地表示为：经济系统＝（｛经济元｝，｛经济元之间的经济关系｝）。系统经济学关于经济系统的这一定义具有递归性，只要定义了一个确切的内核（经济元），就可以通过递归和复合把它的定义范围推得很广，同时又不失确切性[125]。例如，以某一城市及其行政管辖范围内的家庭、企业、政府作为经济元，可以构成城市经济系统，即城市经济系统＝（｛家庭、企业、政府},{前者之间的经济关系}),进而将国内某一区域内的不同城市作为经济元,就可以构成区域经济系统,即区域经济系统=({城市},{城市之间的经济关系}),进一步把国内不同的区域作为经济元,则可构成国家经济系统,即国家经济系统=({区域},{区域之间的经济关系}),再进一步把不同的国家作为经济元,则可构成全球经济系统,即全球经济系统=({国家},{国家之间的经济关系})。

高洪深(2003)认为,经济系统是以人类的活动为中心的涉及社会、经济、科学技术、文化教育、生态环境等各个领域的一个有机的整体,生产力和生产关系是经济系统不可分割的两个方面。同时,他还指出,经济系统与物理系统的根本区别在于经济系统中存在着决策环节,该系统的行为总是经过信息收集,并按某种政策进行信息加工处理之后做出决策,因此,人的主观意志和偏好对该系统有较大影响[126]P31。

梁吉义(2002)则将我国学术界关于经济系统内涵的各种观点概括为"宽派说"、"窄派说"、"中派说"和"可持续派说"[127]。"宽派说"认为经济系统是由生产力和生产关系在一定生产力水平和特定生产关系制约下的社会再生产过程中的生产、交换、分配、消费四个环节构成的国民经济有机统一体系,即经济系统是生产力系统和生产关系系统在一定的地理环境和社会制度内的组合。"窄派说"认为经济系统是由国民经济的各个部门(包括工业、农业、交通运输业、邮电通信业、商业、科技、教育、文化、卫生等)组成的有机体系,即经济系统主要是由国民经济的各生产部门所组成,不包括生产关系系统。"中派说"将社会物质资料的生产流通过程与国民经济部门体系相结合,认为经济系统有两重含义:第一层是由社会再生产过程中的生产、交换、分配、消费所构成的有机体系;第二层是由国民经济的物质生产部门和非物质生产部门组成的有机体系。而"可持续派说"则认为,经济系统是在社会再生产过程中与生态系统进行物质循环、能量转换、信息传递、使用价值创造、价值形成与增值的整个循环运动中的各种经济要素、各个经济部门、各种经济成分以及再生产各个环节所组成的国民经济有机体系。

另外,一些学者还专门阐述了区域经济系统的内涵。如谷国锋、张秀英(2005)指出,区域经济系统是一个开放的、非线性复杂系统,客观上存在着依靠与外界环境不断进行物质、信息和能量交换才能保持有序性的非平衡结构[128]。

从已有的研究成果来看,虽然学者们关于经济系统、区域经济系统内涵的认识各有侧重,还未形成统一的、普遍可接受的定义,但这些论述却从不同的侧面启示我们，要科学地凝练城市群经济系统的内涵，首先应从经济系统或区域经济系统所蕴涵的共性特征中把握好以下几点：(1) 人是城市群生产力中起决定作用的最活跃因素，由于人的思维、判断、决策、偏好等各有差异，难以预测，因此，这一因素决定了城市群经济系统是一个极其复杂的巨系统。同时，由于有人参与的活动都离不开一定的目的性，因此，人的主观意志和决策对城市群经济系统的发展影响甚大。(2) 城市群经济是一个社会化大生产型经济，各类参与者(家庭、企业、政府、非营利性组织等)在其中活动，且彼此间存在着相互影响、互为制约的非线性关系。(3) 城市群经济的组织、运行和发展，是在一定的自然环境和社会条件(包括社会制度、经济体制等)下进行的，必然会受到自然环境和社会条件的制约，同时它反过来又会对自然环境和社会条件产生影响。(4) 城市群经济系统是一个开放系统，它不断地与外界进行着物质、能量和信息交换。(5) 城市群内资源禀赋的非均匀分布所引起的生产要素在不同企业之间、不同部门之间、不同地区之间的流动，会导致城市群经济系统内出现涨落现象。

其次，全面、深刻地阐释城市群经济系统的内涵，还应紧密结合城市群这一城市"集合体"的地域特性。在第二章基础理论中已经指出，作为工业化和城市化发展到较高阶段的产物，城市群是城市地域系统中次高级的地域组织形式，通常呈现出城市密集和产业集聚发展的空间形态。同时，技术的进步和分工的深化，使得产业链条突破了城市界限，在城市群地域空间广泛延伸，以特大城市或大城市为核心的不同等级规模的各城市之间存在着密切的经济社会联系和空间相互作用。而不同城市在自然环境、资源禀赋、区位条件、基础设施、经济基础、社会进步等各方面存在的势差，又会使得城市群经济系统处于非平衡发展状态。在非平衡状态下，各城市仅有有限的资源和功能，为了求得生存和发展，城市群区的各经济主体在不断重复的利益博弈中逐步由竞争走向竞合。

根据以上理解，本书认为，所谓城市群经济系统，是工业化和城市化发展到较高阶段，在城市密集发展的相邻地域空间内，不同等级规模城市的经济主体，在社会化大生产的长期博弈中，自发形成的具有紧密的社会经济联系和分工协作关系的有机整体。该系统是一个开放的复杂巨系统，远离平衡态、有涨落存在、有非线性因素，因而是一种耗散结构，存在自组织现象。

3.2 城市群经济系统的结构分析

任何系统都是以一定的结构形式存在的。系统结构使得组成系统的各个基本元素能够充分发挥自己的功能,从而获得最佳的整体效果。系统结构分析的内容主要包括系统元素集的分析和系统各元素之间关联方式的分析。如果系统规模太大、元素众多、结构复杂,还必须对元素"分类"管理,即把母系统(也被称为整系统、总系统)分为若干子系统,进而系统结构分析的内容也相应地分为三个部分,即子系统的划分、各个子系统的结构分析(组成子系统的元素及其关联方式)以及不同子系统之间关联方式的分析。作为系统组成部分的元素和子系统简称为组分,组分及组分之间关联方式的总和,即为系统的结构。各组分按照系统的结构方式相互作用、相互补充、相互制约而激发出来的性质,称为系统的整体涌现性,它是一种组分之间的相干效应,即结构效应、组织效应。不同的系统结构方式,会导致系统产生不同的整体涌现性。[80]P20

3.2.1 城市群经济系统子系统的划分

系统是相互作用的多元素的复合体。系统理论指出,当系统的元素很少、彼此差异可以忽略时,系统可以按照单一模式对元素进行整合;而当系统的元素数量众多、彼此差异不可忽略时,仍然按照单一模式对元素进行整合就不可取,此时首先需要将系统划分为不同的部分,分别按照各自的模式组织整合起来,形成若干子系统,然后再把这些子系统组织整合为整系统。对于同一个系统,可以按照不同的标准来划分其子系统,以便从不同侧面了解其系统结构。[80]P18-19

对城市群经济系统而言,可以按照不同标准来划分其子系统:(1) 按照社会生产方式划分,可分为生产力系统和生产关系系统。(2) 按照城市群内各城市行政管辖的地域范围划分(以下简称为按地区划分),可分为各城市经济子系统。由于不同行政级别的城市间可能会存在行政隶属关系,因而按照该划分方法所形成的各城市经济子系统可能会出现相互嵌套问题。如我国县级城市的行政地域范围,同时也是其所属上一级地级城市的行政地域范围。为了避免此类问题,本书设定所讨论的城市为地级及以上城市。对于地级市内以中心城市为核心、相关县(市)城区为主体而构建的城市群经济系统,也可按照它们的具体行政边界划分其子系统。(3) 按照国际上比较通用的产业经济分类方法划分,可分为第一产业子系统、第二产业子系统和第三产业子系统,进一步地还可根据各大类产业包含的产业门类将城市群经济系统细分为农林牧渔业子系统、制造业子系统、建筑业子系统、交通运输业子系统、金融业子系统等。(4) 按照一定时期内生产活动最终成果(Gross Domestic Product,GDP)的使用去向划分,可分为不同类别的最终成果子系统。比如,为了反映一定时期最终成果的使用情况,可按 GDP 核算方法中的支出法,将城市群经济系统划分为最终消费子系统、资本形成子系统和净出口①子系统,其中,最终消费包括居民消费(又可分为农村居民消费和城市居民消费)和政府消费;资本形成包括固定资本形成和存货增加;净出口则是地区内货物和服务出口减去货物和服务进口的差额。我们还可列出许许多多划分城市群经济系统子系统的其他分类方法,按照同一标准划分出来的子系统具有可比性,按照不同标准划分出来的子系统则不具有可比性。

3.2.2 城市群经济系统子系统的结构分析

虽然城市群经济系统子系统的划分标准很多,但由于城际经济联系是否协调、顺畅是保证城市群经济系统稳定有序的重要方面,而在市场经济条件下,城际经济联系又主要表现为市场经济主体间所形成的城际产业关联,所以,这里主要对城市群经济系统按地区标准分类所形成的代表性城市经济子系统的结构进行分析。

在市场经济体制下,城市经济系统是一个错综复杂的市场经济系统,而市场经济系统又是由具有特定功能的市场经济主体及其关联关系构成的。城市行政管辖地域内的所有市场经济主体按照一定的方式搭配与排列,并在彼此交往中衍生出各种各样的相关关系,进而形成城市经济系统的市场经济主体结构。城市经济的组织、运行和发展都是一定市场经济主体行为的结果。所谓市场经济主体,是指能够实现一定经济空间(经济区域)组织和运行的最少类别的微观承载对象[129]。据此,我们将城市经济系统中千千万万个市场经济主体划分为企业、居民和政府三大类别,它们是构成城市经济系统必不可少的元素。

这里暂不考虑城市与其外部地区之间的经济联系,而仅将城市作为一个相对独立的经济空间来说明其系统结构关系。城市这一特定经济空间中三大类别的市场经济主体之间,具有明显的相互影响、相互作用的系统结构关系(如图 3-1 所示)。

---

① 国家和地区在货物与服务净出口数据的统计上是有差别的。对全国而言,通过海关统计容易得到对国外的货物与服务净出口的准确数据,净出口能体现一个国家总体对外(境外)贸易水平。但对地区而言,某一地区的货物与服务净出口(通常也用净流出概念来表示),除了包括地区对国外的出口与进口外,还包括对国内其他地区的流入与流出,它所反映的地区对外(包括境外、区外)贸易水平,与海关统计的地区外贸净出口数据有较大差异。

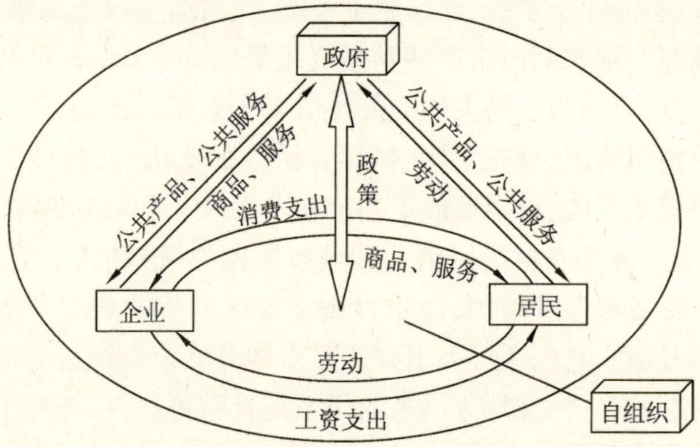

图 3-1　城市经济系统行为主体及其关联关系示意图

其中,企业和居民在追求自身利益最大化的同时在空间上表现出累积互动的关系。企业以利润最大化为其目标,而利润最大化实现的关键在于劳动力成本的高低和市场的大小。劳动力成本的高低和市场的大小又决定于居民的劳动力供给和消费能力,而决定居民劳动力供给和消费能力的主要因素是居民的工资收入,工资收入则来源于企业对劳动力的支付。因此,城市经济系统中企业的经济行为和居民的经济行为之间存在着互为因果的累积关系,其运行的根本动力完全来源于内生,相互之间形成了一个城市经济自组织系统。在该自组织系统中,市场这只"看不见的手"处于核心的支配地位,它从三个方面主导着城市经济自组织系统的运行。首先,居民聚集在市场上表现为市场容量扩大,由此,企业为了实现利润最大化的目标,其区位选择将倾向于这一空间,而企业的集聚又会带来产品的丰富和多样化,这又对居民实现效用最大化具有明显的正向作用,这样,在市场的作用下,企业和居民两大类别的市场经济主体在城市空间地域内逐步呈现出聚集形态。其次,市场作用下的城市经济空间总是呈现出一种有序的结构,这种内生的有序结构源自分工与专业化的空间映像。以企业和居民为主体的城市经济自组织系统,在市场力量的作用下,实现经济的分工演化,这在时间上表现为经济的增长。最后,随着分工的不断演进,城市经济活动的容量越来越大,活动的范围越来越广,所有问题都依靠市场解决的结果使得市场的滞后性弊端逐渐突出,于是各种行业性协调组织就会应运而生。

相比于企业和居民,市场经济中的城市政府的行为并不直接进入自组织系统,而是在高于这两个类别主体的层面上施加影响。政府虽然可以通过相关机构决定或影响诸如公共产品的区位、各级政府公共机构的区位等间接影响厂商和消费者的空间经济行为①,但更重要的是,政府通过制定一系列的地区经济发展政策来影响城市经济自组织系统的发展和演变。反过来,政府的正常运转又离不开企业的商品供应和居民的劳动力供给,城市经济自组织系统的运行状况和发展要求也会影响到政府政策的修改和制定。总之,当政府加入城市经济系统分析后,企业和居民在进行经济行为决策时,会将政府的因素或者纳入目标函数或者将之作为外生影响因素加以考虑,反过来,政府的行为和政策的制定也要以是否有利于企业的利润最大化和居民的效用最大化为主要目标。

上述分析表明,城市经济系统由其行政地域空间内的政府、企业、居民三大类别的市场经济主体及其关联关系构成,它的运行既有自组织机制的作用,也有政府行为和地区经济政策的力量,城市地域空间内三大类别的市场经济主体之间相互关联、相互作用的经济行为是城市经济系统发展、演化的重要内容。

另外,由于三大类别的市场经济主体数量众多、结构复杂,其经济活动更是千差万别,随时都在通过各种经济交易联结成相互影响、相互制约的复杂体系,所以为了能从数量上反映出城市经济系统的结构关系,充分描述城市经济系统的整体运行状况,我们还可结合国民经济核算的有关方法,进一步将市场经济主体按照其经济活动的特征进行分类,即将具有某种共同行为、共同特征或相同经济结果的市场经济主体进行合并归类。这方面通常是按照机构单位、机构部门或产业部门进行分类[130]。

第一,按机构单位分类。机构单位是指有权拥有资产和承担负债,能够独立地从事经济活动并与其他实体进行交易的经济实体。在现实经济生活中,具备机构单位条件的单位主要有两类:一类是家庭;另一类是得到法律或社会承认的法律实体或社会实体,包括企业和政府。按照国民经济的核算方法,城市地域空间内的机构单位又分为常住单位和非常住单位。对于常住单位,需要核算其全部经济活动;对于非常住单位来说,并不需要核算其所有经济活动,只需要核算它与常住单位之间的经济交易活动即可。

第二,按机构部门分类。同类机构单位构成机构部门。按照国民经济核算方法,城市地域空间内所有常住机构单位可以划分为四个大的机构部门,即非金融企业部门、金融机构部门、政府部门和家庭部门。非常住单位组成的部门也视同机构部门。

① 当然,转型经济中的政府往往还可通过直接的方式决定诸如国有企业等微观经济主体的行为。不过随着市场经济制度的逐渐完善,政府与微观主体的直接联系会越来越弱,更多地体现为间接联系。

第三，按产业部门分类。产业部门分类是指按照主产品的同质性原则对产业活动单位所进行的部门分类。根据国民经济行业分类(GB/T4754－2002)和国家统计局颁发的《三次产业划分规定》(国统字〔2003〕14 号)，我国的产业部门划分为三个层次(见表 3-1)。第一层次为三次产业分类，即将所有产业分为第一产业、第二产业、第三产业三个类别；第二层次在第一层次的基础上把三次产业进一步划分为 20 个门类；第三层次又在第二层次的基础上再细分出 95 个大类。

表 3-1　我国三次产业划分情况

类　别	门　类	大　类
第一产业	A 农、林、牧、渔业	含 5 个大类
第二产业	B 采矿业	含 6 个大类
	C 制造业	含 30 个大类
	D 电力、燃气及水的生产和供应业	含 3 个大类
	E 建筑业	含 4 个大类
第三产业	F 交通运输、仓储和邮政业	含 9 个大类
	G 信息传输、计算机服务和软件业	含 3 个大类
	H 批发和零售业	含 2 个大类
	I 住宿和餐饮业	含 2 个大类
	J 金融业	含 4 个大类
	K 房地产业	含 1 个大类
	L 租赁和商务服务业	含 2 个大类
	M 科学研究、技术服务和地质勘查业	含 4 个大类
	N 水利、环境和公共设施管理业	含 3 个大类
	O 居民服务和其他服务业	含 2 个大类
	P 教育	含 1 个大类
	Q 卫生、社会保障和社会福利业	含 3 个大类
	R 文化、体育和娱乐业	含 5 个大类
	S 公共管理和社会组织	含 5 个大类
	T 国际组织	含 1 个大类
三次产业	共 20 个门类	共 95 个大类

无论是按机构单位划分,还是按机构部门或产业部门划分,城市经济系统的各组成部分之间都有着复杂的关联关系。以按产业部门划分为例,从"量"的角度静态地考察可以发现,城市地域空间内各产业部门之间通过产品、劳务、生产技术、价格、劳动就业、投资等诸多联系纽带,广泛存在产业间"投入"与"产出"的量的比例关系。这种错综复杂的关联关系可以按照不同的标准划分为单向联系与多向联系、顺向联系和逆向联系以及直接联系与间接联系等几组类型[131]。正是这种关联关系的广泛存在,使得城市地域空间内某一产业的发展变化必然会影响并波及与其相关的其他产业;从"质"的角度动态地分析也可以发现,随着时代的向前发展,城市地域空间内各产业部门中起主导或支柱地位的产业部门会产生更替。这种更替既是以往经济增长的结果,也是未来经济增长的基础,它所带来的是城市产业结构不断由低级阶段向高级阶段演进,进而推动着城市经济整体不断向前发展。

3.2.3 城市群经济系统子系统的关联方式

在现代市场经济条件下,任何一个城市经济系统的发展、演化都离不开与外界保持必要的物质、能量和信息交流。对于存在错综复杂关联关系的城市群而言,城市群经济系统是由它的所有子系统构成的统一整体,具有差异性的各子系统之间的内在相关性或相干性是城市群经济系统"生命力"的重要源泉。

系统科学认为,系统的结构方式无穷无尽,但通常情况下,从以下两个方面对系统作结构分类值得注意:一是框架结构与运行结构。框架结构是指系统处于尚未运行或停止运行的状态时各组分之间的基本联结方式,运行结构则是指系统处于运行过程时所体现出来的组分之间相互依存、相互支持、相互制约的方式。二是空间结构与时间结构。前者是指组分在空间的排列或配置方式,后者是指组分在时间流程中的关联方式。当然,有些系统主要呈现时间结构,有些系统主要呈现空间结构,有些系统则兼而有之,此时的系统结构称为时空结构。[80]P19-20按照这一思路,我们可以将城市群经济系统这一庞大的、复杂的、多层次的、开放的复杂巨系统,通过一个三维结构图来理顺其子系统相互之间的主要关联关系。

在三维结构图中,三个维度分别为地区维、部门维和生产成果维。其中:地区维表示城市群经济系统由各城市经济子系统构成;部门维表示城市群经济系统由各产业部门子系统构成;生产成果维表示城市群经济系统由所有常住单位生产活动中所形成的各类最终成果子系统构成。地区维和部门维可以分别用来反映城市群经济系统运行过程中各城市经济子系统之间以及各产业部门子系统之间存在的关联关系，即城市群经济系统的运行结构，也可用来反映城市群经济系统中的不同城市经济子系统和不同产业子系统在空间的排列或配置方式，即城市群经济系统的空间结构；生产成果维与其余两个维度的结合，可用来反映一定时期城市群经济系统内各子系统生产活动最终成果的框架结构，而不同时期的生产成果维与其余两个维度的结合则可用来反映城市群经济系统的时空结构。另外，对于城市群经济系统生产成果维子系统的划分，我们可以根据研究需要，选择使用生产法、收入法、支出法等不同的 GDP 核算方法来确定其子系统的构成。

图 3-2 即是按照地区维、部门维和支出法所描绘的城市群经济系统各子系统之间的复杂关联关系。从图中可以看出，城市群地域空间内任何一个产业门类都可在这个三维空间找到自己的位置。显然，在统计核算中，城市群经济系统内各类生产活动的最终成果，等于各城市经济子系统生产活动最终成果的总和，也等于各产业部门子系统生产活动最终成果的总和。这似乎与系统

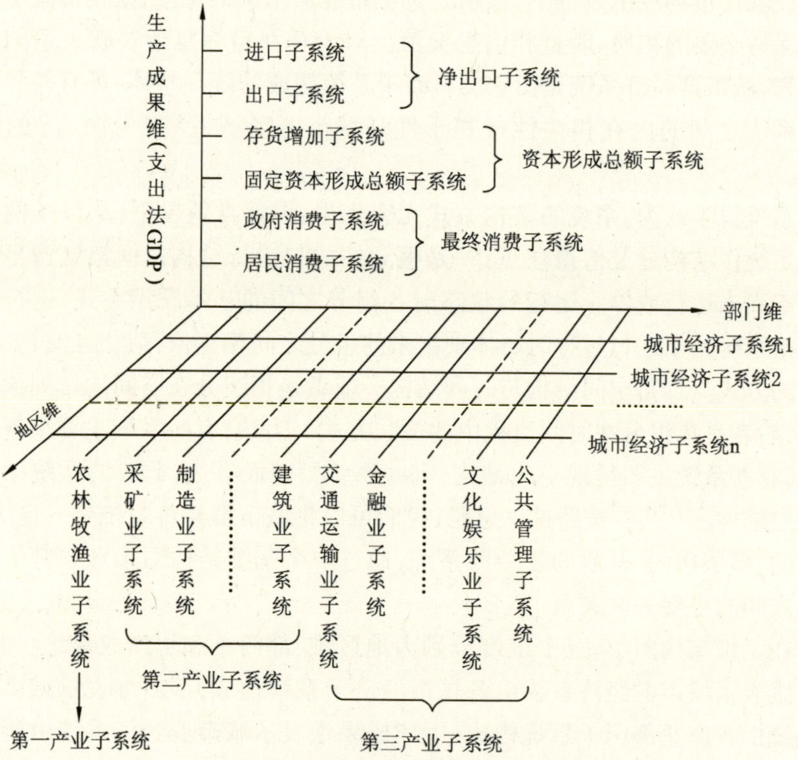

图 3-2　城市群经济系统的三维结构图

的整体涌现性(非加和性)相矛盾,其实不然。这是因为,承认一切系统都有非加和性,并非否定系统不能在某些方面表现出加和性。例如,物质系统的整体质量等于各部分的质量之和,一个单位的工资总额等于它的职工工资的加和,都是加和性。所以,系统性应是加和性与非加和性的统一[80]P21。也可从另外一个角度来理解最终成果的加和性,即城市群内各子系统相互作用下所取得的加和性最终成果,应大于各城市孤立发展状态下最终成果的简单加总。城市群经济系统最终成果水平的高低,与系统内各子系统之间关联关系的密切程度正向相关。

城市群经济系统内各子系统之间的相互作用是一个极其复杂的关系系统,但就其外在形式而言,最主要还是体现为产业间的关联互补关系和城市间的协调合作关系。产业间的关联互补关系是指城市群内各城市之间同一产业部门或几个产业部门的相关企业按照一定的组织原则与方式相互结合,彼此分工,优势互补,共同发展。例如,不同城市的生产企业可以按照相互间的原料、燃料、产品、技术、资金、设备等方面的联系组织在一起,形成产业部门之间的联动发展关系。城市间的协调合作关系,则是指城市群内的各个城市在地方政府的推动下,相互之间开展多方面或全面的经济协调与合作。这种协调与合作主要体现在以下四个方面[132]:(1) 建立共同市场体系。通过举办商品交易活动、建立各种大型交易市场等途径,联合推动内部各城市及其经济部门之间资源、要素的合理流动。(2) 联合开发资源。对城市群地域的自然资源、技术、资金、人力等进行联合开发,加工增值,多方共赢,提高资源利用效率。(3) 开展资金横向融通。各城市的金融机构联合起来形成多渠道、多形式的金融合作网,在城市群地域范围内调节资金余缺,加快资金周转。(4) 组织多个部门的企业建立综合行业联系,把分散于不同城市区域的资源开发、产品加工、商品运输、商品销售等经济活动有机地联系在一起,增强城市之间的联系,推动城市群经济一体化发展。

3.3 城市群经济系统的环境分析

任何系统,无论是其产生,还是其运行、延续和演化,都离不开一定的环境,不存在没有环境的系统。系统演化的动力既离不开系统内部各组分之间的合作、竞争、矛盾等,它们会导致系统规模改变,特别是组分之间关联方式的改变,进而引起系统功能及其他特性的改变;系统演化的动力也离不开系统外部环境的影响,系统环境的变化及环境与系统相互联系和作用方式的变化,都会在不同程度上导致系统内部发生变化，最终影响到系统的整体特性和功能[80]P29。因此，对系统环境及环境与系统间的相互作用展开深入分析，是研究系统问题的重要内容。

3.3.1 系统环境的概念

所谓系统的环境，是指系统之外与它相关联的一切事物构成的集合。系统对环境具有依赖性，即系统的结构、状态、属性、行为等都或多或少与环境有关。系统与环境之间的这种相互关系是系统的外部规定性。在不同的环境中，同样的元素会按照不同的方式整合，形成不同的结构，甚至元素的性质也会随着环境的变化而有所改变。一般而言，系统的整体涌现性也与环境密切相关，在一定的环境条件下，系统只有涌现出特定的整体性，才能与环境相适应，形成稳定的环境依存关系。环境复杂性也是造成系统复杂性的重要根源。[80]P23-24

一般而言，任何一个系统都由若干组分组成，同时它又是其他系统的组成部分。因此，系统与环境的划分是个相对的概念，通常要根据时间、空间状态中所研究问题的范围和目标来划分。一个系统的环境可以看做更大系统的一个子系统，同时一个子系统又可以从更大系统中分离出来，变成一个相对独立的客体，原来大系统中剩下的部分则成为其环境[126]P50。

3.3.2 城市群经济系统的环境因素

从系统论观点出发，与一个具体系统运行相关联的最主要环境因素可划分为四大类：一是自然地理环境，二是科学技术环境，三是社会经济环境，四是人的因素。这四个方面也构成了城市群经济系统的外部约束条件，对城市群经济系统目标的实现程度具有重要影响。

自然地理环境包括自然资源（矿产、土地、水、生物等）、自然条件（气候、降水、地貌等）、地理位置（经纬度、山区、平川等自然地理位置以及与交通线、港口、城市、市场等的相对位置有关的经济地理位置）以及生态环境保护等。

科学技术环境包括科学和技术两个方面，科学是指城市群地域空间内的科研、教育水平、机构及其设施；技术是指传统工程技术的现存系统、技术标准及科技发展预测。随着科学技术的不断发展，科学技术已经渗透到国民经济的各个行业，当今世界各国，都把发展科学技术当做促进国民经济的基础手段。因此，是否具备良好的科学技术环境，成为影响城市群整体竞争力高低的主要环境因素。

社会经济环境包括软环境和硬环境。软环境主要包括政府性软环境（法律环境、政策环境、制度环境、服务环境、治安环境等）和经济性软环境（开放环境、信用环境、市场环境等);硬环境主要包括交通、通讯、供水、供电、供气、医疗、卫生、学校、公园、游憩等公共基础设施的建设。

人的因素在经济系统中是至关重要的环境条件,包括人的决策、主观偏好、社会经验、心理活动、逻辑推理和模糊判断等[126]P51,因而它也是使城市群经济系统变得极其复杂的重要原因。

3.3.3 城市群经济系统边界的确定

所谓系统的边界,是指将系统与环境分隔开来的界限。边界的存在是客观的,凡系统都有边界。从逻辑上看,边界是系统的形成关系从起作用到不起作用的界限,规定了系统组分之间特有的关联方式起作用的最大范围。从空间看,边界是把系统与环境分割开的所有点的集合(曲线、曲面或超曲面)。在现实中,一些系统具有明确的边界,而另一些系统的边界并不明确。一般而言,物理系统、机械系统、生命个体、行政区划、国家、符号系统的边界是明确的,而社会中的经济系统、文化系统、教育系统等则难以给出明确的边界[80]P24。

对城市群经济系统而言,一方面,城市群地域空间的行政区划边界使得城市群地域内的经济活动与地域外的经济活动保持相对独立,另一方面,城市群地域系统由经济、政治、社会、文化、生态、科技等众多子系统组成,城市群地域系统内部的各个子系统,既保持着密切的关联关系和相互作用,又具有各自独立的组织行为功能。因此,城市群经济系统的边界包括两个(如图3-3所示):一是外部边界,即城市群经济系统与城市群地域外部环境的边界,它可用城市群地域空间的行政区划边界来表示,相对较为明确,但由于城市群地域空间范

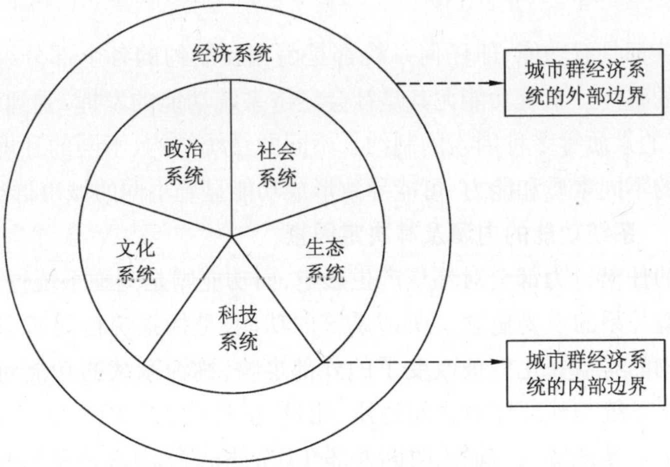

图3-3 城市群经济系统的边界

围会随着城市群的发育成长而呈现出扩张的趋势，所以城市群经济系统的外部边界会随着时间的延续而出现相应的调整；二是内部边界，即城市群经济系统与城市群地域内文化、教育等其他子系统之间的边界。由于城市群地域系统内各子系统之间关系极为密切，彼此镶嵌交织在一起，所以其内部边界具有较大的模糊性。

城市群经济系统的边界是一个具有很高渗透性的隔膜。城市群经济系统的开放性（指由两个边界分隔形成的环境与城市群经济系统之间交换物质、能量、信息的属性），是城市群经济系统生存发展的重要条件。城市群经济系统的开放程度越高，其可持续发展能力就越强，稳定性和抵抗外界风险的能力也越高。当然，城市群经济系统的封闭性（指城市群经济系统阻止自身同环境进行物质、能量、信息交换的属性），亦非单纯的消极因素，它在特定情况下也是城市群经济系统生存发展的必要保障条件。这是因为，从环境输入系统的东西并非都对系统有利，什么东西需要输入，什么东西不能输入，需要输入的东西该输入多少、如何输入等，都需要管理控制；同时，系统对环境的输出也不是任意的，什么东西允许输出，什么东西不允许输出，允许输出的东西其输出的数量和方式等，也都需要管理控制。因此，要促进城市群经济系统健康发展，城市群经济系统边界的渗透性应保持在合适水平，城市群经济系统应做到开放性与封闭性的适当统一。

3.4 城市群经济系统的功能分析

凡系统都具有功能，即任何系统都是由相互制约的各个部分组成的具有一定功能的整体。系统功能尤其是社会经济系统功能的发挥，受到系统结构、环境、元素的素质等多种因素的制约。不同的系统结构、不同的环境条件以及系统元素的不同素质和能力，可能导致形成功能显著不同的城市群经济系统。

3.4.1 系统功能的内涵及其决定因素

系统的任何行为都会对环境产生影响，而功能则是刻画系统行为、特别是系统与环境关系的重要概念。所谓系统的功能，是指系统行为所引起的环境中某些事物的有益变化。被改变了的外部事物，称为系统的功能对象。系统功能体现了系统与外部环境之间物质、能量、信息输入与输出的变换关系（如图 3-4 所示），系统输入与输出时同外部介质的相互作用就是系统的功能。系统功能同时也是为实现系统目标所具有的能力。

图 3-4　系统与外部环境的作用关系

（资料来源：邹珊刚，黄麟雏，李继宗，等. 系统科学. 上海人民出版社，1987：113.）

系统功能与系统性能是两个不同的概念。系统性能是指系统在内部相干和外部联系中表现出来的特性和能力。性能一般不是功能，功能是特殊的性能。比如，可以行使是汽车的性能而不是功能，利用这种性能搞运输才是汽车的功能。性能是功能的基础，提供了系统发挥功能的客观依据，可以在系统与对象分离的条件下观测评价；功能是性能的外化，只能在系统行为过程中表现出来，在系统作用于对象的过程中进行观测评价。系统性能具有多样性，每种性能都可能被用来发挥相应的功能，或综合几种性能发挥某种功能，即系统性能的多样性决定了系统功能的多样性。同时，环境中的功能对象往往不止一种，同一系统对不同的对象也可以发挥出不同的功能。

功能概念也常用于子系统，指子系统对母系统存续发展所负责任、所作贡献。若子系统是按照它们在母系统中的不同功能划分出来的，按照各自的功能互为关联、相互制约，则功能子系统的划分及其关联方式就形成系统的功能结构。复杂系统都有自己的功能结构，把握系统特性的重要方面就是要了解系统的功能结构。

功能与结构关系密切，结构是功能的内在基础，功能是结构的外在表现。但系统的功能由结构、环境、系统的运行机制、系统元素的素质等诸多因素共同决定，而非仅由结构决定。一般认为，系统结构决定系统功能。这一命题对自然系统以及简单的机械系统而言可能是正确的，但对于复杂的有人参与的系统特别是对社会经济系统来说，可能是不正确的，至少是不够完善的。首先，环境是系统存在与发展的必要条件和土壤，任何系统都离不开环境，一定的系统，在不同的环境中将与外界发生着不同的相互作用，因而同一结构就可能发挥不同的功能。因此，要使系统充分发挥出应有的功能，不仅要把系统用于它的本身功能对象，即所谓的“人尽其才，物尽其用”，而且还要适当选择、营造、改善环境，以便为系统功能的发挥提供各种适当的条件和氛围。其次，系统的运行机制对系统功能的发挥至关重要。比如，对企业这样的系统而言，如果光是搞一个形式上的现代企业制度，而没有触及其中的决策机制、激励机制等，没有从系统的运行机制上解决问题，系统的功能仍然不会有很大的改观[133]；再比如，三个臭皮匠可以胜过一个诸葛亮，而三个和尚的结局却是没水喝，同样都是三个人，按相同的布局、组织形式和关系构成一个系统，却有两种截然相反的结果,其原因就在于,三个臭皮匠之间有好的协同机制从而构成一个高功能系统,而三个和尚之间则由于互相扯皮、协同性差导致形成了一个低功能系统。第三,不论是结构还是功能,它必须以一定的系统元素为存在基础,元素的素质和能力必然对系统功能产生重要影响。由素质、能力差的元素构成的系统不可能是高功能系统。

3.4.2 城市群经济系统功能的具体分析

全面分析城市群经济系统的功能,需要从多方面入手。既要弄清经济系统的特有功能及其与资源配置方式的关系,又应结合城市群经济系统的地域组织特性及其内部各子系统之间的功能结构关系。

首先,城市群经济系统的功能必然表现为其他系统所没有而经济系统所特有的功能,并与现实社会的资源配置方式紧密相关。

"经济"一词,在现代汉语中至少有两个定义。一是指节省、有效率,以较少的人力、物力、时间等耗费获得较大的成果。另一定义则是用来统称人类社会生产、分配、交换、消费等活动,及组织这些活动的制度、系统。这两种定义之间又存在着内在的联系。因为任何经济活动,从个人消费、企业生产到整个国民经济,都必须考虑如何以最少的耗费来达到最大的效益[134]。现实社会不是那种拥有无限可能性的"乌托邦",而是一个到处经济品(economic goods)稀缺的世界[135]P2,即资源的相对稀缺性是现实存在的。所谓资源是指用于生产其他商品和服务的一切东西。经济中的资源通常包括土地、劳动(工人可提供的劳动时间)、资本(机器设备、厂房和其他制造用生产设备)和人力资本(教育程度和工人劳动技能)[136]。资源的相对稀缺性,一方面是指资源的有限性,另一方面是指资源的多用性。资源的有限性和多用性意味着个人或社会在利用资源时必须做出抉择,以将资源有效率地配置于多种需求和欲望。因此,经济系统特有的功能就在于,有效地利用既有限又具多用性的自然、社会资源来生产有价值的物品和劳务,以达到人类社会某种目标或满足某种欲望。

经济系统的特有功能能否得到很好的发挥与现实社会的资源配置方式紧密相关。所谓资源配置,即是指相对稀缺的资源在不同地区、不同部门、不同企业以及不同使用方向之间的分配。资源配置是否合理,对一个国家或地区的经济发展有着极其重要的影响。一般而言,如果资源能够得到相对合理的配置,经济效益就会显著提高,经济就会充满活力;否则,经济效益就明显低下,经济发展就会受到阻碍。资源配置合理、有效与否,与资源配置方式紧密相关。从经济体制角度分析,社会化大生产中的资源配置主要有计划配置和市场配置两种典型方式。从世界各国经济发展的实践来看,计划和市场各有其优缺点，只有实现两者的有机结合，才能使得经济系统既能发挥出市场机制在充分调动微观经济主体的积极性、深入挖掘物的潜力等方面的积极作用，又能有效发挥出政府在维护市场功能、弥补市场缺陷或市场失灵、矫正市场偏差等方面的重要经济职能。

其次，城市群经济系统的功能还与其地域组织的群体特性紧密相关，同时，城市群经济系统功能的强弱受到所处发展阶段以及体制、机制等多方面的影响。

群体是人类生存和生活的最基本形式，从家庭、部落、组织、社区一直到社会，不管人类是在原始的、野蛮的还是文明的状态下生活，某种群体形式总是人们实现“福利最大化”的必要条件。城市群一般是指在相对紧凑的地域范围内有相当数量的不同规模和特色的城市，以一个或多个超大或特大型城市作为该地区的经济核心，借助于现代化的交通工具和综合运输网络连通，以及具有高度发达的资讯网络，共同构成的一个相对完整的城市“集合体”。它是由于科技进步、规模经济、范围经济效益促使产业与人口在空间上集聚与扩散运动的结果，是城市化发展的高级阶段和区域经济演进的必然趋向。城市群所具有的聚集性、高效性、开放性等基本特征，决定了城市群经济系统具有以下主要功能：一是更大范围的资源整合功能。城市群内的各个城市都有着自身有限的自然、社会资源。城市群经济系统的开放性，可以使各城市在彼此间密切的经济联系中，通过物质、能量、信息的交换，突破行政壁垒，实现更大地域范围内的资源整合。这种整合绝不仅仅是各城市资源存量的简单加总，更是各城市在协同发展中形成的资源在不同行政区之间更为有效的配置，是一个融合、优化、提质的过程，它使城市群内各城市能够摆脱自身资源的有限和市场不足的弊端得以更好地发展。二是高能量的集聚和辐射功能。城市群作为地域增长“极核”的面域组合，具有较单个城市更为强大的吸引力和更广阔的波及空间。一方面，城市群内不同等级、不同功能的城市之间通过专业化分工与协作所凝聚成的更强大的整体经济优势，能够吸引数量更多、质量更高的资本、劳动力、技术、信息等要素向城市群聚集；另一方面，城市群的整体优化效应、空间聚集效应所带来的城市群经济总量的扩张、产业结构的升级、经济效益的提升、空间布局的优化、技术进步的加快、创新能力的增强等，将会对周边地区产生更为强大的辐射和带动作用。这种辐射既包括核心城市对群体内其他城市的辐射，也包括城市群整体对其他地区的辐射。三是创新示范功能。创新是经济发展的重要推动力。城市群是行政、科研、信息、技术和多种工业集中分布区，具备发展先进工业和高新技术的基本条件[137]。同时，城市群内人口、企业及相关经济活动的空间集中，不仅大大便利了信息交换和技术扩散，而且更有利于刺激新知识、新技术的产生。这就决定了城市群经济系统具备良好的创新环境，从而使得城市群经济系统在自身演化发展的同时，能够更好地通过创新的示范效应，带动一个国家或地区经济的发展，成为国家或地区财富聚集的战略平台。四是强化竞争力功能。城市群经济系统强大的资源整合效应、空间聚集效应、创新示范效应，使得城市群成为实现资源有效配置的地域空间经济组织形式，成为国家参与全球竞争与国际分工的基本地域单元。

城市群内的各个城市通常规模大小不同、发展基础有别、资源禀赋各异，因而，它们虽然在空间尺度上相互联结形成城市平面集群，但在功能尺度上却可以形成结构有序、功能互补、整体优化的城市网络体系，从而呈现出特定的功能结构关系。一个内部经济发展协调的城市群可以使地理位置、生产要素和产业结构不同的各等级的城市承担不同的经济功能，并通过各城市间的协同在区域范围内产生单个城市无法达到的规模效应、集聚效应、辐射效应和联动效应。城市群内具有不同经济功能的城市之间可以构成一个具有强大综合经济功能的有机体。

当然，值得注意的是，城市群经济系统的功能并不是与生俱来和永恒不变的，城市群经济系统功能的强弱，会受到城市群所处发展阶段以及体制、机制等多方面的约束。比如，总体而言，我国城市群的发展历程大致经历了三个发展阶段，在不同发展阶段，由于多方面的影响，城市群的功能差异较大。20世纪70年代，在计划经济条件下，我国城市群体空间主要表现为行政布局式的城镇密集区，它是通过计划调拨城市间的发展资源，城镇之间行政分割严重且孤立发展，经济联系很少，资源闲置和浪费现象严重；进入20世纪80年代，随着经济体制改革的深入，城市群体空间开始进入计划指导式横向发展时期，不同规模、开放式、网络型的经济协作区的建立使得城市间经济联系有所加强，行政分割开始松动，城市群内社会经济活力不断增强，资源配置效率逐步提升；20世纪90年代中期以后，随着社会主义市场经济体制的不断深化，城市间联系的性质、规模、速度和绩效进一步加强，市场纽带及市场机制在资源配置中的基础性作用日益显现，城市间的分工协作日益加强；进入“十一五”以来，城市群开始成为我国推进城镇化的主体形态，城市群内以特大城市为依托，大中小城市和小城镇协调发展格局日益形成，城市群内各城市间的经济联系和协同发展效应逐步增强，资源配置效率显著提升，并初步呈现出一体化发展态势。当然，由于受到发展阶段和体制机制等方面的约束，目前我国的城市群经济系统在演化发展进程中还面临着缺乏统一规划、空间布局不合理、经济增长方式粗放等问题。另外,对于一国国内同一发展时期的不同城市群而言,各城市群经济系统功能的强弱也会因为各自的规模大小、地理区位、经济基础、发展环境等的不同而呈现出较大差异。

3.5 城市群经济系统演化的自组织机制

系统演化是指系统由一种平衡与稳定状态演变为另一种平衡与稳定状态的过程。演化性是系统的普遍特性。在系统演化过程中,系统各主体的结构与功能、各主体间的相互联系以及系统与外部环境的相互作用状况发生根本性变化,使之呈现出新的宏观态势[138]。城市群经济系统的演化是指城市群经济系统从无序状态向有序状态的转变过程,具有自组织特性。

3.5.1 城市群经济系统的自组织演化

城市群经济系统演化一般经历两种状态:一是渐变,即所谓的量变:二是突变,即所谓的质变。渐变和突变引起的经济涨落是导致城市群经济系统达到有序的主要原因。在一定时期内,各子系统的经济指标在城市群经济系统中的占比,对各种较小的经济摄动具有保持或恢复平衡的能力,这种现象称为经济系统稳定。由于各种资源禀赋在城市群经济系统中呈现出非均匀分布,因此,城市群内的生产要素往往会产生跨地区、跨部门的流动并导致出现新的聚集与组合,这种现象称为经济系统涨落。涨落可划分为微涨落和巨涨落,后者是在一定条件下由前者演变而来,即存在某些临界值,当经济要素达到或超过这一临界值,微涨落就会演化成巨涨落。作为城市群经济系统中某个变量和行为对平均值发生的偏离,经济涨落能够使城市群经济系统不断离开原来的状态和轨道。经济涨落对处于稳定状态时的城市群经济系统是一种干扰,它会引起城市群经济系统运行轨道的混乱。当城市群经济系统处于不稳定临界状态时,经济涨落则可能不衰减,反而会放大成"巨涨落",使城市群经济系统从不稳定状态跃迁到一个新的有序状态。

城市群经济系统的自组织演化,是指城市群经济系统演化过程中,在远离平衡点的非线性区域,通过与外界环境不断进行物质和能量的交换,当外界条件达到一定阈值时,城市群经济系统从原来混沌无序的混乱状态,自组织为一种新的有序结构。根据普利高津的耗散结构理论,这种新的有序结构,又称为耗散结构。城市群经济系统耗散结构的形成,表明系统的原有结构逐步消亡,新的条件下产生了新的较稳定结构。城市群经济系统从无序向有序转化的关键并不取决于距离稳定平衡态的远近，而在于子系统间的非线性相互作用。因为城市群经济系统的稳定平衡态在一定条件下可演化为非稳定平衡态，也可演化为新的稳定平衡态，其演化的趋向是不确定的。当稳定平衡系统的参数进入某一阈值范围时，城市群经济系统状态开始不稳定；经济涨落出现时，非稳定平衡态逐步进化到新的稳定平衡态。而远离平衡的非线性区，城市群经济系统中一个微小随机扰动，通过相干作用放大，也可能形成整体的宏观巨涨落，使城市群经济系统由一个不稳定态跃迁到一个新的稳定有序态。可见，城市群经济系统的演化并不完全是依靠外界特定方式实现的，而是城市群经济系统能够依靠其自组织特性通过协同作用达到有序状态。自组织是城市群经济系统的内部演化机制，城市群经济系统自组织过程，就是具有一定功能的非线性的多体系统在离开平衡态时从无序变成规则或不规则的有序的过程。

3.5.2 城市群经济系统演化的自组织模型

假设城市群经济系统有两个子系统 A 和 B，A 和 B 可以代表城市群内两个城市经济子系统，也可以代表城市群内两个不同的产业部门子系统。A 和 B 在时刻 t 的经济发展规模分别为 $n_A(t)$ 和 $n_B(t)$，假定系统中要素禀赋一定，并将各种资源、生产要素被各子系统充分利用时的状态称为自然状态。在自然状态下，受生产要素和地域分工水平的约束，每个子系统涨落变化率均存在一个潜在极限。单个子系统在发展中还受到与其他子系统进行协同与竞争的影响，竞争与协同可能带来正效应，也可能产生负效应，用影响系数 k_{AB} 和 k_{BA} 来表示，其中，k_{AB} 表示 B 崛起或衰落对 A 涨落产生的影响系数，k_{BA} 表示 A 崛起或衰落对 B 涨落产生的影响系数。k_{AB}、k_{BA} 的乘积小于 1，即 $k_{AB}k_{BA}<1$，表示两个子系统对城市群经济系统涨落带来的综合影响效应。则两个子系统之间相互影响的演化模型可用(3.1)式表示：

$$\begin{cases}\dfrac{\mathrm{d}n_A}{\mathrm{d}t}=P(n_A,n_B)n_A\\[2ex]\dfrac{\mathrm{d}n}{\mathrm{d}t}=Q(n_A,n_B)n_B\end{cases}\tag{3.1}$$

其中：

$$\begin{cases}P(n_A,n_B)=k'_{A0}+k_{AA}n_A+\ +k_{AB}n_B\\Q(n_A,n_B)=k'_{B0}+K_{BA}n_A+\ +k_{BB}n_B\end{cases}\tag{3.2}$$

式(3.2)中的 k'_{A0}、k'_{B0} 分别表示城市群经济系统外部因素对 A 和 B 的综合影响系数。根据式(3.1)、(3.2)可以分析城市群经济系统内两个子系统的自组织演化规律。

当$\frac{\partial P}{\partial n_B}<0$，$\frac{\partial Q}{\partial n_A}<0$时，表明城市群经济系统内两个子系统之间存在相互竞争关系。竞争是保持个体性的状态和趋势的因素，也就是使系统丧失整体性、整体失稳、出现新特征的因素。竞争使各子系统在获取物质、能量和信息方面出现非平衡，从而导致形成城市群经济系统的涨落。系统中部分子系统率先突破既有稳定域、引起其他子系统响应时，就会形成微涨落；当引起整个城市群经济系统响应时，涨落得到放大，系统发生质变，从而进入新的状态。这无疑是系统自组织理论的一个重要结论，即通过涨落达到有序。由此可见，城市群经济系统的不确定性和创造性，与各子系统之间的相互竞争关系密切相关。

当$\frac{\partial P}{\partial n_B}>0$，$\frac{\partial Q}{\partial n_A}>0$时，表示城市群经济系统内两个子系统之间为协同发展关系。协同与竞争反映的事物、系统或要素保持的个体性状态和趋势正好相反，它所反映的是事物之间、系统或要素之间保持合作性、集体性的状态和趋势。此时，子系统之间是相互吸引与合作，而不是相互排斥；是继承和保留，而不是自身状态和性质的丧失。"涨落放大"是系统协同发挥作用的结果。协同使得城市群经济系统具有相对稳定性，也使得城市群经济系统具有整体性，使城市群经济系统演化表现出某种确定性倾向。由此可见，城市群经济系统演化发展的确定性和目的性，与各子系统之间的协同发展关系紧密相连。

当$\frac{\partial P}{\partial n_B}<0$，$\frac{\partial Q}{\partial n_A}>0$或$\frac{\partial P}{\partial n_B}>0$，$\frac{\partial Q}{\partial n_A}<0$时，表明城市群经济系统内两个子系统之间为非公平演化关系。此时，城市群经济系统内两个子系统之间不仅存在竞争关系，而且存在协同关系，且在一定条件下竞争与协同不断相互转化。通过涨落放大，原有涨落的竞争性、创造性转化为新的稳定性、目的性，系统进入新的状态。而新的协同状态之中又会出现新的竞争涨落，出现新的不稳定性、创造性因素。竞争与协同相互转化、紧密联系，共同决定着城市群经济系统的发展演化，并在一定条件下，交换着各自对于城市群经济系统演化发展的主导地位。竞争与协同的相互转化是城市群经济系统发展演化的推动力量，城市群经济系统的发展演化过程就是竞争与协同的相互依赖过程。

第四章 城市群金融系统分析

伴随着金融全球化的逐步盛行以及金融创新的日益多样化、复杂化，金融已不再简单地“从属于”、“外生于”、“决定于”经济，而是越来越“独立于”经济。在当今信用经济时代，金融与经济已在很大程度上是一种合轨运行、互为联动的关系，金融在人们的经济生活和社会生活中起着越来越重要的作用。邓小平同志在1991年视察上海时就曾指出：“金融很重要，是现代经济的核心。金融搞好了，一着棋活，全盘皆活。”①钱学森(1989)在评论当时我国实行股份制争论时提出：“我们社会主义中国进行现代化建设，可以由国家用金融手段控制经济，保证我们的经济按人民的需要、国家的需要来发展。”[81]P66-67白钦先(2003)在对现代金融与传统金融的对比研究中指出，在传统上，金融是一国内部的一个行业性、业务性和被动适应性的局部性微观问题，而随着经济全球化、经济金融化、金融全球化的日益深入，现代金融从正反两方面展示了它对国别和全球的极端战略重要性[139]。胡祖六(2009)认为，运作良好的、有效率的金融体系是实现可持续发展从而最终实现经济现代化的一个重要因素[140]。国外学者中，富兰克林·艾伦和道格拉斯·盖尔在其合著的《比较金融系统》中指出，在当代经济中，金融系统对资源配置至关重要。通过金融系统，家庭储蓄流向企业部门，并在不同企业之间配置投资资金。金融系统使家庭能够平滑跨期消费，企业能够平滑跨期支出。金融系统也使企业和家庭能够分担风险[141]P4。克鲁格曼与韦尔斯在其合著的《宏观经济学》中也指出[142]P246-274，长期经济增长成功的关键之一是一个经济体要有能力把高水平的储蓄转化为生产性投资，而无论是经济中的储蓄额还是把储蓄转化为生产性投资支出的能力，都有赖于该经济体的制度，尤其是它的金融系统。一个功能良好的金融系统是促进长期增长的重要因素，因为它能够动员更多的储蓄和投资，也能够保证储蓄和投资的使用效率。这些围绕金融或金融系统对现

① 参见：《邓小平文选(第三卷)》，北京：人民出版社，1993，第366页。

代经济所起作用的富有洞见的论述表明，在经济全球化、经济金融化和金融全球化的当今时代，城市群经济系统运行效率的高低必然与其金融系统的运行状况有着紧密的内在联系，要加快提升城市群经济的整体实力和竞争力，就必须弄清楚城市群金融系统的结构和功能，并充分认识到金融在城市群经济发展中的核心作用。

4.1　金融系统的基本理论

对一个国家而言，城市群是国家参与全球竞争与分工的基本地域单元，城市群金融系统必然是国家金融系统在城市群地域空间的具体落实，因此，要建立城市群金融系统的基本理论，首先必须从国家宏观层面上和一般学理意义上了解金融系统的概念、特征及其运行机理。

4.1.1　金融系统的内涵

对于金融以及金融系统或金融体系的内涵，国内外学者已从不同侧面进行过深入探讨。

《新帕尔格雷夫经济学大辞典》在“金融(Finance)”词条中指出，金融不是研究实物经济中所发生的问题，而是以不同的中心点和方法论成为经济学的一个分支，其基本的中心点是资本市场的运营、资本资产的供给和定价，其方法论是使用相近的替代物给金融契约和工具定价①。博迪和莫顿在其合著的《金融学》中，提出了金融是人们在不确定的环境中进行资源的时间配置的观点，揭示了金融的跨时间价值储藏和交易的本质特征，并认为金融系统是金融市场以及其他作用于订立金融合约和交换资产及风险的机构的集合，它包括股票、债券和其他金融工具的市场，金融中介(如银行和保险公司)、金融服务公司(如金融咨询公司)以及监控管理所有这些单位的管理机构，任何金融系统的基本功能都是在一个不确定的环境中，在时间上和空间上便利经济资源的配置和拓展[115]P2-23。美国经济学家梅耶等(1996)认为，金融系统是指由用于产生和交换货币要求权(monetary claim)(即收取货币或其他资产的权利)的协议所组成的系统[143]。米什金(2001)指出，金融系统的构成比较复杂，包含许多不同类型的私人金融部门，包括银行、保险公司、共同基金、财务公司和投资银行等，它们大部分都受到政府的严格监管[144]。克罗绍在其所著的《货

① 参见：约翰·伊特韦尔、默里·米尔盖特和彼得·纽曼主编《新帕尔格雷夫经济学大辞典(第二卷)》，北京：经济科学出版社，1996，第345页。

币银行学》中则认为，金融系统包括全部有价证券、中介，以及把储蓄者和借款人匹配起来的市场[145]。

国内学者中，易钢等(1999)指出，所谓金融是指社会资金融通的总称，而金融体系则是有关资金的集中、流动、分配和再分配的一个系统，它由资金短缺单位和资金盈余单位、连接前两者的金融中介机构和金融市场以及对这一系统进行管理的中央银行等金融监管机构共同构成[146]。黄达(2009)提出，金融可以界定为：凡是既涉及货币，又涉及信用，以及以货币与信用结合为一体的形式生成、运作的所有交易行为的集合；也可理解为：凡是涉及货币供给、银行与非银行信用，以证券交易为操作特征的投资，商业保险，以及以类似形式进行运作的所有交易行为的集合。而现代金融体系则是一个极其庞大的复杂系统，通常包括五个相互联系的构成要素，即：由货币制度所规范的货币流通、金融机构、金融市场、金融工具、国家对金融运行的管理和在金融领域进行的政策性调节。[147]P105-106,408-409何问陶等(2003)认为，金融体系由金融机构、金融市场和支付清算体系组成，并承担着特定功能，如提供支付系统、融资机制、价格信息和激励机制，合理配置资源，管理和控制风险等[148]。向新民(2005)提出，金融是与货币和信用相关的所有交易行为的集合，其中心点是金融市场(广义)的运行，金融工具的定价、供求和交易，金融系统是由相互关联的各金融要素构成的有机系统，是经济系统的子系统[149]P15-30。胡志强(2005)则将金融系统定义为金融资源的一整套配置方式，通过金融系统，家庭储蓄流向企业部门，在企业之间配置资源[150]。邵国华(2008)认为金融系统的含义中应包含金融制度、金融机构、金融工具、金融市场和金融调控机制五个基本构成要素，并认为在已具备较为完备的金融系统的现代经济社会中，金融制度和金融调控机制要素的变革与创新是金融系统健康发展的重中之重[151]。姜璐等(2009)认为金融系统是在金融市场和其他用于订立合约和交换资产及风险的机构中融资或投资的法人实体组成的集合，同时也认为金融系统是经济系统的一个子系统[152]。

综合已有的研究成果，本书认为，所谓金融是指社会资金的提供、融通和管理活动。资金的提供是指通过货币发行和支付清算体系为社会经济活动提供便利；资金的融通是指资金在盈余者和短缺者之间的调剂；资金的管理则要从广义的角度去理解，它既包括政府或货币当局通过金融手段进行的宏观调控，也包括监管当局对社会资金融通活动的监督和管理，还包括经济主体运用金融手段进行的投资与风险管理。金融活动涉及金融主体、金融客体和金融介体三大类金融要素。金融主体是指金融活动中的参与者(资金的供给者和需求者)与管理者,包括企业、政府及政府机构、金融机构和居民个人。其中,政府及政府机构在金融活动中有着双重身份,它们既是资金的供给者和需求者,又是重要的监管者和调节者。金融客体是指金融活动中所涉及的金融工具,如货币头寸、票据、股票、债券、外汇和金融衍生品等。金融介体是指在金融活动中为金融交易充当媒介或提供服务的组织、机构或个人,如货币经纪人、证券经纪人、证券承销商、外汇经纪人、证券交易所、投资银行、理财顾问、证券评级机构等。相应地,我们将金融系统的概念定义为:社会资金的提供、融通和管理活动中相互关联的各种金融要素所联结成的有机整体。对于这一概念,英文中的相应词汇为"financial system",而在中文里,由于"system"可以译为"系统",也可译为"体系",所以就有"金融系统"和"金融体系"两种对应的译法。但一直以来,国内金融研究中在描述相互关联的金融要素所联结成的有机整体时,更多使用的是金融体系这一词汇,而金融系统的提法通常被人们习惯性的用来指代金融部门,如"全面提高金融系统党员干部队伍素质"、"加强金融系统反腐倡廉建设"中的"金融系统",指代的就是金融部门。显然,用来指代金融部门的"金融系统"概念,它不具有系统科学中研究的系统所具有的相干性及其整体涌现性等特点。因此,根据本书所研究问题的性质,在此约定,以下金融问题的分析中凡使用"系统"一词的,均是指系统科学中所研究的系统概念。虽然在中文里,"系统"、"体系"的含义较多,但从系统科学中的系统概念来考察,金融系统与金融体系两个概念在很多场合是相通的,只不过后者比前者的含义更宽泛一些。同时,近年来国内用金融系统概念译介"financial system"的做法已逐渐流行,利用系统科学的理论和方法研究金融问题的文献也日渐增多。所以,为了避免概念混乱,本书分析中统一用金融系统概念来表示金融活动中相互关联的各种金融要素所联结成的有机整体①。

4.1.2 金融系统的基本特征

杨晓光等(2003)[153]、向新民(2005)[149]P25-33,172-177在指出金融系统是一个复杂巨系统的基础上,从以下方面归纳出了金融系统所具有的一些基本特征:

第一,金融系统中各组分之间联系广泛而且紧密。金融系统的构成庞杂,

① 需要指出的是,这里的金融系统虽然也被认为是经济系统的子系统,但与第三章中经济系统按部门维划分所得到的金融产业子系统是两个不同的概念。金融系统是与经济系统中实体经济子系统相对应的概念,它的活动主体不仅包括金融产业中的众多专业部门,而且还包括金融产业之外的各类资金盈余者或短缺者。所以,金融系统的范畴涵盖了金融产业子系统,金融产业子系统是金融系统的核心物质内容。

小到消费者，大到国家政府和国际组织，每一个经济单元都是金融系统的一个组分。金融系统具有很强的功能结构和层次结构，可以从横向和纵向将金融系统划分成许多相对独立的子系统。金融系统各组分之间无穷无尽的相互作用使得金融系统成为一个有机的整体。

第二，金融系统是非线性系统。金融系统中的众多元素间有着复杂的关系，金融系统中的各元素间，结构的各部分、各层次间的关系在非线性的相干作用下是多向的、相互影响的，同时，这种作用还表现在系统与环境的相互作用上，金融系统不断地与环境互换能量，引入“负熵”流，维持金融系统的有序和演化。

第三，金融系统具有突变性。非线性机制使金融系统在演化的过程中经常遭受系统内外大量随机扰动的不断冲击，并使金融系统失稳。由此，就使金融系统的演化出现了不确定性。从20世纪90年代以来，金融危机频频出现，突变性已经成为现代金融系统演变的主要特征之一。

第四，金融系统是开放的系统。金融系统的开放具有两层含义：一是指金融系统是经济系统的子系统，经济系统中的实体经济子系统成为金融系统的重要外部环境，金融系统持续不断地与实体经济系统进行着物质、能量和信息交换；二是指金融系统的对外开放，即国家或地区金融参与金融全球化、区域化的过程。

第五，金融系统是一种具有耗散结构的系统。金融系统的对外开放和非线性机制的作用使金融系统出现涨落，涨落就成为破坏金融系统原有结构和产生新结构的触发器。这种系统虽然可以通过自组织作用达到暂时的、局部的、相对的稳定，但这种稳定很容易受到微小扰动的破坏。这样，新的结构的出现使得金融系统处在一种稳定有序的状态，即耗散结构。

第六，金融系统具有脆弱性的本质。金融系统的一个最为突出的特点是不稳定性。金融系统的不稳定性根源于金融系统的脆弱性。金融脆弱性是货币脆弱性和信用脆弱性两者在相互作用过程中所形成的现代信用关系（信用网络）的脆弱性，它“隐显”于金融结构中，凸显于金融结构的坍塌，即金融危机的爆发，而从“隐显”转化为凸显的过程就是金融脆弱性的显性化，即金融风险由小增大并集聚的过程。

第七，具有高度智能的人在金融系统运行中的决定性作用。企业、政府及政府机构、金融机构和居民个人都是金融系统的广泛参与者，他们都是有自己主观意志的决策者，同时，他们所获得的信息具有不对称性，并有着不同的风险偏好。他们通过对自身所处的环境的了解和对经济形势的判断，独立地在各个层面上随机地进行着目标不同的决策，从而使得整个系统的运行变得十分复杂。

同时，学者们还指出，与西方国家的金融系统相比较，中国的金融系统有着自身的特色。中国目前仍然处于计划经济向社会主义市场经济的转轨阶段，不论是现在还是将来，中国的金融系统与西方国家的金融系统都会有较大的差异，突出的一点就是，政府作为一个特殊参与者在金融系统的演化过程中起着相当重要的作用。作用于中国金融系统的，不仅有市场经济那只“看不见的手”，而且有政府调控这只“轻推的手”。历史和环境的不同，决定了我国社会主义市场经济的发展不可能完全按照西方市场经济的发展轨迹进行。因此中国金融系统有着自身特殊的演化规律，对中国金融系统的复杂性研究，既要广泛借鉴西方的理论和方法，又要在此基础上加以发展和创新。

4.2 城市群金融系统的内涵

自1973年麦金农和肖创立金融发展理论以来，大量的研究文献表明，一个好的金融系统可以减少信息与交易成本，进而影响储蓄率、投资决策、技术投资、技术创新和长期经济增长。但已有的大多数研究都是基于国家宏观视角将一国的金融业当作一个整体进行研究，因而忽略了国内各地区金融发展的差异性及其对区域经济发展不平衡的影响。为了弥补这一缺陷，20世纪90年代中后期以来，国内一些学者在区域经济学和金融地理学①的学科理论支撑下，开始运用金融发展理论的研究框架，尝试将各地区的金融发展作为一个独立的因素纳入到区域经济发展不平衡的研究之中，从而导致了区域金融研究的兴起。区域金融理论旨在通过分析金融结构与金融运行的空间差异和具体分布形态，来揭示金融发展空间结构变动的规律。该理论捕捉到了“金融与区域或地理”视角的研究价值，并在沿袭金融发展理论的思路构建区域金融研究框架的同时，在金融地域系统运动规律等基础性理论的构建上取得了一定突破。② 城市群金融系统作为金融要素与城市群这一特殊经济地域空间的耦合，其概念、特征等基本理论的提炼，既需要以金融发展理论、区域经济理论、金融

① 关于运用金融地理学的理论和方法对我国区域金融成长差异的研究可参见田霖：《区域金融成长差异——金融地理学视角》，北京：经济科学出版社，2006.

② 运用地理思维对金融地域系统基础理论的研究可参见张凤超：《金融地域系统研究——关于金融一体化的一种解释》，北京：人民出版社，2006.

地理学理论、区域金融理论、金融地域系统理论为指导，又需要紧密结合城市群经济地域系统独特的演变和发展规律。

金融地域系统理论将金融地域系统定义为金融地域运动与具体地域条件紧密结合而成的相对完整的地理空间，它是以“金融”为核心线索而联结的单核空间地域体系。同时指出，这里的“金融”有着明确的界定，它并非等同于资金融通、金融资产、金融资本、金融业等概念，而是确指金融资源，金融地域系统的形成和发展就是金融资源参与地域运动的最终结果。金融地域系统理论认为，金融地域系统这一全新的概念，具有金融和地理的双重属性，它的提出和研究充分体现了区域金融理念下“金融”与“地理”的耦合，是跳出传统金融理论和金融发展理论研究框架而进行的区域金融基础理论的创新，是以经济地理学与金融学为共同载体，并从产业经济学、城市经济学、区域经济学和系统科学的理论成果中汲取营养，在“空间”视角上探求和构建出来的研究主题。虽然金融内生于经济，金融地域系统也是经济地域系统发展到一定程度后才出现的地域空间现象，但不能简单地认为金融地域系统也内生于、决定于经济地域系统。金融地域系统作为一种成熟的、健全的系统，它并不完全依附于经济地域系统。不论是金融地域系统的特征、结构、类型、功能，还是其生成机理、运行规律、发展模式，都与经济地域系统有着较大的区别。首先，金融地域系统是金融与地理耦合的产物，具有独立而完整的形成机制和发展脉络，它以金融地域运动为线索，从金融资源地域差异到金融地域系统显现，层层演进，环环相扣，脉络分明，充分体现了金融在时间上的积累和深化以及在地理空间上的落实和融合；其次，金融地域系统拥有金融产业这一独特的核心物质内容，金融专项因素的各种横向与纵向复杂活动能够促进金融地域系统不断地得到巩固、完善与发展；最后，金融地域系统能够细分为子系统或者聚合为巨系统，各个层次金融地域系统的现实边界彼此交叉重叠，构成了事实上多维的独特的金融地域系统格局[64]P15-17。

结合金融系统的概念以及金融地域系统的相关理论阐述，我们将城市群金融系统定义为金融地域运动与城市群地域条件紧密结合而成的相互制约的各种金融要素所联结成的有机整体。其基本内涵如下：(1) 城市群金融系统是金融地域运动在城市群地域空间的实现形式。金融地域运动具有明确的地域指向，从而在地域间生成了错综复杂的金融关系，诸多金融关系在城市群地域空间上的落实和体现即形成城市群金融系统。这里的金融地域运动，具体是指金融资源的地域运动。而金融的资源属性决定了金融具有地域差异禀性，在金融帕累托改进的驱动下，金融资源参与地域运动成为支配和引导城市群经济发展和结构优化的诸多规律中最为活跃的一种。(2)城市群金融系统是以金融产业为核心物质内容的复合地域系统,它是金融资源与城市群地域空间具体条件凝集而成的产物,并拥有自己独特的价值创造系统和产业运行规律。金融产业永不间断的成长进程,决定了城市群金融系统时刻处在动态的变化之中,而不同城市群金融产业成长水平的地域差异,是城市群金融系统独立分化和开放关联的客观依据。(3)城市群金融系统是一定金融等别城市群体与金融网络体系的空间整合。在现实金融世界中,城市群金融系统通常表现为以单极的金融中心和多维的金融腹地为依托的空间网络体系,并以独特的空间结构、规模、等级和功能,在金融地域巨系统中占据一席之地。

4.3 城市群金融系统的结构分析

城市群金融系统是一个开放的复杂巨系统,对其结构的分析主要包括子系统的划分、子系统的结构以及不同子系统之间的关联关系等几个方面。

4.3.1 城市群金融系统子系统的划分

城市群金融系统不是城市单体的金融系统,而是特定地域空间内城市群体的金融系统,故其子系统的划分,既可从空间维度进行,也可从金融维度进行。

4.3.1.1 空间维度子系统的划分

按照城市群内各城市行政管辖的地域空间划分(以下简称为按地区划分),城市群金融系统包括城市群内的各个城市金融子系统。由于金融产业一般集中于地域核心位置上的中心城市,所以我们可以根据城市群内各中心城市的金融职能特征与金融产业成长阶段两方面的差异,将各城市金融子系统大致分为三种城市金融级别类型,分别为:金融支点、金融增长极和金融中心。金融职能特征具有相似性、金融产业处于相同成长阶段的中心城市属于同种金融级别类型,城市群内不同金融级别类型的城市金融子系统形成城市群金融等别城市结构。

三种城市金融级别类型的具体内涵如下[64]P103-105:(1)金融支点。在一些发展较快的中心城市,金融业已经成为城市产业结构中必不可缺的部门。但受到成长能力的限制,金融业仅属于发挥基础保障作用的基础产业,在城市产业结构中所占的比重还较小。金融产业的这种低级成长阶段决定了该类城市的金融规模较小、强度较弱、职能层次较低,此类城市可称为金融支点,它构成城市群金融等别结构的基本支撑点。随着城市化和城市现代化建设的不断推进，城市群内新的金融支点还会不断产生。目前，我国绝大多数的地级市基本都处于金融支点阶段。(2) 金融增长极。如果某一城市的金融产业已成为支柱产业，在城市产业结构中占据较大份额，对区域社会经济发展起支撑作用，就意味着该城市的金融产业已步入中级成长阶段。这种状况下的城市金融规模较大、强度较强、职能层次较高，因而可称为金融增长极。由于我国金融产业化的历史较短、进度较慢，所以当前只有为数不多的城市率先成长为金融增长极，主要包括直辖市、省会城市、部分自治区首府城市和少数特区城市，同时，这些城市的金融产业成长水平并不完全一致，有的城市的金融产业成长指标已趋近于金融中心，而有的则刚刚完成金融支点的升级。(3) 金融中心。如果某一城市的金融产业成长达到高级阶段，金融产业跃升为主导产业，各类金融机构与金融市场的规模与业务量达到一定水平，在产业结构系统中居于带头地位，城市金融的规模、强度和职能层次都达到一定高度，并在很大程度上决定着城市产业结构未来的发展方向和发展模式，这类城市可称为金融中心（或国际金融中心）。当然，要成为金融中心，还需具备一些其他条件，如强大的经济基础、国际性银行总部及分支数量达到一定规模等。金融中心是城市群金融等别结构的核心，同时，依据各金融中心的影响范围和功效强度，还可确定世界金融地域系统的基本格局。就当前而言，香港是我国唯一的国际金融中心，在国家战略的推动下，上海国际金融中心即将形成。

4.3.1.2 金融维度子系统的划分

在金融发展理论中，金融结构分析是极为重要的方面。从金融维度对城市群金融系统的子系统进行划分，就是从金融结构视角了解城市群金融系统中各个组成部分的形式、性质及其相对规模。有关金融结构问题的文献可以追溯到戈德史密斯（Goldsmith，1969）所著的《金融结构与金融发展》一书。在该书中，戈德史密斯首次提出，各种金融工具和金融机构的形式、性质及其相对规模共同构成一国金融结构的特征，金融结构对经济增长具有巨大的促进作用，而金融结构的变化即为金融发展，研究金融发展必须以有关金融结构在短期或长期内变化的信息为基础。为此，他还创造性地提出了衡量一国金融结构与金融发展水平的存量指标（金融相关比率，FIR）和流量指标（新发行总比率，ANIR）。戈德史密斯的这一理论创新，对后续金融结构与金融发展问题的研究产生了重要影响。随后许多中外学者都在此理论基础上，对金融结构及其与经济增长之间的关系问题进行了深入研究。如肖（Shaw，1973）通过金融资产的存量和流量、金融体系的规模和结构衡量一国的金融业是处于金融深化还是金融抑制状态。谢平(1992)认为,金融资产结构有两层含义:一是金融资产总量中各类金融资产的比例关系;二是各经济主体自身金融资产、负债各项目之间的对比关系。为此,他从金融资产总量、金融相关比率、各类经济主体的金融资产结构等视角,实证分析了1978—1991年中国金融资产结构的变动状况,并阐述了金融深化进程和金融改革对中国经济运行的深刻影响。易纲(1996)、易纲等(2008)分析了改革开放后中国金融资产结构的变迁过程及存在的问题,并提出了中国金融体制的改革方向。王广谦(2002)认为金融结构是指构成金融总体(或总量)的各个组成部分的规模、运作、组成与配合的状态,并采用分层次的结构比率分析法考察了中国金融资产结构的现状与变化。林毅夫等(2009)将金融结构定义为金融体系内部各种不同的金融制度安排的比例和相对构成,并指出评价一国金融结构是否有效的标准,不是该国金融结构与发达经济金融结构是否一致,而是本国金融结构是否与本国现阶段的要素禀赋结构所决定的实体经济结构相适应。

关于金融结构问题的已有研究表明:一方面,金融结构在一定程度上反映着金融与经济发展的层次和经济金融化的深度;另一方面,金融结构可以从不同角度来考察。例如,从金融活动是否需要通过金融中介,可以考察金融市场与金融中介的比例构成;从金融工具或金融资产的不同类型,可以考察存贷款、证券、保险等的比例构成;从金融机构的不同类型,可以考察不同金融机构在所有金融机构资产总额中的比例;从金融交易的期限长短,可以将金融体系分为货币市场与资本市场;从金融活动是否受到政府金融监管部门的监管,可以区分为正规金融与非正规金融;等等。结合城市群经济与金融之间的主要关联关系,下面主要以金融工具的类型、金融机构的类型和金融市场的类型作为分类标准,从金融维度划分城市群金融系统的子系统。

第一,按金融工具的类型划分。

金融结构的首要方面即国家或地区的金融上层结构与经济基础结构之间的关系体现在金融相关比率上,而与总体金融上层结构的相对规模同样重要的是它的构成。这首先反映为金融工具余额在其几种主要类型中的分布状况和金融资产总额在主要经济部门中的分布。即便总额相等的金融工具所反映的金融相关比率也相等,但其仍可能具有不同的经济意义,并以不同的方式对经济产生影响。所以,对金融系统的结构展开分析,首先必须界定金融工具的内涵及其种类。所谓金融工具,中国人民银行《金融工具统计分类及编码标准(试行)》(银发〔2010〕13号)中将之定义为机构单位之间签订的、可能形成一个机构单位的金融资产并形成其他机构单位的金融负债或权益性工具的金融契约，包括金融资产、金融负债、权益性工具和或有工具。① 金融工具种类纷繁，按照同国际惯例接轨的原则，并结合我国金融业务、会计准则和金融业综合统计的需要，现阶段中国人民银行在统计上主要以金融工具的流动性特征、债权人与债务人关系形式的法律特征、或有和非或有性特征、风险性特征和期限性特征等为分类标准，将金融工具划分为13个大类，每一大类又根据具体情况划分为若干小类（见表4-1）。

表4-1　中国金融工具统计分类表

大类编码	大类名称	小类名称
A	黄金	货币化黄金、交易性黄金
B	特别提款权	
C	通货	
D	存款	普通存款、定活两便存款、通知存款、协议存款、协定存款、保证金存款、应解汇款及临时存款、结构性存款、信用卡存款、财政性存款、第三方存管存款、准备金存款、特种存款、其他存款
E	非股票证券	债券、票据、大额可转让定期存单、其他非股票证券
F	贷款	再贷款、普通贷款、拆借、透支、垫款、回购/返售、黄金或证券借贷、贸易融资、融资租赁、打包信贷受让资产、转贷款、其他贷款
G	股票和其他股权	资产方股权、权益方股权
H	金融衍生	远期、期权
I	保险技术准备金	寿险准备金、非寿险准备金
J	其他应收应付	系统内往来、应收/应付款、金融资产减值准备、其他
K	国家外汇储备占款	
L	委托代理协议	
M	或有金融工具	担保、承诺

资料来源：根据中国人民银行《金融工具统计分类及编码标准（试行）》（银发〔2010〕13号）整理。

① 中国人民银行网站：《金融工具统计分类及编码标准（试行）》，http://www.pbc.gov.cn/publish/diaochatongjisi/194/2010/20100525094146368202199/20100525094146368202199_.html，2010-05-25.//《中国人民银行关于印发<金融工具统计分类及编码标准（试行）>的通知》（银发〔2010〕13号）。

上述金融工具统计分类是就全国总体而言的，因而其中一些类别（如黄金、特别提款权、国家外汇储备占款等）对国内某一城市群地域而言并无直接意义。所以，我们还需结合其他统计资料中关于地区金融的统计项目来确定城市群金融系统中的金融工具分类。在近年来的《中国金融统计年鉴》和各地区的年度统计年鉴中，有关地区金融工具的主要统计指标有：全部金融机构各项存款（企事业单位存款、财政存款、城乡储蓄存款）余额、全部金融机构各项贷款（短期贷款、中长期贷款）余额、现金投放（+）回笼（-）、股票市价总值和流通市值、全部保险机构保险费收入、赔款支出与保险密度，等等。所以，考虑到金融工具对城市群经济发展的重要性、相关性以及数据资料的可得性，可以将城市群金融系统按照金融工具的类型划分为现金类金融工具子系统、存款类金融工具子系统、贷款类金融工具子系统、证券类金融工具子系统和保险类金融工具子系统。另外，也可按照金融工具发行者的性质，将城市群金融系统划分为直接金融工具子系统和间接金融工具子系统。前者是指由非金融机构提供的金融工具，如商业票据、股票、债券等；后者是由金融机构提供的金融工具，如现金、存款、保险单等。所有子系统的金融工具总额占同期国内生产总值的比重（FIR），可以大致衡量和反映城市群金融发展的整体概貌，而各类子系统中金融工具余额占所有金融工具总额的比重以及在不同经济部门中的分布，则可以反映出城市群金融系统中各种金融工具的相对重要性及其在各个经济部门中的地位。

第二，按广义的金融机构类型划分。

金融机构在金融工具存量中拥有份额的大小是金融结构的另一个重要特征指标，一般多以所有金融机构在金融资产总额中的比例作为度量标准，它是反映国家或地区金融上层结构机构化程度的最简单、最全面的指标。然而，实际生活中的金融机构具有多样性，国家或地区金融结构的特征还受到各类金融机构相对重要性的巨大影响。为了进一步反映各类金融机构的相对规模，我们还需结合金融机构的分类，计算出各类金融机构金融资产余额在所有金融机构资产总额中的比例、在金融工具总额中的比例以及在几种主要金融工具余额中的比例。金融机构又有广义和狭义的理解，狭义的金融机构通常只限于间接融资领域的中介机构，以银行类金融机构为典型，而广义的金融机构则是各种专门从事金融活动的机构总称，既包括间接融资领域的中介机构，也包括直接融资领域的中介机构。对于从广义角度理解的金融机构的分类，中国人民银行发布的《金融机构编码规范》（银发〔2009〕363 号），从宏观层面统一了我国金融机构的分类标准，首次明确了我国金融机构涵盖的范围，并界定了各类金融机构的具体组成(见表4-2)。

表4-2　中国金融机构分类表

一级分类码	一级分类名称	二级分类名称	三级分类
A	货币当局	中国人民银行、国家外汇管理局	指境内单家法人金融机构或境外金融机构直接在境内设立的不具备法人资格的机构
B	监管当局	银监会、证监会、保监会	
C	银行业存款类金融机构	银行、城市信用合作社(含联社)、农村信用合作社(含联社)、农村资金互助社、财务公司	
D	银行业非存款类金融机构	信托公司、金融资产管理公司、金融租赁公司、汽车金融公司、贷款公司、货币经纪公司	
E	证券业金融机构	证券公司、证券投资基金管理公司、期货公司、投资咨询公司	
F	保险业金融机构	财产保险公司、人身保险公司、再保险公司、保险资产管理公司、保险经纪公司、保险代理公司、保险公估公司、企业年金	
G	交易及结算类金融机构	交易所、登记结算类机构	
H	金融控股公司	中央金融控股公司、其他金融控股公司	
Z	其他	小额贷款公司	

资料来源:根据中国人民银行《金融机构编码规范》(银发〔2009〕363号)整理。

结合中国人民银行关于金融机构的分类标准和城市群金融系统的运行实际,可以按照广义的金融机构的不同类型将城市群金融系统划分为银行类金融机构子系统、证券类金融机构子系统、保险类金融机构子系统和管理类金融机构子系统。

第三,按广义的金融市场类型划分。

市场是依靠价格信号引领资源在不同部门之间流动并实现资源配置的场所。按照交易的产品类别划分,市场可以分为两大类:一类是提供产品的市场,进行商品和服务的交易;另一类是提供生产要素的市场,进行劳动力、资金等的交易。金融市场属于要素类市场,是进行资金融通的市场。在这个市场上,实现借贷资金的集中和分配,完成金融资源的配置过程。通过金融市场上对金融工具(或称金融资产)的交易,最终可以帮助实现社会实物资源的配置。

金融市场也有广义和狭义之分。广义的金融市场包括所有的融资活动，比如银行以及非银行金融机构的借贷，企业通过发行债券、股票实现的融资，投资人通过购买债券、股票实现的投资，以及通过租赁、信托、保险种种途径所进行的资金的集中与分配，等等。狭义的金融市场通常被限定在有价证券交易的范围，比如股票市场、债券市场等[147]P181－182。

金融市场是一个大系统，包罗许多具体的、相互独立但又有着紧密关联的市场，可以用不同的划分标准进行分类。最常见的是按照金融交易的期限将金融市场划分为货币市场和资本市场。前者是交易期限在1年以内的短期金融交易市场，其功能在于满足交易者的资金流动性需求，主要包括银行间拆借市场、票据贴现市场、短期债券市场、可转让大额存单市场、回购市场等；后者是交易期限在1年以上的长期金融交易市场，其功能在于满足工商企业的中长期投资需求和政府弥补财政赤字的资金需要，主要包括银行的长期借贷和长期有价证券如股票、债券等交易。金融市场的分类标准还有很多，比如，按照金融交易的性质可以将金融市场划分为发行市场（也称为一级市场或初级市场）和流通市场（也称为二级市场或次级市场）；按照金融交易的交割期限可以将金融市场划分为现货市场和期货市场；按照金融交易的政治地理区域可以把金融市场划分为国内金融市场和国际金融市场；等等。此外，在金融市场这个大系统中，还有外汇、黄金和保险等几个较重要的市场。

对于城市群金融系统而言，金融市场是城市群地域空间范围内金融交易得以实现的有形或无形场所，也是提供流动性、帮助发现金融资产价格、分散风险和降低金融交易成本的场所，但更重要的是调剂资金余缺、实现社会实物资源有效配置的场所。所以，从广义的金融市场范畴来看，城市群金融系统主要包括借贷市场子系统、股票市场子系统、债券市场子系统和保险市场子系统。不同类别子系统的金融资产余额占金融市场金融资产总额的比重，反映了各自在城市群金融系统中的相对重要性。

第四，按狭义的金融机构和金融市场类型划分。

以上是按照广义的金融机构和金融市场类型对城市群金融系统的子系统所进行的划分，但这种划分并不能很好地揭示出金融对城市群经济的核心作用。如按广义的金融机构类型划分时，其中的证券类金融机构只能从金融产业的角度反映出城市群地域空间内证券业金融机构的经营和发展状况，却反映不出城市群行政地域范围内的工商企业通过发行股票、债券融通资金的规模及其在区域金融资产总额中的比例情况。为了避免此类问题，真正揭示出金融在城市群经济发展中的资源配置功能，本书认为，应从狭义的金融机构类型、狭义的金融市场类型与金融管理机构相结合的视角，将城市群金融系统划分为金融中介子系统、金融市场子系统和金融管理子系统，进一步地，这三个子系统各自又可以按照不同的标准划分出下一级的子系统。这样，既可以反映出城市群金融系统的结构特征，又可以很好地揭示出城市群金融系统的功能特性。①

以上根据金融结构理论，从金融维度对城市群金融系统的子系统所进行的划分，有利于从定性和定量的角度全面、系统地描述城市群金融系统的结构特征和类型，具体体现在以下三个方面：① 有利于对城市群金融结构的类型和特征进行定性描述。比如，从金融机构产权所有者构成类型角度可以划分为私有金融结构、国有金融结构和混合金融结构，从金融业务的交叉范围角度可以划分为分业金融结构和混业金融结构，等等。② 有利于对城市群金融系统中各组分的绝对数量、相对重要性以及与其他领域数量参数的关系进行定量描述。绝对数量可用于描述金融工具、金融机构和金融市场的规模。相对重要性可用于描述同一类型参数所占的份额，如不同金融工具余额在金融工具总额中所占的份额，不同金融机构金融资产余额在金融机构金融资产总额中所占的份额，不同金融市场金融资产余额在金融市场金融资产总额中所占的份额等。与其他领域数量参数的关系则是建立金融系统与实体经济系统之间关系的桥梁。如金融相关比率可以反映金融相对于经济的发展程度；各种金融工具余额和金融资产总额在主要经济部门之间的分布可以反映不同金融工具在经济中的渗透程度以及不同部门对金融工具的偏好；股权凭证与债券凭证的比重可以反映经济中直接融资方式与间接融资方式的相对比重；金融中介在全部金融资产余额中所占的比重则可从整体上反映出金融中介在金融系统中的相对重要性；等等。③ 有利于总括地描述城市群金融系统的结构类型。结合上述有关量化指标，并对现代经济金融结构的特点进行历史性考察后可以得出金融结构的如下特征类型[110]P28;[59]P39-42：一是初级金融结构，金融相关比率较低（约在0.2~0.5之间），债权凭证远远超出股权凭证而居于主导地位，商业银行在金融机构中占据突出地位，但金融机构在全部金融资产余额中所占比例较低；二是混合金融结构，与上一种结构类似，金融相关比率仍然较低，债券凭证仍然远远超过股权凭证，银行在金融机构中仍然居于主导地位，但两类结构的主要区别在于，该类结构中的经济社会体现出混合型特色，

① 下文中未作特别注明时，金融机构和金融市场均作狭义的理解。

即政府和政府金融机构发挥着更大的作用；三是高级金融结构，金融相关比率较高（约在1.0左右，有时可能上升到2.0的水平），股权证券对债权证券的比率已有所上升，但债权仍占金融资产总额的2/3以上，随着金融机构的日趋多样化，金融机构在全部金融资产中的份额已提高，但商业银行在全部金融机构中的地位下降，投资银行、保险组织的重要性大大提高，金融倾斜的逆转趋势正在发展过程中；四是金融一体化和经济金融化金融结构，金融相关比率较高（在2.0以上），债券凭证规模相对于股权凭证而言已失去了主导地位，商业银行在金融机构中的地位大大下降，投资银行、基金公司和保险组织的重要性大大提高，金融机构在全部金融资产余额中所占比重较高，金融机构和金融业务边界模糊，已经完成关系金融向价格金融方式的转化①，金融机构同质化趋势不可逆转，金融倾斜的逆转趋势基本完成。

4.3.2 城市群金融系统子系统的结构分析

从空间维度考察，城市群金融系统由各城市金融子系统组成。从金融维度考察，城市群金融系统所包含的各种金融工具、金融机构和金融市场的构成及其相对规模最终还是要落实、分解到各个城市地域。因此，这里主要以代表性城市金融子系统来分析城市群金融系统的子系统结构（组分及其关联方式）。

城市金融系统是城市地域空间内有关资金的集中、流动、分配和再分配的一个系统，它由资金的盈余单位和赤字单位、连接这两者的金融中介机构或金融市场以及对这一系统进行监督和管理的金融监管机构共同构成。城市金融系统的运行、组织和发展，是金融交易中的市场参与者与监督管理者行为的共同结果。依据参与者的交易特征，金融交易的市场参与者又可以分为资金盈余单位、资金赤字单位和中介机构三类。其中，资金盈余单位（也称为最终投资者）可以是个人、企业、政府和国外部门；资金赤字单位（也称为最终筹资者）的构成亦如是；而中介机构则是指专门从事金融活动的金融机构，包括商

① 关系金融是指金融业务的开展主要靠形形色色的关系来驱动和维系，价格在关系金融业中只起到适度作用，价格通常不能决定资金配置。在这样的环境下，借方、机构、贷方间不可能像在价格主导环境中那样频繁而快速地更换交易伙伴，限制了交易范围的扩大和交易费用的降低。存款价格限制和贷款的最大限额、地区分割、金融商品的市场管制等，限制了资本供给者和资本需求者的可选择范围。价格金融主要指金融业务的开展主要依靠优势来驱动和维系，每项金融交易被看做是一个孤立事件，受价格吸引资金常会转移给另一金融交易伙伴，在价格主导环境下参与者基本上由最优价格或交易引导，极大地提高了金融交易和金融服务的效率。

业银行、保险公司、投资银行、证券公司等①[147]P432。因此,城市金融系统中众多的金融交易的市场参与主体和监管主体可以划分为资金盈余单位、资金赤字单位、金融中介机构和金融监管机构四大类,它们与金融工具一起共同构成城市金融系统必不可少的要素。

城市金融系统中各类金融交易的市场参与者之间资金融通的方式有两种:一种是直接融资;另一种是间接融资。按照较为粗略的概括,如果资金通过金融市场直接在盈余单位和赤字单位之间转移,这样的融资方式就是直接融资。在这个过程中,不需经过中介机构,或虽有中介人,但明确金融要求权的仍是盈余单位和赤字单位,双方是对立当事人。典型的直接融资是通过发行股票、债券等有价证券实现的融资;如果盈余单位和赤字单位双方各以金融中介机构为对立当事人,即金融中介机构发行(卖出)自身的金融要求权,换取盈余单位的资金,并利用所得的资金去取得(买进)对赤字单位的金融要求权,这样的融资方式就叫做间接融资。在这个过程中,金融中介机构也是起从盈余单位向赤字单位"输送"资金的作用,但盈余单位获得的是金融中介机构发行的金融要求权,而不是赤字单位的要求权,因此,双方各以金融中介机构为对立当事人。直接融资和间接融资两种融资方式相辅相成、相互促进,共同实现城市金融系统中金融资源的整体配置。当然,由于同一时期的不同城市以及不同时期的同一城市,它们的经济发达程度、市场发育程度大不相同,因而两种融资方式的主导地位会有较大差别。一般而言,当商品经济不发达时,城市内私人之间的直接借贷占有重要地位;当商品经济比较发达时,以金融机构为中介的间接融资占主导地位,现代西方国家的资金融通,更大和更有影响的是以间接方式进行的;在商品经济高度发达,资金调度力求效率化时,直接融资的地位又日益重要。在我国,长期以来,资金融通基本上采用间接方式,随着社会主义市场经济的发展,国库券、公债、股票、企业债券、商业票据陆续进入市场,直接融资的发展方兴未艾[154]。

在现代市场经济中,金融系统对资源的有效配置具有核心重要性。但是,由于金融系统本身存在着较为严重的信息不对称,比如存款人和银行之间、银行和借款企业之间,信息的分布都是不对称的,这就容易导致金融系统的市场

① 就最初讨论直接融资和间接融资这对概念的背景来说,界定中的"中介机构"基本上指的是银行类的机构。直到今天,用"中介"指银行的用法仍然相当普遍。但随着中介形式的日益繁多,中介机构也越来越多地被用作广义理解,从广义角度理解的中介机构,不仅指银行,也指投资银行、证券公司、投资基金等等之类的金融中介机构。本书此处将中介机构作广义理解。

失灵,即金融系统对资源配置的无效率。同时,金融系统本身不仅是一个风险高度集中的有机整体,而且其风险通常具有"多米诺骨牌效应"。如此种种原因,使得金融系统无论在发达国家,还是在发展中国家,都是政府严格监管的重点。政府对金融系统的监管,是通过特定的金融管理机构对金融交易的行为主体进行某种限制或规定进行的。作为国家金融系统的一个子系统,城市金融系统必然会受到金融管理机构有关监督、管理制度的约束。

以中国而言,自 2003 年 4 月成立中国银行业监督管理委员会(简称银监会),将对银行业金融机构的监管从中国人民银行独立出来后,中国人民银行成为了真正意义上的中央银行,并与银监会、中国证券监督管理委员会(简称证监会)和中国保险监督管理委员会(简称保监会)一起共同构成中国"一行三会"的金融监管架构。

中国人民银行作为中央银行,主要担负着制定和执行货币政策、防范和化解金融风险、维护金融稳定的宏观调控职能。中国人民银行系统的组织机构除了北京总行和上海总部外,还根据履行职责的需要在全国设立分支机构,并对分支机构实行统一领导和管理。目前,中国人民银行按经济区划跨省(自治区、直辖市)设立了天津、沈阳、上海、南京、济南、武汉、广州、成都、西安 9 个分行以及北京和重庆 2 个营业管理部,另外还设有:省会(首府)城市中心支行 20 个,分别是石家庄、太原、呼和浩特、长春、哈尔滨、杭州、福州、合肥、郑州、长沙、南昌、南宁、海口、昆明、贵阳、拉萨、兰州、西宁、银川、乌鲁木齐中心支行;副省级城市中心支行 5 个,分别是深圳、大连、青岛、宁波和厦门中心支行;地(市)中心支行 300 多个;县支行近 2 000 个。这些分支机构作为中国人民银行的派出机构,根据总行的授权,依法维护本辖区的金融稳定,承办有关业务。

银监会主要负责对全国银行业金融机构①及其业务活动进行监督管理,目的在于促进银行业的合法、稳健运行和维护公众对银行业的信心。证监会(1992 年 10 月成立)主要负责对全国证券市场实行集中统一监督管理,目的在于规范证券发行和交易行为,保护投资者的合法权益。保监会(1998 年 11 月成立)主要负责对全国保险业实施监督管理,目的在于规范保险活动,维护保险业的合法、稳健运行,保护保险活动当事人的合法权益。目前,银监会、证

① 《中华人民共和国银行业监督管理法》(2006 年修正)中所指的银行业金融机构,包括在中华人民共和国境内设立的商业银行、城市信用合作社、农村信用合作社等吸收公众存款的金融机构以及政策性银行。同时,该法还规定,对在中华人民共和国境内设立的金融资产管理公司、信托投资公司、财务公司、金融租赁公司以及经国务院银行业监督管理机构批准设立的其他金融机构的监督管理,也适用该法对银行业金融机构监督管理的规定。

监会、保监会在全国各地派出机构的设立模式与中国人民银行并不相同，后者是按照经济区划设立九大区行，而前者均是按照行政区划即按各省（直辖市、自治区）属地管理模式设立派出机构。其中：银监会按照行政区划在全国31个省、市、自治区和大连、青岛、厦门、深圳 、宁波5个计划单列市设立了36个银监局，同时还根据需要在地（市）设立银监分局，在部分县、市设监管办事处；证监会在省、直辖市、自治区和计划单列市设立了36个证券监管局，以及上海、深圳证券监管专员办事处；保监会也在省、直辖市、自治区和计划单列市设立了36个保监局，同时，随着我国保险业的快速发展，我国保险市场主体的类型和数量大幅增加，为了使保险监管更贴近市场，进一步规范基层保险市场秩序，2010年上半年，经中央机构编制委员会办公室批准，保监会进行了监管机构向基层延伸的试点，即在江苏、浙江、广东、山东、河北五省开展了设立地市级保监局的试点，五个地市分局试点城市分别为苏州、温州、汕头、烟台和唐山。银监会、证监会、保监会根据履行职责需要在全国各地设立的派出机构均按照各自的授权履行相应的监督管理职责。

另外，在"一行三会"的总体金融监管框架以外，随着中国人民银行地方分支机构彻底垂直领导、与地方关系远离后，近年来一些地方政府为了改善金融服务、处理与防范金融风险、确保本地金融安全和促进地方金融发展，相继成立了地方性的金融工作办公室或金融服务办公室，它们与纵向金融管理部门（中国人民银行、银监会、证监会、保监会的派出机构）共同构成了城市金融系统的管理者。这些金融管理部门依据国家法律规定从不同侧面对整个城市的金融业（包括金融机构和金融业务）实施监督管理①，确保城市金融系统能够健康运行。

根据上述分析，城市金融系统中的组成要素及其在金融交易和管理活动中所形成的复杂关联关系可用图4-1加以表示。图中的两组虚线表示：一方面，金融中介机构经常会将一些资金导向金融市场（右侧虚线所示），如保险公司将资金投资于股票或债券（市场）；另一方面，金融中介机构也会通过金融市场获得资金（左侧虚线所示），如金融机构通过在金融市场上发行股票或债券获得资金。

---

① 金融监管有狭义和广义之分。狭义的金融监管是指中央银行或其他金融监管当局依据国家法律规定对整个金融业（包括金融机构和金融业务）实施的监督管理。广义的金融监管在上述涵义之外，还包括金融机构内部控制与稽核的自律性监管、同业组织的互律性监管、社会中介组织和舆论的社会性监管等。这里指的是狭义的金融监管。

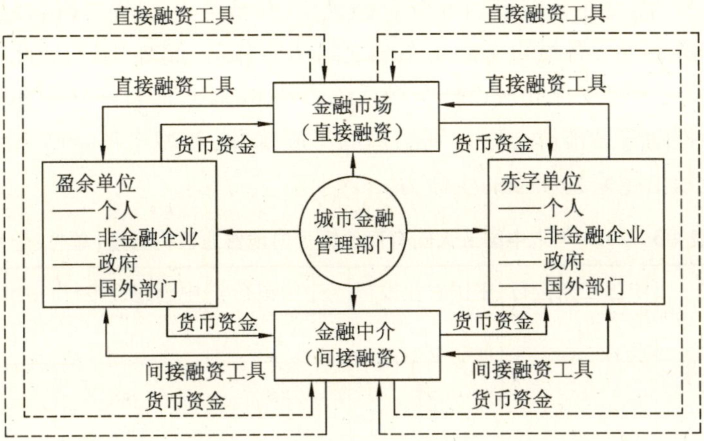

图 4-1　城市金融系统组成要素及其关联关系示意图

4.3.3　城市群金融系统子系统的关联方式

城市群地域空间内各城市地域相邻，人文相近，经济、社会、文化等交往密切，具有较好的跨行政区金融合作基础，同时，各城市金融子系统相互之间通常具有较好的层级性、梯度性和互补性，所以，无论是从空间维度，还是从金融维度，抑或是从两个维度相结合的视角都可以发现，随着市场经济的完善和不断发展，城市群金融系统的各个子系统之间越来越多地呈现出复杂的互动关联关系。

首先，由区位相邻的中心城市集结而成的城市群体，它以地域空间内的金融中心为核心，以相互关联的金融支点和金融增长极为腹地，以金融产业的外部关联效应为纽带，形成类型齐全、分工明确、彼此关联的金融等别城市结构。金融资源在中心城市集聚成金融产业，而各中心城市在历史传承、行政定位、区位条件、社会经济发展基础等方面的差异，导致了各城市的金融成长差异和金融职能分工，中心城市逐次演进为金融支点、金融增长极和金融中心等城市类型，分处于不同的金融能级，发挥着各自的金融功能。同时，城市群金融系统的开放特征，决定了城市群金融系统内具有不同能级和功能的各城市金融子系统并非孤立地发挥作用，而是在金融资源的集聚和扩散过程中联结成一个有机的整体。如各城市金融子系统之间异地贷款的发放、货币市场的交往、金融人才的流动、金融信息的共享等，都使得城市群金融系统内各金融级别城市之间保持着紧密的空间关联和相互作用。另外，我国的全国性股份制商业银行在业务发展中早已突破了现有行政区域的限制，实现了跨城市、跨行政区的业务拓展；而设在各城市的外资金融机构，从成立之初就实行跨城市经营。城市群金融系统中各城市金融子系统之间功能分工、优势互补、彼此依存的空间关联关系，不仅支撑起城市群金融系统的基本框架，而且还在金融资源的地域运动中推动着城市群金融等别结构的不断优化，使城市群金融系统在动态演进中显示出越来越顽强的生命力。

表 4-3　2010 年末中国五大国有商业银行内地营业机构数量(单位:个)

类别	中国工商银行	中国农业银行	中国银行	中国建设银行	中国交通银行
总行	1	1	1	1	1
一级分行和直属分行	36	37	37	38	37
二级分行	396	310	288	297	90
一级支行	3 077	3 520		7 988	
基层营业机构	12 653	19 564	9 745①	5 090	2 643②

资料来源：根据各银行 2010 年年度报告中有关资料整理。(注：①、② 的数据为二级分行以下的各级分支机构合计数。)

其次，城市群金融系统中同城或异地的金融中介机构之间，由于总分支机构的组织架构、金融业务的合作与代理、金融控股公司的股权控制等原因，彼此间保持着密切的关联关系。

新中国成立以来，我国原四大国有独资商业银行的管理体制在经历了高度集权的大一统管理阶段、以放权搞活为中心的企业化改革阶段和以法人授权分级管理为核心的商业化改革阶段①之后，已经建立起总行为一级法人、分支机构不具有法人资格而在总行授权范围内开展业务的商业银行经营管理体制。新世纪以来，随着四大原国有独资商业银行先后改制上市，它们与中国第一家全国性国有股份制商业银行——交通银行，共同构成我国五大国有商业银行。在统一法人管理体制下，五大国有商业银行的总分行组织架构至少包括总行—省分行—地(市)分行—县支行—分理处(储蓄所)五个管理级次。以中国建设银行为例(见表 4-3)，截至 2010 年年末，其境内营业机构数量总计 13 415 个，包括总行、一级分行 38 个(省、市、自治区一级分行 31 个；大连、青岛、厦门、深圳 、宁波 5 个计划单列市和苏州、三峡 7 个直属分行)、二级分行

① 三大阶段的划分及各阶段的特点可参见：姜建清. 国有商业银行分支机构管理问题研究[J]. 金融研究，2001(9)：1－17.

297 个、支行 7 988 个、5 090 个支行以下网点及专业化经营的总行信用卡中心。五大国有商业银行的内部治理结构是一种多重委托代理关系，总行处于委托人地位，一级分行和二级分行既是其下级分支机构的委托人又是其上级行的代理人，基层经营机构则处于代理人地位。这种委托代理关系使得城市群内同一家国有商业银行的不同分支机构在组织结构上呈现出纵向管理链条状态。除五大国有商业银行外，我国的十二家全国性股份制商业银行①、城市商业银行②、中国邮政储蓄银行③等银行业金融中介以及保险业金融中介④，它们遍布各城市的总分支机构之间也都存在着纵向的上下级管理链条关系。应该说，在兼顾上下级机构之间集权与分权利益关系基础上而进行的金融中介机构一级法人制度改革，既在一定程度上保证了分支机构的经营自主权，同时也改变了分支机构因权力过大而造成的管理失控状况，但由于国有商业银行等金融中介机构在分支机构的设置上主要按行政区划、政府层次序列设置，与行政体制高度耦合，彼此之间是相互竞争的市场经济利益主体，这在一定程度上割断了各平行分支机构之间的横向联系，使得分支机构往往站在地方利益、自身利益等基础上考虑问题，而对横向合作心存戒备，同时管理链条过长、授权级次过多，也会由于信息不对称而影响到金融机构经营的整体效率和资源的优化配置。因此，在一级法人体制下，有效加强对金融中介分支机构的管理，实现金融中介金融资源的优化配置和整体经营效率的提升，对城市群金融系统的高效运行具有极其重要的意义。

金融中介之间的关联关系除表现在同一金融中介不同总分支机构之间的

---

① 12 家全国性股份制商业银行分别为：中信银行、中国民生银行、华夏银行、中国光大银行、招商银行、广东发展银行、深圳发展银行、兴业银行、上海浦东发展银行、恒丰银行、浙商银行和渤海银行。

② 《中华人民共和国商业银行法》（2003 年修正）第二十二条规定，商业银行对其分支机构实行全行统一核算、统一调度资金、分级管理的财务制度。商业银行分支机构不具有法人资格，在总行授权范围内依法开展业务，其民事责任由总行承担。另外，为了鼓励股份制商业银行和城市商业银行设立更多的分支机构来加强金融对地方经济和中小企业发展的支持，银监会 2009 年还专门下发了《中小商业银行分支机构市场准入政策的调整意见（试行）》（银监发〔2009〕143 号），旨在放宽和简化股份制商业银行和城市商业银行跨地区设立分支机构的市场准入。

③ 《中国邮政储蓄银行授权管理办法（试行）》第二条规定，中国邮政储蓄银行遵循“统一管理、区别授权、权责明确、严格监管”的原则，实行统一法人体制下的总分行授权管理。自 2007 年 3 月 6 日正式成立后，中国邮政储蓄银行有限责任公司已在全国 31 个省（市、自治区）和 5 个计划单列市全部设立了 36 家一级分行，截至 2009 年年底，其在全国的机构总数达 36 508 家。

④ 2009 年 2 月 28 日第十一届全国人民代表大会常务委员会第七次会议修订后的《中华人民共和国保险法》第七十四条规定，保险公司经保险监督管理机构批准在中华人民共和国境内设立的分支机构不具有法人资格，其民事责任由保险公司承担。

统一授权、分级管理关系之外，城市群内的金融中介机构之间还由于金融业务的合作、代理与托管以及金融控股公司的股权控制等原因，存在着复杂的业务关联或股权控制关联关系。

同一城市或不同城市的金融中介之间可结成统一体向同一借款人提供银团贷款（也称“辛迪加贷款”，Syndicated Loan），即由获准经营贷款业务的一家或数家银行牵头，多家银行与非银行金融机构参加而组成银行集团（Banking Group），基于相同贷款条件，依据同一贷款协议，按约定时间和比例，通过代理行向有巨额资金需求的大型集团客户和大型项目等提供本外币贷款或授信业务。在银团贷款中，作为银团贷款成员的各金融中介通常分为牵头行、代理行和参加行等角色，并按照不同的职能和分工保持着密切的业务联系①。不同的金融机构之间还存在着广泛的代理、托管关系。如根据《中华人民共和国商业银行法》（2003 年修正）的规定，商业银行可代理保险业务；《中华人民共和国证券投资基金法》第二十五条规定，基金托管人由依法设立并取得基金托管资格的商业银行担任；《中华人民共和国证券法》（2005 年修订）中也规定，证券公司客户的交易结算资金应当存放在商业银行。另外，为了扩大业务服务领域，城市群金融系统内同城或异地的不同商业银行之间还会通过代理行关系的建立，在同业存放、结算、担保、现金调拨、外汇代理等国内同业合作中保持着密切的相互委托的代理关系。

自 2006 年 11 月起，我国银行业的所有业务已对外资银行全面开放。在国际金融混业经营的时代潮流下，面对“入世”后外资银行的激烈竞争，实现由分业经营到混业经营的转变成为我国金融业改革与发展的现实选择。国际上金融混业经营主要有 3 种模式，即全能银行模式、金融控股公司模式和混合型模式[155]。由于我国金融业目前的体制、市场化程度、资产质量、从业人员素质以及监管能力等多方面的原因，“分业经营、分业监管”模式在今后一段时间内仍有其存在的合理性。因此，在不与国内现行金融业经营与监管体制相冲突的前提下，设立以“集团混业、法人分业”为特征、以产权为纽带的金融控股公司就成为与我国金融业发展现实要求和现实条件最为贴近的重要途径。2002 年 12 月 5 日，中国中信集团公司出资设立了中国第一家金融控股公司——中信控股有限责任公司，它接受中国中信集团公司的委托，对中信集团公司旗下的金融类子公司行使股东权力。这些子公司目前主要包括：中信银行股份有

① 中国境内银团贷款业务的有关规范可参见银监会制定的《银团贷款业务指引》（银监发〔2007〕68 号）。

限公司、中信证券股份有限公司（主要子公司有：中信建设证券有限责任公司、中信金通证券有限责任公司、中信万通证券有限责任公司、华夏基金管理有限公司、中信证券国际有限公司）、中信信托有限责任公司、信诚人寿保险有限公司、中信资产管理有限公司以及在香港由中信银行股份有限公司控股的中信国际金融控股有限公司（主要子公司有：中信嘉华银行有限公司、中信资本控股有限公司、中信国际资产管理有限公司）①。不同类别的金融类子公司使得中信控股有限责任公司拥有银行、证券、信托、保险、基金、资产管理、期货等众多门类的金融业务，具有较大的金融综合服务潜力。包括中信在内，目前我国已形成三种主要类型的金融控股公司：一是由非银行金融机构形成的金融控股公司，如中信、光大、平安集团等；二是国有商业银行为了规避管制，通过海外注册的非银行子公司在国内独资或合资成立的金融控股公司，如中银国际、国际金融有限公司等；三是由产业资本投资金融机构形成的金融控股公司，如山东电力集团、海尔集团等。金融控股公司这种以股权管理为手段、以资本运营为载体、以提升竞争力为核心的金融混业经营模式的形成，使得城市群内受同一金融控股公司控制下的不同类别的金融机构之间，既在业务上相互独立，又在金融产品的销售和金融服务的提供上互为补充，它们在坚持分业经营的同时能够更好地发挥出整体协同效应。当然，在这种模式下，也会由于母子公司以及各子公司之间的关联交易而增大金融控股公司的内幕交易和利益冲突的风险，因而在现行分业监管的基础上，各监管部门还应加快完善对金融控股公司的联合监管机制。

第三，各城市金融子系统内金融交易的市场参与者之间，借助金融市场平台，通过股票、债券的上市交易以及股份、资产等的转让活动，动态地保持着密切的所有权关系或债权债务联系。经过改革开放以来30多年的发展，中国的金融市场体系日益发达。以资本市场为例，随着《国务院关于进一步加强证券市场宏观管理的通知》（国发〔1992〕第68号）、《国务院关于推进资本市场改革开放和稳定发展的若干意见》（国发〔2004〕第3号）等一系列政策的相继颁布和实施，我国资本市场发展迅速，取得了举世瞩目的成就，现已初步形成了包括主板市场、中小板市场、创业板市场、三板市场、场外交易市场、产权交易市场等在内的结构较为健全、适应多种投融资需求和风险管理要求的多层次资本市场体系。

---

① 资料来源：根据中国中信集团公司2009年年度报告中资料整理。

虽然目前中国的多层次资本市场体系还处于初创阶段，难免会存在不少问题，如不同层次的市场归属于不同的监管部门、创业板存在“三高”（高市盈率、高发行价和高超额融资）现象、全国统一的OTC（Over The Counter）市场尚未建立、产权交易市场渗透着太多的地方政府色彩等，但它却已为城市群内不同金融子系统的资金盈余单位和资金短缺单位提供了较为便利的直接融资渠道，使得城市群内金融交易的各市场参与者不仅可与城市群地域范围内的金融交易的其他市场参与者之间保持着密切的股权或债权联系，而且还可与城市群以外地区的金融交易的市场参与者之间保持一定的权益关系。

4.4 城市群金融系统的功能分析

全面分析城市群金融系统的功能，也需从多方面入手。既要弄清金融系统的特有功能及其与资源配置方式的关系，又应结合城市群金融系统的地域组织特性及其内部各子系统之间的功能结构关系。

首先，城市群金融系统的功能必然表现出金融系统所特有的功能。

根据白钦先、谭庆华（2006）的研究，金融系统的功能可以划分为基础功能、核心功能、扩展功能和衍生功能四个具有递进关系的层次。

服务功能和中介功能是金融系统的基础功能，这就意味着金融活动产生以后在相当长历史时期内主要是为经济社会活动提供兑换、结算、保管、交易等服务功能以及进行简单资金融通的中介功能；金融系统的核心功能是资源配置功能，即主动通过储蓄动员和项目选择等途径引导价值运动实现资源有效配置的功能。基础功能中的中介功能可以视为资源配置功能的萌芽状态；金融系统的扩展功能包括经济调节功能和风险规避功能。经济调节功能是指政府借助金融体系通过金融手段调节经济运行的功能，风险规避功能是指通过金融工具利用大数定理将风险分散化、社会化的功能。这些功能是在经济金融发展到一定程度、金融系统的基础功能和核心功能逐步完善后，对金融系统功能的一种横向扩展；金融系统的衍生功能是金融系统为了进一步提高资源配置效率而在微观与宏观两个层面的“衍生”，其内容较为丰富，包括信息传递、风险交易、引导消费、公司治理、区域协调、财富再分配等功能，并可以大致分为（微观）风险管理和宏观调节两大类。风险管理主要包括信息传递、风险交易、公司治理等，是风险规避功能的深化、复杂化与主动化。而宏观调节主要包括财富再分配、引导消费、区域协调等，其功能的发挥主要在于维持整个经济金融的稳定。

上述四个层次金融功能之间的递进关系可用图4-2加以表示。该图表明，在金融发展进程中，金融系统呈现出不断扩展和提升的功能递次演进，即基础功能→核心功能→扩展功能→衍生功能。当然，上述递进关系中的四个层次间有着千丝万缕的联系甚至某些重叠，而并非截然分开。例如核心功能和扩展功能在时间上具有极大的重叠性，扩展功能并不意味着在核心功能充分发展以后才出现，而是金融功能在横向上的一种扩展，二者合在一起可称为金融系统的主导功能。

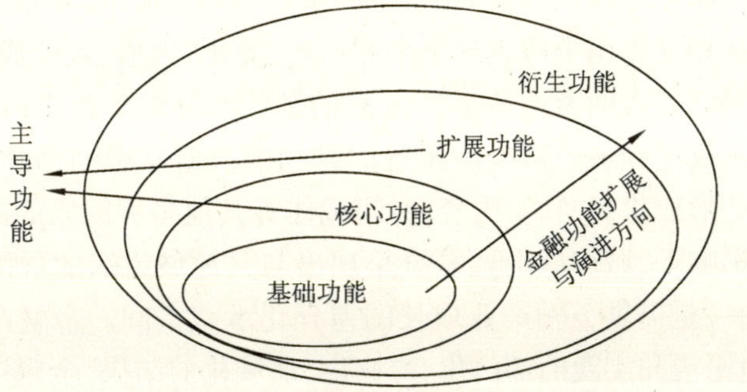

图4-2　金融系统功能不同层次之间的递进关系

（资料来源：根据白钦先、谭庆华论文《论金融功能演进与金融发展》中图形改绘，金融研究[J]，2006(7)：41－52.）

在上述金融系统功能的四个递进层次中，需要特别强调的是金融系统的核心功能，即资源配置功能。金融发展的历史轨迹表明，金融产生和发展的根本在于促进经济发展。从经济运行的本质过程来看，经济首先是价值的生产和流动过程。在当代经济中，随着经济金融化程度的日益提升，金融逐步成为现代经济的核心，逐步成为社会资源配置的主导和主体，它能够在便利价值流动的基础上进一步便利价值的生产，并直接引导价值流动促进价值生产，而价值生产的扩大直接依附于资源配置效率的提升。金融系统后续功能的扩展和衍生从广义上来说也都是为了提高资源配置效率，或者说是服务于资源配置功能。没有金融系统，货物只能在现货市场上交易，且每一个家庭只有依靠自身资源来聚集资本即内源融资。而有了金融系统，家庭储蓄可以便利地流向企业部门，并在不同企业之间配置投资资金。金融系统不仅使得家庭能够平滑跨期消费、企业和政府能够平滑跨期支出，而且也使家庭、企业和政府能够分担风险，从而使得家庭、企业、政府等经济主体能够从风险分担、多元化、保险、跨期平滑、产业内和跨产业的资源有效配置以及地区和国际性贸易中获得更多的收益[141]P4-20。另外,对于金融系统不能仅仅关注其正向功能,也需关注其反向功能。因为在一定的环境和条件下,金融系统的运行可以优化资源配置,促进经济的发展;而在另一种环境和条件下,金融系统的运行也可能劣化资源配置,阻碍经济的发展,如通货膨胀、通货紧缩、金融危机等都会对资源配置进而对经济发展带来危害。

其次,城市群金融系统的功能还应结合其地域组织的群体特性加以具体分析。

在第三章中已经指出,按照系统论的观点,系统的功能是指系统与外部环境相互联系和相互作用中所表现出来的功效、效用、效应、效能或作用,它受系统的结构、环境、元素的素质等多种因素的制约和影响。相应地,城市群金融系统的功能不仅受到城市群金融系统的结构的决定和影响,同时也受到城市群金融系统的形成机制、物质内容、空间载体等其他多种因素的制约。在多种因素的共同影响下,城市群金融系统呈现出与其地域组织的群体特性相适应的特有功能:一是提供金融产业成长的差异化承载空间。金融产业是金融资源积累、增值愿望和实践的部门化、产业化、地域化的结果,金融资源各层次要素的配置和组合形成了金融产业的肌体、关节和血液,而各城市金融产业的形成时期、存在状态、发展前景等则受到城市地理位置、交通信息、社会经济等多种因素的影响,这些因素的不同为各城市金融产业的成长提供了差异化的承载空间,从而使得城市群金融系统内各城市的金融产业成长表现出明显的非均衡特征。二是促进金融资源的城际转移和落实。在市场经济体制下,城市群内不同城市间金融资源的禀赋差异,可以催发金融资源的城际转移。在金融帕累托效率机制的作用下,金融资源的城际转移总有一根隐形的指挥棒,引导或规范着其运动的方向,并逐渐形成一种秩序。当然,在城市群金融系统演进的不同阶段,金融资源城际转移的方式、方向、强度、密度、关联度、成本等并不相同。相比之下,高级的城市群金融系统在引导金融资源转移和落实方面的作用显著优于潜在和初级的城市群金融系统。三是架构城市群金融等别城市结构。城市群金融等别城市结构是城市群内金融资源集聚和扩散效应在空间上的体现。金融支点、金融增长极、金融中心是金融资源在集聚和扩散的转移过程中随着中心城市金融职能的逐渐提升而顺次出现的金融等别城市,而城市群金融系统不仅是培育和支撑这些金融级别城市的基体,而且城市群金融系统的地缘背景、历史传承、行政地位、区位条件、社会文化经济发展情况等还是塑造城市群金融等别城市结构的类型和特征的关键性决定力量。城市群金融系统内所形成的金融网络体系为各金融级别城市的空间关联和相互作用提供了通道,从而保证金融流能够在城市之间源源不断地循环进行“输入—转化—输出”,并通过地域整合和改造有效地促进城市群金融等别结构的不断优化。四是增强城市群金融系统的整体竞争力。虽然城市金融发展的不均衡容易滋生地方保护意识,从而搅乱金融交易程序,恶化金融交易的信息条件,提高金融城际转移的摩擦成本,但是,城市群内的各城市为了能够在与其他城市间的金融资源交易过程中扩大交易流量,提高交易频率,获得金融发展的内部收益递增效应,也为了有效降低金融技术扩散、信息交流、创新过程等方面的不确定性,降低信息成本、学习成本、治理和创新成本,获得金融发展的外部规模效应,它们强烈希望加强与空间邻近、社会文化同质程度高的城市的金融合作,结成城市群整体金融网络,深化城市群金融系统的专业化分工与协作,寻求城市群金融系统整体上的趋优配置,从而提升城市群金融系统的整体运行效率和金融竞争力[64]P28-29,P41。

第五章 城市群经济与金融系统耦合理论与模型

经济发展与金融发展的相互作用关系体现为经济发展对金融发展具有基础性决定作用,反过来金融发展对经济发展也具有能动作用。耦合原本是一个物理学概念,如今已被广泛应用于对人类社会经济发展中两个系统之间通过各自的耦合元素产生相互作用彼此影响的有关现象的研究之中。经济与金融之间的相互作用关系决定了我们可以利用系统耦合理论的已有成果对城市群经济与金融系统耦合的基本理论及其测度模型展开研究。

5.1 经济发展与金融发展相互作用关系的理论分析[156]

自人类社会出现货币以后,经济发展与货币金融之间的关系问题历来是学界研究的热点,其中影响最大的是金融发展理论。已有的研究成果为人们深刻认识金融与经济的关系奠定了坚实基础,但从现有研究路线来看,它们基本上都集中在金融发展对经济发展的作用方面,而在经济发展对金融发展的作用方面涉及较少,因而使人们缺乏对金融与经济关系的全面认识。针对此问题,本书结合金融功能观、金融资源观等关于金融发展问题的最新思想,尝试从理论上对经济发展和金融发展的相互作用关系作一全面分析。

从第二章中关于金融发展的金融功能论和金融资源论的理论总结可知,金融功能观和金融资源观的共同思想都强调要从量性金融发展和质性金融发展相统一的视角来认识金融与经济的关系。受此启发,本书分析认为,金融与经济之间正是在这种量性与质性金融资源的供求关系中相互影响、相互作用,并通过金融功能的提升不断推进资源的有效配置和经济效率的改进。

5.1.1 经济发展对金融发展的基础性决定作用

经济货币化和经济金融化程度的提升,决定了经济发展不仅提出了量性金融发展需求(基础性核心金融资源、实体性中间金融资源的开发),而且还提出了质性金融发展需求(整体功能性高层金融资源的增进)。这里主要借助金融发展的金融功能观从金融功能演进轨迹的历史考察①中认识经济发展的现实需求对金融发展所起的基础性决定作用。

人类社会产生以后，随着社会分工的出现和生产力水平的提高，出现了用交换来解决剩余物质财富问题的重要途径。早期的交换只能是物物交换，然而，物物交换的顺利进行必须面对需求双重巧合与时空双重巧合等苛刻条件的限制与束缚，这就导致经济发展中逐渐产生了对能够便利交换的统一的度量标准和媒介手段的迫切需求。在这一需求引导下，交换中商品的价值形式由低级向高级阶段不断演进，导致货币应运而生。货币的出现，是金融功能演进的起点。就人类历史而言，这一起点始于3 000年至5 000年以前，并且贯穿了整个漫长的农业经济时代。在此阶段，货币主要执行着金融的交易媒介和价值尺度等基本服务功能。在金融服务功能的支持下，金融的简单中介功能也因适应经济发展的需要而被动产生，它主要用来满足不同经济主体之间调剂剩余物质财富余缺的需要。由此可见，人类经济活动中交换的需要促使了货币的产生，并因此诱发了金融服务功能以及中介功能的出现，两者共同构成金融的基础功能。只不过在自给自足的农业经济时代，其低下的生产力水平决定了经济对货币金融的需求十分有限，金融的基础功能受到极大局限，因而金融在当时也就不可能成为资源的主要配置方式或渠道。

工业革命以后，人类社会进入工业经济时期，社会分工逐步深化，生产力水平不断提升，剩余物质财富的数量大大增加，整个经济有了明确的扩大再生产的投融资需要。同时，科学技术水平的发展和基础配套设施的建设，使得交易成本大大降低。因此，金融系统被动的中介功能逐步转向主动的资源配置功能以适应商品经济快速发展的需要。从整个人类历史发展过程来看，金融的核心功能即资源配置功能得以比较完整地显现出来，是在资本主义生产方式得以逐步确立，即商品经济得以普遍持续发展之时。随着经济发展水平的提高即市场经济的高度发展，金融机构和金融市场迅速发展，金融活动的规模迅速扩大，整个经济的货币化、金融化水平逐步提升，现代金融系统的资源配置功能不断得到发展和完善：一方面，金融系统动员储蓄功能的发挥，能够广泛聚集社会闲散资金；另一方面金融系统又将所筹集的巨额资金投向具有效率的项目。

当金融的资源配置功能逐步发挥，使得全社会的闲散资金得到更充分、更

① 有关金融功能演进轨迹的历史考察可参见：白钦先、谭庆华. 论金融功能演进与金融发展[J]. 金融研究，2006(7)：41－52.

有效的利用时,经济发展中的市场失灵和不确定性问题也开始变得日益突出。为了满足解决此类问题的需要,金融的经济调节功能和风险规避功能从横向上对金融功能进行了扩展。例如,20 世纪 30 年代经济危机的出现,使得金融的经济调节功能得到重视,运用金融手段对经济进行调节和干预成为各国政府的主要宏观调控举措。另外,通过金融活动将风险分散化社会化,也开始成为初步解决经济活动中不确定性问题的主要途径。例如,发行股票筹集资金,除了可以筹措到大额资金外,还可以将投资风险在众多的投资者或股东之间进行分散;票据承兑、备用信用证、商业信用证等也都是为了避免经济交易中的风险;保单则体现了更为明确的风险规避功能。金融的资源配置功能、经济调节功能与风险规避功能的日益完善,使得金融在资源配置中的核心地位日益显现。到了 20 世纪晚期,随着发达国家的金融创新与放松管制以及发展中国家金融深化政策的不断推进,再加上科学技术的发展尤其是网络通讯技术在金融业的广泛应用,经济金融化和金融全球化的程度不断提高,如何提升金融的资源配置效率问题开始受到人们的广泛关注,金融功能必须进一步提升以适应这种需要。在这样的背景下,金融的各种衍生功能开始显现。

随着 20 世纪末叶经济金融化和金融全球化的不断发展,信息不对称问题日益突出,经济金融交易的复杂程度和不可控性大大提升。由于信息不对称所导致的逆向选择、道德风险以及未来的不确定性,严重影响着资源的配置效率,所以金融的衍生功能之一是风险管理,即通过金融中介、金融市场有效解决信息不对称问题以提高资源的配置效率,主要包括风险交易、信息传递、公司治理等。这里的风险管理功能和前述的风险规避功能有着本质上的区别,后者主要是一种被动的风险管理,而前者突出表现为主动的风险管理,是真正意义上的风险管理,是风险规避功能的深化、复杂化与主动化。其次,随着金融功能的演进或逐步复杂化,金融功能在提高资源配置效率的同时,也在一定程度上提升了整个经济金融体系的系统性风险。例如,金融衍生工具就是一把“双刃剑”,它在为风险厌恶者提供有效保护的同时,也给风险偏好者提供了更为犀利的投机工具,从而极大地提升了经济金融体系的系统性风险,并威胁着一国的经济安全与金融安全。因此,金融的衍生功能之二是金融的宏观调节功能,它可视为经济调节功能的延伸。例如,随着经济的发展,贫富差距拉大、经济结构不合理、地区发展失衡、经济金融动荡等问题逐步暴露,那么金融的财富再分配、优化经济结构、促进地区协调、稳定金融秩序等功能就显得十分必要。由此可见,金融衍生功能是在金融核心功能和扩展功能的基础上产生的,尤其是对金融扩展功能的复杂化与主动化,同时,它还将随着经济发展过程中不断出现的新的需求继续向前“衍生”。

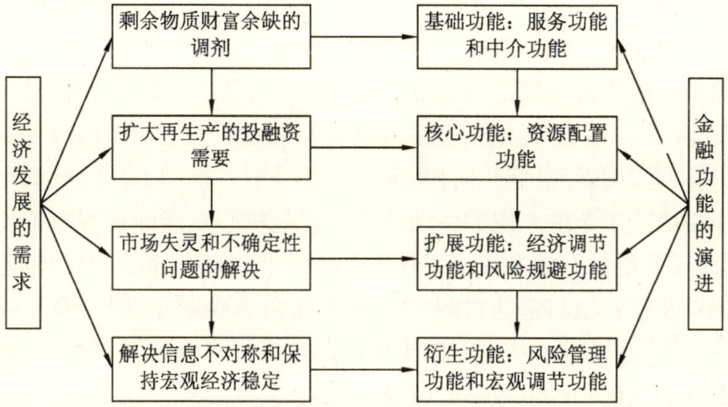

图 5-1　经济需求对金融发展的基础性决定作用

上述关于人类社会发展历史进程中经济发展的现实需要对金融发展(金融功能的演进)的拉动作用如图 5-1 所示。从金融功能演进轨迹的历史考察中可以发现,先是经济发展对金融提出了量性和质性需求,然后金融体系不断扩展和提升其功能来满足这种需求进而进一步促进经济发展。当然,金融系统的逐步丰富以及科学技术水平的不断提升也会诱致某些独立于实体经济需求之外的金融功能的出现,使得金融功能一定程度上能够伴随着金融系统自身的发展而演进,但总体而言,在经济与金融的相互作用关系中,经济发展对金融发展起着基础性决定作用,经济发达程度是金融发展的基础。只有当社会的经济技术水平发展到一定程度后,才会产生对某些金融功能的需求,也才能提供这些金融功能发挥作用的历史舞台。国家或区域可用的金融资源存量总是与其经济发展水平和制度政策环境等因素紧密相关,具有不以人的意志为转移的客观性。如果脱离实体经济发展的客观需求过度开发金融资源,则必然会带来灾难性的后果,对金融资源来说就意味着功能性高层金融资源即金融功能的破坏。

5.1.2　金融发展对经济发展的能动作用

一个国家或一个地区的经济发展中,资本问题是最关键的制约,而在金融因素对整个经济社会的渗透越来越广泛、经济货币化和经济金融化程度越来越高的当今时代,解决资本约束的最有效途径,离不开金融系统在资本形成中的聚合功效。同时,金融对经济发展还有显著的结构调整作用,并通过这种调整推动经济结构实现转型升级。因此可以说,在当今社会,金融在经济发展中处于举足轻重的核心地位。不同国家、不同区域之所以会呈现出较大的发展差异,尽管有许多历史的或自然的原因,但金融在其中扮演着极其重要的角色。金融发展能否改善一国的投资效率和质量,引导企业合理地进行投资,充分发挥储蓄—投资转化器的功能和作用,对一国经济长期增长和宏观经济调控至关重要[157]。在当今社会,金融发展对经济发展的能动作用或者说推动作用日益彰显,尤其在经济起飞阶段,金融甚至是第一推动力。金融对经济发展的能动作用依赖于金融系统的各项功能尤其是核心功能即资源配置功能的有效发挥,而其功能的有效发挥主要在于金融系统在动员储蓄、促进储蓄向投资有效转化以及投资项目选择过程中具备降低交易成本、降低风险和提供流动性[142]P275-277,[158]的特性,从而有助于促进资金借贷双方的互利交易,并因此带来资源配置的优化和经济效率的改进。

5.1.2.1 降低交易成本

交易成本是议定和执行金融交易所需花费的代价,它是资金盈余者和资金短缺者所面临的主要问题。例如,安排一笔贷款需要花费时间和金钱来议定交易条款,核实借款人的还款能力,草拟和执行贷款合同,等等。假设一家大企业决定筹集5亿元资金用于一项市场前景看好的投资,但是没有任何个人会愿意借出这么多钱。如果分别与成千上万不同的个人单独商议贷款,由于每个人为了保护自己的投资,都需聘请律师起草一份无懈可击的契约,因而每一笔交易都会发生一定的交易成本。该交易成本如果由贷款的个人自行承担,则贷款的个人可能因交易成本的存在而无法从这笔交易中赚取足够的收益,如果由借款的企业承担,则贷款的企业可能因一对多交易产生的巨大借款总成本而无利可图,因此结果只能是借贷双方的互利交易难以达成。由此可见,如果没有金融系统的支撑,交易成本可能会阻隔资金盈余者与资金短缺者之间的资金融通。有了金融系统的支撑,该企业则既可以通过向银行借款或在债券市场出售债券的方式融通到大笔资金,又可以避免巨额的交易成本。以向银行借款而言,一方面,银行具有降低交易成本的专业能力,因而能大幅降低交易成本;另一方面,由于银行集腋成裘,资金规模庞大,因此能够获得规模经济的好处,即随着交易规模的扩大,银行和企业一对一的借贷交易中平摊到每一单位货币的交易成本会减少。金融系统通过降低交易成本,使借贷双方达成互利交易,实现金融资源的有效配置,可以帮助总体经济获得更高的产量和效率。

5.1.2.2 降低风险

所谓金融风险(以下简称“风险”)是指投资者资产在未来发生损失或收

益的结果的不确定性。现实生活中的绝大多数人都是风险规避者，即他们通常认为一定量资金损失所造成的个人福利损失要比同等数量资金收益所带来的福利收益更大。一个功能良好的金融系统有助于人们通过风险分担来降低和规避风险，即金融系统可以帮助人们通过多样化的投资组合来降低风险。假设一个企业的所有者进行额外的资本设备投资需要一大笔资金，他可以通过自己的储蓄或者出售自己的住房来为这笔投资筹集资金，但是如果利润显著低于预期水平，他将会损失储蓄甚至住房。也就是说，他将暴露在高度的风险之下，这种风险源于企业未来经营状况的不确定性。金融系统有助于人们减少风险暴露。该企业的所有者可以通过金融系统向其他人出售企业的股份而不是出售自有资产来筹集所需的资金。在这种方式下，企业的所有者就可以通过投资的多样化来降低自己承担的总风险。他的储蓄可以保留在银行账户上，这是一项金融资产；他可以拥有房屋所有权，这是一项物质资产；他还拥有未出售的企业所有权，这也是一项物质资产。虽然这些资产都具有一定的风险，但资产组合的整体风险比其中任何单个资产的风险都要小，因而通过投资组合能够使得企业所有者降低遭受损失的总风险。这样，在利润低于预期水平时他可以减少自己的损失。当然，如果未来经营状况好的话，作为投资回报，股东也将从中分配到部分利润。另外，金融中介与个人投资者相比，它们在甄别贷款风险、防范由逆向选择造成的损失方面所具有的经验和方法更为丰富，在对贷款人进行监督从而使由道德风险造成的损失减少方面也更具专长，因而在解决资金借贷过程中的信息不对称方面具有极其重要的作用。

5.1.2.3　提供流动性

资产的流动性是指一项资产能够快速变现且其价值不会遭受损失的能力。金融系统的特性之一在于它能为投资者提供流动性。首先，金融中介机构的低交易成本意味着它能为其顾客提供流动性服务，这种服务能够使顾客比较容易地进行各种交易。比如，银行会为存款者提供支票账户或信用卡，这能使顾客很容易地支付各种账单以及购买各种商品和服务。其次，金融市场中的二级市场（重新出售原来发行过的证券的金融市场）能够增加金融工具的流动性，从而有利于证券发行企业在一级市场发行证券，筹集资金变得更加容易。

系统性能是系统功能的基础，金融系统所具备的降低交易成本、降低风险、提供流动性的特性，为金融系统适应经济发展的需要不断扩展和提升其功能提供了客观依据，使得金融系统在金融功能的扩展和提升中不断向前发展，从而不仅能为经济系统的有效运行提供量性金融资源供给，而且也可为经济系统结构的调整和优化创造出相应的质性金融资源供给。量性金融和质性金融的共同发展，使得金融既作为资源配置的对象、又作为资源配置的手段而在经济发展中发挥着极其重要的推动作用。以现代金融业三种主要类型的专业部门为例：银行业作为社会信用中介，通过吸收存款、发放贷款等经营形式，能够广泛集中社会闲散资金，有效克服信息不对称，从而优化社会资源配置，促进国民经济加快发展；证券业作为储蓄向投资转化的基础和重要渠道，通过证券市场的价格发现、信息传播以及资金的筹措，决定和影响着资源在行业间的流动与转移；保险业通过投保的形式实现闲置金融资源向保险机构流动与转移，并通过保险机构的有效运作克服要素市场的各种风险，从而为社会的稳定与国民经济的健康发展发挥着重要作用。

5.1.3 经济与金融相互作用关系的模型说明

从发展经济学的理论渊源来看，资本形成一直是经济增长的核心，发展经济学早期的“大推动”、“低水平陷阱”、“非均衡增长”、“结构性变革”、“金融深化”等研究，都强调通过一切手段提高资本形成以推动经济发展[159]。基于社会分工的需要，在人类社会经济发展进程中，金融资本逐渐从产业资本和商业资本运营体系中裂变出来①。金融资本一方面以货币资本形式参与产业资本和商业资本运动，具有职能资本的属性；另一方面又可以不直接参与生产和流通过程，而只是为这些过程提供储蓄、信贷、收付、结算、兑换等专业化、产业化的金融服务，因而具有非职能资本的属性。但无论非职能资本属性如何演变，金融资本裂变出来后成为高度专业化的金融部门始终离不开资本分工的本质要求，即：产业资本负责创造剩余价值，商业资本负责实现剩余价值，金融资本则为创造和实现剩余价值提供必要的信用条件[160]，各类资本之间的分工深化程度及其耦合状态决定着社会生产率的高低。因此，金融发展与经济发展之间的相互作用关系及其效果就可以通过金融资本与真实资本（产业资本和商业资本）之间的耦合关系加以分析。本书在王定祥等（2009）关于金融资本形成促进经济增长内在机制的分析框架基础上，通过引入反映资本配置效率的变量，对金融与经济如何在量性金融资源和质性金融资源的供求关系中提升资源配置效率加以分析。

假定：(1) 经济是封闭的，国民经济部门只有真实部门和金融部门，真实

① 这里的金融资本是金融部门营运资金的统称，因而与希法亭（1910）、列宁（1917）从“银行资本与工业资本的融合”角度所定义的金融资本概念不同。

部门①包括产业部门和商业部门。相应地，社会总资本 K 分为金融资本 K_f 和真实资本 K_r（即 $K=K_f+K_r$）。其中，真实资本分为产业资本和商业资本。并假设产业资本和商业资本之间的比例结构始终处于合理状态，即使不合理，也会通过竞争机制自动调节实现均衡。（2）技术进步中性，经济结构和规模经济均不变，资源自由流动，资本与劳动力等其他要素的结合处于最优配置状态。基于这些假定，如果再对经济增长中的劳动力施加容量限制，则在资源约束一定的条件下，社会总产出便取决于社会总资本在金融部门与真实部门之间的分配比例以及社会总资本的配置效率，即存在如下生产函数：

$$Y=\alpha F(K_r,K_f) \tag{5.1}$$

式(5.1)中，Y 代表社会总产出；K_r 代表真实资本存量；K_f 代表金融资本存量（量性金融发展的反映）；$F(K_r,K_f)$ 表示在现实资本结构和金融结构下，真实资本存量和金融资本存量充分利用时所能得到的理想总产出；$\alpha(0<\alpha\leqslant 1)$ 代表社会总资本的配置效率（质性金融发展对之发挥着重要的能动作用），由于现实中总会由于各种原因存在着资本闲置或资源错配，从而导致资本的利用效率降低，所以实际总产出 Y 一般总会小于理想总产出 $F(K_r,K_f)$，α 越大，表示社会总资本的配置效率越高，实际总产出越接近理想总产出。

由于规模经济不变，实际产出函数是一次齐次函数，且资本不存在异质性，因而，实际产出函数可变换为：

$$Y/K_r=\alpha F(1,K_f/K_r)=\alpha f(K_f/K_r) \tag{5.2}$$

令 $y=Y/K_r$，表示单位真实资本存量的实际总产出水平；$k=K_f/K_r$，表示金融资本存量与真实资本存量的比例。则实际产出函数可进一步变换为：

$$y=Y/K_r=\alpha f(K_f/K_r)=\alpha f(k) \tag{5.3}$$

进而有：

$$Y=K_r y=\alpha K_r f(k) \tag{5.4}$$

对(5.4)式中的 K_r 和 K_f 分别求偏导，则有：

$$Y'_{Kr}=\alpha f(k)-\alpha k f'(k) \tag{5.5}$$

$$Y'_{Kf}=\alpha f'(k) \tag{5.6}$$

假定资本的边际产出递减，则由(5.5)式和(5.6)式可知：当 $f'(k)>0$ 时，实际产出是金融资本存量的增函数；当 $f''(k)<0$ 时，表明金融资本存量的产出效应边际递减；当 $f'(0)=\infty$，即金融资本存量与真实资本存量比例很小时，

① 真实部门还应包含住户部门，但为了分析方便，这里不作考虑或将之融入到产业部门和商业部门中。

金融资本存量的边际产出效应很大；当 $f'(\infty)=0$，即金融资本存量与真实资本存量比例很大时，金融资本存量的边际产出效应则很小。

结合 Solow(1956)所提出的新古典经济增长理论模型的形式和性质，可由上述实际产出函数推导出如(5.7)、(5.9)、(5.10)式所示的关系和特征。

由 $k=K_f/K_r$ 两边取对数并分别求出各变量对时间的导数则有：

$$k'/k=K'_f/K_f-K'_r/K_r \tag{5.7}$$

假定 α 在短时期内保持不变，则由 $Y=\alpha K_r f(k)$ 两边取对数并分别求出各变量对时间的导数则有：

$$Y'/Y=K'_r/K_r+[k'f'(k)]/f(k)=K'_r/K_r+\{[kf'(k)]/f(k)\}(k'/k) \tag{5.8}$$

令 $n=K'_r/L_r$，表示真实资本存量的增长率；令 $\delta(k)=[kf'(k)]/f(k)$，表示金融资本的产出弹性。则将(5.8)式进行整理后可得：

$$Y'/Y-n=\delta(k)(K'_f/K_f-n) \tag{5.9}$$

令 $b=K'_f/Y$，表示金融资本增量占实际总产出的比例，则由(5.7)式可得：

$$k'=k(bY/K_f-n)=k[b(Y/K_r)(K_r/K_f)-n]=b(Y/K_r)-nk=\alpha bf(k)-nk \tag{5.10}$$

从(5.10)式可知，若 α、n 和 b 保持不变，则当 $k'=0$ 时，在 $K=K_f+K_r$ 的约束下存在金融资本存量与真实资本存量的合意比例 k^*，此时经济处于稳定的均衡增长状态。这是因为，当 $k<k^*$ 时，$K'>0$，(5.10)式为增函数，k 将随着金融资本增加速度的提高而上升；当 $k>k^*$ 时，(5.10)式为减函数，k 将随着金融资本增加速度的降低而下降，最终 k 稳定在合意比例 k^* 处。再由(5.7)式和(5.9)式可知，在 k 处于合意比例时，金融资本存量、真实资本存量和实际产出都将同速增长，即：$K'_f/K_f=K'_r/K_r=Y'/Y=n$。

经济的这种均衡增长状态可以用图 5-2 加以表示。在图 5-2 中，当均衡条件满足时，由(5.3)式和(5.10)式可以得到一条直线 $y=(n/b)k$，它与实际产出函数曲线 $y=\alpha f(k)$ 相交于均衡点 e^* 点，该点对应的 $k_t=k^*$，$y_t=y^*$。这表明，在资本配置效率 α 一定的情况下，处于一定发展阶段的经济体的真实资本存量及其结构，形成了对量性金融

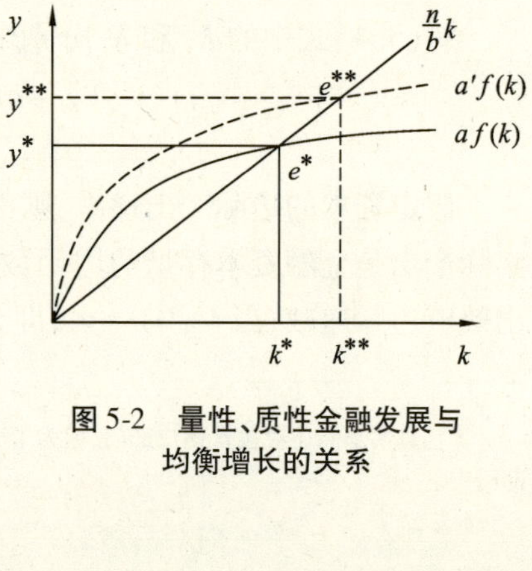

图 5-2　量性、质性金融发展与均衡增长的关系

发展的特定需求和质性金融功能的特定作用指向，如果金融系统的金融资本能以合意比例与真实资本相匹配，则经济能够达到稳定的均衡增长状态；同时，由图5-2进一步分析可知，如果金融系统的资源配置效率增强，使得资本配置效率由 α 增大到 α'，实际产出函数曲线变为 $y=\alpha' f(k)$，在 n 和 b 保持不变的情况下，新的均衡点为 e^{**}，此时单位真实资本的实际总产出水平 y^{**} 得到提升。这表明，金融系统资源配置功能的完善（即质性金融发展），可以有效促进社会生产率的提升。由此可见：一方面，处于一定发展阶段的经济体，其真实资本的存量及其结构形成了对量性和质性金融资源的特定需求，金融系统的量性与质性金融资源供给只有与真实部门的现实需求相适应，才能有效促进实体经济的发展，即经济发展对金融发展起着基础性决定作用。正如林毅夫等（2009）在研究中所指出的，一国经济在一定发展阶段的要素禀赋结构决定着该阶段具有比较优势的产业和技术结构的性质以及具有自生能力的企业的规模特征与风险特性，从而形成对金融服务的特定需求，只有与实体经济需求相适应的金融结构才是最优的；另一方面，金融系统自身的不断完善反过来又可以在其所具备的各项性能基础上，更好地激发出动员资金、配置资金的功能，从而在增进量性与质性金融资源供给的同时，能够有效提升真实资本的存量，优化真实资本的结构，进而促进资源的有效配置和经济效率的改进，即金融发展对经济发展具有能动作用。

当然，金融资本存量与真实资本存量合意比例的形成并使经济增长达到稳定状态仅是一种理论抽象，金融系统资源配置功能的完善也不可能一蹴而就。现实中，由于各种原因导致的经济发展与金融发展不同步、不匹配，会使得金融资本与真实资本经常偏离其合意比例，也会使得金融系统的资源配置功能得不到有效发挥。在这种情况下，由于金融资本与真实资本的运营体系相互独立，所以，如果市场完全竞争且不存在制度障碍或其他意外冲击，社会平均利润率规律一方面会在这两类资本间的相互转移中发挥支配作用，从而驱动两类资本向合意比例调整；另一方面也会使得金融系统能够充分发挥其引导真实资本由低效率部门向高效率部门转移的功能。以金融资本与真实资本相互间的转移为例，当金融资本相对不足时，真实部门就会因此丧失宝贵的投资机会，资本运营效率下降，而金融的滞后发展又会导致金融产品和服务的价格因供给不足而不断上升，金融部门的投资收益率因此提高。在没有市场准入限制下，金融部门超额利润的存在会使资本从真实部门流向金融部门，直至两类资本存量恢复到合意比例并使两个部门获得社会平均利润率；相反，资本则会从金融部门转向真实部门，直至两类资本达到合意比例并使两个部门获得社会平均利润率。市场完全竞争和不存在制度障碍等冲击只是一种理想状态，现实中由于政府过度干预、信息不完全、市场准入限制、全球金融危机冲击等因素的制约，金融资本与真实资本之间的相互转换以及金融系统资源配置功能的完善往往存在着诸多阻碍，从而极大地影响着经济与金融之间的协调发展关系。

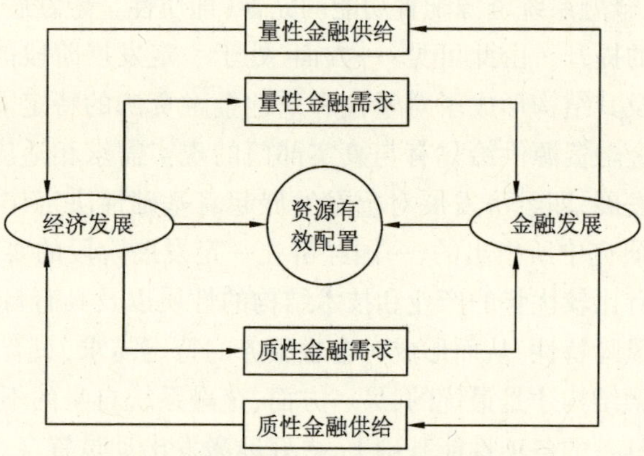

图 5-3 经济发展与金融发展的一般关系

5.1.4 结论与启示

上述关于经济发展与金融发展相互作用关系的分析可用图 5-3 加以表示。在经济货币化和金融化程度日益提升的当今时代，经济发展首先提出了量性和质性金融发展的现实需求，从而对金融发展起着基础性决定作用；而金融系统所具有的降低交易成本、降低风险、提供流动性的特性，使得金融系统能够适应经济发展的需要而不断扩展和提升其功能，从而为经济发展供给量性金融资源的同时，也通过质性金融资源的供给对经济的持续稳定发展发挥极其重要的能动作用。金融发展与经济发展正是在这种量性金融资源和质性金融资源的供求关系中相互影响、相互作用，共同推进资源的有效配置和经济效率的提升。

经济与金融之间的这种相互作用关系表明，金融功能是研究金融与经济相互作用关系的核心与关键。因为，从需求方面看，金融功能的扩展和提升受到经济发展现实需求的基础性决定作用，不同的经济发展战略和经济发展方式所提出的现实需求决定着金融功能的不同作用指向。例如，区域平衡发展战略的实施，会诱使金融功能偏向于支持以牺牲效率目标为代价的生产力平衡布局，区域不平衡发展战略的实施，又会导致金融功能的发挥一定程度上拉大了地区间差距，而区域非均衡协调发展战略的实施，则会引导金融功能在促进地区经济合理分工、优势互补、协调发展方面发挥重要作用。又如,在粗放型经济增长方式下,金融功能的发挥一定程度上起着助推"高投入、高能耗、高污染、低效益"型经济发展的作用,而在集约型经济增长方式下,金融功能的作用指向则相反;从供给方面看,金融功能又是金融系统性能的外化,而金融系统的性能不仅可以外化为金融系统的本征功能(即促进经济社会发展的作用、功效),而且在一定环境下也可能外化为金融系统的非本征功能(如过度投机导致经济金融秩序混乱),这就好比可以流动是水的性能,但水能载舟,亦可覆舟。金融功能在金融发展和经济发展中的供求决定因素启示我们,要通过经济发展与金融发展之间的良性互动实现资源的有效配置,不能就经济论经济,就金融论金融,而应从两方面共同推进,即:一方面要以正确的经济发展战略为指引,加快转变经济发展方式,优化调整经济结构,合理引导金融功能的作用指向;另一方面则要在科学利用金融系统性能的基础上,合理开发金融系统的本征功能,极力消除金融系统的负面功能。

5.2 系统耦合问题研究动态及其贡献

虽然国内外关于经济与金融关系的理论与实证研究已取得诸多进展,但目前从系统耦合视角对经济与金融相互作用关系的研究还较为少见。所以,这里首先对与经济系统有关的一些系统耦合问题的研究动态进行简要梳理,并揭示其主要思想和分析方法。

系统耦合原本是指一种物理现象,如由中国社会科学院语言研究所词典编辑室编写的《现代汉语词典(第5版)》中就将"耦合"一词解释为"物理学上指两个或两个以上的体系或两种运动形式间通过相互作用而彼此影响以至联合起来的现象。如放大器级与级之间信号的逐级放大量通过阻容耦合或变压器耦合;两个线圈之间的互感是通过磁场的耦合"。但随着系统科学的不断发展以及人们对系统问题认识的逐步提高,系统耦合如今已被广泛地应用于生物、地理、气象、社会、经济等众多其他学科。其中,与经济系统有关的系统耦合问题的研究主要包括:生态—经济系统的耦合、环境—经济系统的耦合、科技—经济系统的耦合、产业集群—区域经济系统的耦合、虚拟经济—实体经济系统的耦合以及金融—经济系统的耦合等等。这些已有的研究从不同侧面为利用系统耦合理论研究金融系统与经济系统之间的关系问题提供了理论与方法指导。

5.2.1 生态—经济系统耦合问题的研究

国内在生态系统领域较早系统研究系统耦合理论的学者是任继周，他在1989年探讨中国草地畜牧业的出路时就曾涉及这一概念，强调如以草地畜牧业为基础，与农田、城市系统结合则能表现可喜的耦合效益[161]。1994年，他又在荒漠—绿洲草地农业生态系统的研究中，正式提出了系统耦合的通俗化概念及其理论基础，他指出："两个或两个以上性质相近似的生态系统具有互相亲合的趋势。当条件成熟时，它们可以结合为一个新的、高一级的结构—功能体，这就是系统耦合。"同时他还指出，任何系统其非平衡态是绝对的，平衡态是相对的、偶存的，系统耦合的驱动力来自于非平衡态系统自由能的积累，自由能积累造成的位差势能，在一定条件下会促使生态系统延伸或扩大，并使得不同的生态系统会聚(Convergence)成新的、较高层的生态系统(可简称为耦合系统)，这个具有新质的较高层的生态系统，并不是原系统量的增大，而是在能的驱动下形成新的能流、信息流及物质循环(这个循环称为超循环)，从而产生一个重要现象，即生态系统的进化。由此他认为，从自由能的积累到不同生态系统的会聚又到超循环的形成构成了生态系统的耦合，而系统的非平衡态和作为超循环驱动力的自由能又是普遍存在的，因而系统耦合的可能性也是普遍存在的；系统耦合的一般意义在于它能够使得系统内部的催化潜势、位差潜势、多稳定潜势及管理潜势得以充分发挥，可以使得耦合系统所包含的各组分之间的功能相互补充，进而显著提高系统的生产力水平[162]。在任继周等学者的研究成果基础上，董孝斌等(2005)还以农牧交错带为例，运用能值分析理论，探讨性地提出了农牧生态经济系统内种植业和畜牧业两个相互关联子系统耦合度的概念化公式[163]。

有关生态—经济系统耦合问题的研究，是国内较早地将系统耦合理论运用于物理学科以外领域的有益探索，这些关于自由能积累造成的势能位差(或称为生态系统的非平衡态)促使生态系统在延伸或扩大过程中实现耦合的论述，不仅揭示了生态—经济系统耦合的动力机制以及生态—经济系统耦合对解放生态系统生产潜力所具有的重要意义，而且也为人们研究社会经济发展中广泛存在的各种系统耦合现象提供了一定的理论依据。

5.2.2 环境—经济系统耦合问题的研究

环境—经济系统的协调发展问题是随着可持续发展思想的逐步深入人心而日益受到学者的重视和关注的。国内学者杨士弘(1994)[164]、廖重斌(1996)[165]在对协调、发展以及协调发展3个概念的定义进行界定后指出，协调是两种或两种以上系统或系统要素之间的一种良性相互关联，是系统之间或系统内要素之间配合得当、和谐一致、良性循环的关系；发展是系统本身的一种演化过程，是指系统或系统组成要素本身从小到大、从简单到复杂、从低级到高级、从无序到有序的变化过程；而协调发展则是协调与发展概念的交集，是系统或系统内要素之间在和谐一致、配合得当、良性循环的基础上由低级到高级，由简单到复杂，由无序到有序的总体演化过程，是多系统或多要素在协调这一有益的约束和规定之下的综合发展。在协调发展的运动过程中，发展是系统运动的指向，协调则是对这种指向行为的有益约束和规定，协调就好比是水管，它不仅要让自来水流动，而且要使其沿着水管延伸的一定方向流动。在此基础上，他们通过设计综合效益函数，构建了反映环境系统与经济系统协调状况和协调发展状况的协调度和协调发展度模型，并给出了相应的分类体系和评判标准。吴跃明等(1996)也指出，协调度指的是系统之间或系统要素之间在发展过程中彼此和谐一致的程度，体现了系统由无序走向有序的趋势，系统走向有序的机理不在于系统现状的平衡或不平衡，也不在于系统距平衡态多远，关键在于系统内部各子系统间相互关联的“协同作用”，它左右着系统相变的特征和规律。进而他以环境与经济协调发展为指导思想，结合协同论的观点，在功效函数的基础上，利用多目标优化技术，建立了环境系统与经济系统的协调度模型[166]。另外，黄金川等(2003)[167]、刘耀彬等(2006)[168]模仿物理学上的耦合概念，将“城市—生态环境耦合”定义为城市与生态环境两个系统通过各自的耦合元素产生相互作用彼此影响的现象，并在功效函数的基础上，构建了城市化与生态环境之间的耦合度模型，分析了中国城市化与生态环境之间的交互耦合机制以及耦合度的时空分布。熊鹰等(2007)[169]基于城市人居环境与经济协调发展中不确定性因素的广泛存在，将模糊数学方法和传统评价方法相结合，提出了一套城市人居环境与经济协调发展的综合评价方法与模型，并利用该方法对长沙市进行了实证研究。董会忠等(2008)则将耦合理论和多目标灰色层次分析法相结合，构建了区域经济系统与环境系统的耦合度模型，并以西安为例对环境承载力影响因子的协调程度进行了定量分析[170]。

国内关于环境—经济系统耦合问题的研究成果相对较多，其主要贡献在于，相关学者较早地在设计综合效益函数或功效函数的基础上，构建了测度系统耦合过程中系统或要素之间协调状况和协调发展状况的协调度模型与协调发展度模型及相应的评判标准，这为人们研究社会经济发展中的系统耦合问题提供了较好的可资借鉴的实证分析工具。同时，近年来相关学者在研究中所使用的模糊数学和多目标灰色层次分析方法也使得研究系统耦合问题的分析工具渐趋丰富。

5.2.3 科技—经济系统耦合问题的研究

知识经济时代的到来，使得科技与经济的协调发展问题受到了学者们的高度重视。吴寒光较早地以发达国家的发展历史为参照，对科技、经济与社会发展三者之间的辩证统一关系进行了阐述[171]。孟庆松等（1998）从系统科学的角度指出，科技—经济系统构成要素的多元性、相互关联的动态性与多样性，决定了它是一个一个复杂系统，单纯的定性分析不足以从总体上把握该系统的行为特征与功能特性。为此，他们以科技—经济系统的协调问题为研究对象，在功效函数的基础上，通过合理选择反映科技系统和经济系统发展质量的序参量，建立了科技—经济系统协调度模型，并利用它进行了实际案例研究和仿真运算[172]。张利华等（2005）对国内县域科技进步与经济发展的协调性问题进行了深入探讨[173]。张仁开等（2007）则通过对大陆各省区的科技与经济发展的协调性进行聚类分析，揭示了科技与经济发展协调性的空间分异规律[174]。刘满凤（2008）认为地区科技与经济协调性研究的主要内容包括协调性概念的界定与特征描述、协调性的判断与评价、协调性的预警研究以及促进地区协调性的对策与措施等四个方面，并利用数据包络分析方法（DEA）实证分析了境内各地区科技系统对经济系统的推动效应及经济系统对科技发展的支撑效应[175]。殷林森（2010）以上海市1997—2006年科技经济系统的数据为依据，在利用主成分分析法对科技子系统与经济子系统的综合发展水平进行评价的基础上，分别从静态和动态的角度构建了复杂系统的协调度模型和协调发展模型，并设计了相应的协调度评判依据[176]。

虽然有关科技—经济系统耦合问题的一些研究成果中，主要借鉴了环境—经济系统耦合问题研究中的分析方法，但也有不少研究成果在分析方法的运用上取得了一些新的突破。如聚类分析、数据包络分析、主成分分析等方法的运用，为评价系统耦合过程中子系统或要素之间的协调度和协调发展度提供了新的思路。

5.2.4 产业集群—区域经济系统耦合问题的研究

产业集群已经成为当代经济发展中的一个普遍现象，围绕产业集群与区域经济发展之间耦合问题的研究也逐步开展起来。李欣燃（2004）在指出产业集群与区域经济体系的诸要素之间存在紧密耦合关系的基础上，模仿物理学上的耦合概念，将产业集群与区域经济系统通过各自的耦合元素产生相互作用而彼此影响的现象定义为产业集群—区域经济系统的耦合，并从区位空间耦合、目标耦合、资源要素耦合、创新体系耦合、政策制度耦合等5个方面，定性地指出了产业集群与区域经济之间的互动与有机联系关系[177]。吴勤堂(2004)从产业集群与区域经济增长的耦合、产业之间特有的关联性与产业集群的耦合、地方特色产业集群与区域优势的耦合、产业集群与区域经济结构调整与升级的耦合、产业集群与区域资源整合的耦合、产业聚集与所在区域信息业的耦合、产业集群区域技术进步与技术创新的耦合、产业集群同区域市场运行效率的耦合、产业集群与区域经济开放程度的耦合、产业集群同区域经济的负效应的耦合等10个方面,阐述了产业集群与区域经济的耦合机理,并从完善政府政策、发挥行业协会作用、扩大科技教育投入、重视生态环境保护等方面提出了实施产业集群战略与区域经济发展耦合的对策建议[178]。王琦等(2008)也结合物理学中的耦合概念,将产业集群—区域经济空间耦合定义为产业集群与区域经济空间两个系统通过各自的耦合子系统产生相互作用彼此影响的现象,同时指出,产业集群与区域经济空间的耦合关联主要是产业集群的三个关键子系统(产业集群的技术创新体系、产业集群的内部网络系统、产业集群的演化系统)与区域经济空间的三个主要子系统(区域创新体系、区域网络系统与区域经济发展系统)之间相互作用、相互制约而形成的,在此基础上,他们结合功效函数,运用复杂适应系统的分析思路,构建了产业集群—区域经济空间系统的耦合度模型和耦合协调度模型,并从4个方面指出了产业集群与区域经济空间耦合而产生的区域经济系统涌现性,即区域经济利益的涌现、区域创新能力的涌现、区域竞争力的涌现和产权优势的涌现[179]。

有关产业集群—区域经济系统耦合问题研究的主要贡献在于,相关学者已经开始深入到系统内部从系统结构以及子系统的相互作用关系角度探求与经济系统相关的有关系统耦合问题的内在机理。

5.2.5 虚拟经济—实体经济系统耦合问题的研究

作为市场经济高度发达的产物,虚拟经济①已经成为现代市场经济不可或缺的重要组成部分。而以金融部门脆弱性和危机性为代表的经济波动,促使人们开始广泛而深入地研究虚拟经济与实体经济两种经济形态之间的关联途径及其耦合机理。李晓西等(2000)认为,虚拟经济和实体经济是相对独立的两个经济范畴,二者之间是相互依存、相互制约的:一方面,虚拟经济的产生源

① 国内译为虚拟经济的概念主要有两种含义:一是指与虚拟资本有关的、以金融系统为主要依托的循环运动的经济活动(Fictitious Economy),通俗地讲,就是以钱生钱的活动;二是指以信息技术为工具所进行的经济活动(Virtual Economy),也有人称之为数字经济或网络经济。本书所讲的虚拟经济指的是前者。

于实体经济发展的内在需求，实体经济是虚拟经济存在和发展的基础，无论虚拟经济发展多快、规模多大，其根本都是为实体经济服务的，没有实体经济，则虚拟经济将无从谈起，即实体经济是第一性的，虚拟经济是第二性的；另一方面，实体经济的正常运转和快速发展，又离不开虚拟经济的支持，虚拟经济中的货币、资金、电子货币、股票、债券等金融工具，已经渗透到实体经济的各个环节，实体经济的发展、经济机制运行效率的提高，均与虚拟经济的扩张发展密切相关，虚拟经济的适度发展对实体经济的发展具有巨大的推动作用，但虚拟经济过度膨胀又会导致泡沫经济，从而对实体经济发展造成巨大危害[180]。成思危(2003)从系统科学的角度指出，虚拟经济是与实体经济相对应而在经济系统中存在的经济活动模式(包括结构及其演化)，实体经济是经济中的硬件，虚拟经济是经济中的软件，它们是互相依存的，在对虚拟经济的运动和发展规律的研究中，最重要的就是要研究虚拟经济与实体经济之间的相互作用和相互影响[181]。杜厚文等(2003)在考察虚拟经济与货币经济、金融经济、实体经济等的关系基础上指出，虚拟经济和实体经济犹如现代经济的两个车轮，缺一不可。[182]刘金全(2004)在将虚拟经济和实体经济两种经济形态的描述和度量分别转化为具有明确依托和表象的名义经济和实际经济的基础上，通过向量自回归模型(Vector Auto Regression，VAR)对虚拟经济与实体经济在规模和活性上的相互作用和相互影响关系进行了计量检验，并得出结论认为，虚拟经济对实体经济的规模和增长具有正向作用和影响，同时，实体经济对虚拟经济也具有显著的反馈影响[183]。袁国敏等(2008)将虚拟经济—实体经济系统耦合定义为实体经济与虚拟经济两个系统通过各自的耦合元素产生相互作用彼此影响的现象，并运用耦合协调理论和灰色关联模型对中国虚拟经济和实体经济发展的协调性进行了定性与定量研究，认为由于经济增长会引起产业结构、经济结构以及就业结构的变化，从而改变对虚拟经济的作用方式，因此实体经济对虚拟经济具有胁迫效应，同时，虚拟经济对实体经济也有胁迫效应，虚拟经济只有适度发展才会促进实体经济的发展，反之则会阻碍实体经济的发展[184]。

虚拟经济虽然并不完全等同于金融，比如金融系统所提供的很多金融服务就不属于虚拟经济的范畴，但虚拟经济毕竟与金融有着很大的交叉和重叠，因此，有关虚拟经济—实体经济系统耦合问题的研究成果，不仅在很大程度上揭示出了金融系统与经济系统之间相互作用、相互制约的关系，而且也为金融—经济系统耦合问题的研究提供了较为直接的分析思路。

5.2.6 金融—经济系统耦合问题的研究

自从戈德史密斯提出金融发展的最初概念以来，金融与经济之间的关系日益受到国内外学者的重视，并已取得了较为丰硕的研究成果。但总体而言，从系统耦合视角对经济与金融关系的研究起步较晚，研究成果也相对较少。目前，国内在这方面的研究成果主要有：蔡则祥等（2004）以江苏省为例，从中观和微观层面定性分析了县域经济和县域金融的耦合问题，指出县域经济和县域金融的耦合是县域经济和县域金融两个系统相互影响、互动发展的现象，其实质就是县域范围内经济结构与金融结构的耦合，而县域经济与县域金融系统的开放性质则是导致县域经济与县域金融耦合的内在机制[185]；河北省金融学会课题组（2005）通过理论分析指出，金融与经济的协调性指的是二者之间的配合程度或适应程度，它是经济正常运行和可持续发展的基础条件，由于金融与经济的关系的一个共同点是通过融通资金建立起来的，因此金融与经济的协调性可以通过货币供求关系的总量协调性和结构协调性加以集中反映[186]；谭玉成（2009）运用物理学中的耦合理论，在功效函数的基础上，通过构建耦合度和耦合协调度模型，对1995—2007年环渤海经济圈金融产业集聚和区域经济增长之间的耦合关系进行了实证分析，认为该地区金融产业集聚与区域经济增长之间的耦合度总体上呈现出上升的趋势，已由低水平耦合阶段过渡到了当前中度耦合的磨合阶段[187]；邓奇志（2011）认为，所谓实体经济系统与金融系统之间的协调指的是两个系统之间和谐、适配的良性状况，它是国家或地区金融效率高低的重要决定因素。同时，他在借鉴杨士弘（1994）、廖重斌（1996）等所构建的环境—经济系统协调度和协调发展度模型基础上，建立了金融—经济系统协调度和协调发展度模型，并利用2000—2008年的有关数据对中国各区域的金融效率进行了实证分析，进而对中国西部地区如何通过提升金融与经济系统的协调发展水平来提升该地区的金融效率水平提出了相应的对策建议[188]。

虽然从系统耦合视角对金融与经济关系问题的研究才刚刚起步，相关理论构建和分析方法的运用还很不成熟，但它毕竟已为如何通过推进经济系统与金融系统之间的相互协调以获得最好的资源配置效率开辟了一条新的研究路线。

5.3 城市群经济与金融系统耦合的基本理论

结合经济与金融间的相互作用关系以及系统耦合理论的已有研究成果，本书尝试对城市群经济与金融系统耦合的概念、意义、机理等基本理论加以初步探讨。

5.3.1 城市群经济与金融系统耦合的概念

从现有的与经济系统有关的系统耦合问题研究中可以发现，大多数学者对有关系统耦合概念的界定都是模仿物理学上的耦合概念，将相关领域的系统耦合定义为两个系统通过各自的耦合元素（或耦合子系统）产生相互作用彼此影响的现象；也有少数学者在任继周等（1994）所提出的系统耦合的通俗化概念基础上，进一步将其理论化和科学化，并将其概括为：系统耦合是指 2 个或 2 个以上的具有同质耦合键（性质相似）的系统，在一定的条件下，通过能流、物流和信息流的超循环，形成新的高级系统——耦合系统的系统进化过程[189]。

由于金融系统是与实体经济子系统相对应的经济系统的子系统，因此城市群经济系统与金融系统之间的相互作用关系实质上指的是城市群经济系统中实体经济子系统与金融子系统之间的相互作用关系。同时，按照地区维度划分，城市群实体经济子系统由城市群内众多的城市实体经济子系统构成，相应地，城市群金融子系统也由一个个城市金融子系统构成，因此，城市群实体经济子系统与金融子系统之间的相互作用，不仅体现为各城市自身的实体经济子系统与金融子系统之间的相互作用，还体现为各城市间实体经济子系统的一体化发展状况与金融子系统的一体化发展状况的互动协调。由此，综合已有研究，本书将城市群经济与金融系统耦合的概念定义为：一体化发展的城市群实体经济子系统和金融子系统在促进资源有效配置过程中，通过能流、物流和信息流的超循环，产生相互作用彼此影响以至形成高级系统——城市群实体经济与金融耦合系统的系统进化过程（可用图 5-4 加以表示）。图 5-4 表明，城市群经济与金融系统的耦合表现为一体化的金融子系统和一体化的实体经济子系统，通过金融资源的供求关联而相互作用、彼此影响，最终实现城市群整体资源的优化配置和城市功能的合理分工。

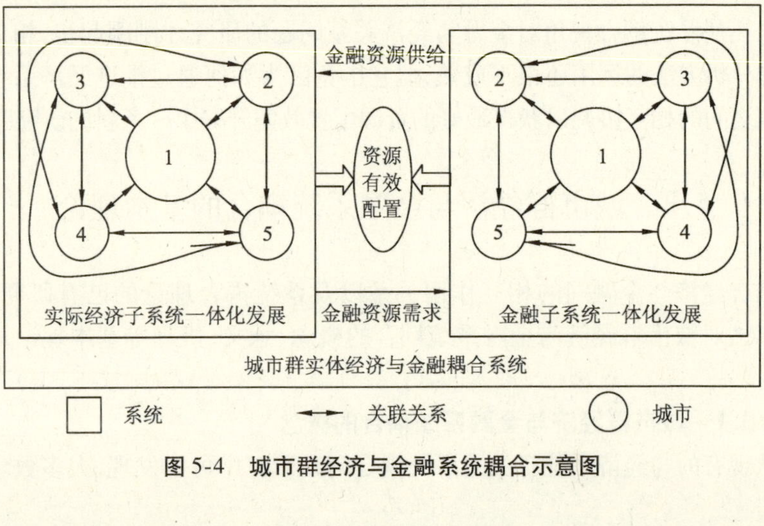

图 5-4　城市群经济与金融系统耦合示意图

5.3.2 城市群经济与金融系统耦合的意义

系统耦合的一般意义就在于可以充分发挥不同子系统的优势，提高系统内部资源的利用效率，进而提升系统的总体产出效益[190]。城市群实体经济子系统与金融子系统的耦合可以强化城市群经济系统的整体功能，放大系统的整体效益，从而显著提升系统的生产力水平。具体表现在以下两个方面：

1. 加速推进城市群一体化发展进程

城市群地域系统的形成发展过程既是市场经济条件下微观经济主体的自组织过程，又是地方政府在利益博弈基础上制度变迁的他组织过程，所以不仅要从规模分布、空间结构等层面去理解城市群的演化特征，而且要从子系统关联关系层面，尤其是要从区域一体化的视角去理解城市群的形成与发展过程。虽然城市群通常是跨行政区的地域组织形式，但它并不是一个行政功能的城市集合体，而是一个经济功能的城市集合体，它是经济发展到一定阶段的产物，其形成和发展的本质是区域一体化过程在城市群地域空间的逐步落实。区域一体化是一个综合概念，既包括经济领域，也包括社会、文化、生态、环境等领域。其中，经济一体化①是区域一体化的重要基础。各城市内部以及各城市之间基于企业区位选择、产业间分工、产业内分工以及产业集聚扩散所形成的渐趋紧密的产业分工与协作网络体系，不仅使得各城市能够在市场一体化和功能一体化逐步完善的基础上获得自身的比较利益，而且可以在协同效应基础上使得各城市结为一个整体从而实现城市群协同利益最大化。因此，城市群经济一体化发展的动态过程可以概括为：城市群是在经济主体区位选择的基础上，通过产业部门结构和空间结构的不断优化，逐步实现区域市场一体化和城市功能一体化，并在此基础上达到城市间利益的协同化，最终实现区域联动和一体化发展[191]。

从城市群经济一体化发展的动态过程可以看出：一方面，城市群经济一体化发展离不开产业部门结构和空间结构的优化调整，这种调整必然会引起城市群实体经济发展对质性和量性金融资源需求的动态变化，如果城市群金融

---

① 《新帕尔格雷夫经济学大辞典(第二卷)》(北京：经济科学出版社，1996，第45页)中指出：在日常用语中，一体化被定义为把各个部分结为一个整体，但在经济文献里，“经济一体化”这个术语却没有这样明确的含义。对于不同国家之间的经济一体化，既被定义为一个过程，又被定义为事物的一种状态。作为一个过程，它包含着旨在消除不同国家经济单位之间的歧视；作为事物的一种状态，它表示各国经济之间不存在各种形式的歧视。据此理解，城市群地域空间范围内的经济一体化，作为一个过程，它包含着旨在消除不同城市经济单位之间的壁垒；作为事物的一种状态，它表示各城市经济之间不存在各种形式的壁垒。

系统能够适应这种变化并提供适度的质性和量性金融资源，城市群经济一体化发展过程就会较为顺利。相反，如果由于种种原因，城市群金融系统不能很好地满足实体经济发展的现实需要，则会阻碍城市群经济一体化发展进程；另一方面，城市群经济一体化发展离不开区域市场一体化和城市功能一体化。区域市场一体化不仅包括区域商品市场一体化，还包括金融市场、土地市场、劳动力市场、技术市场、信息市场等生产要素市场的一体化。其中，金融市场一体化是指城市群内各城市间要素流动壁垒不断消除、金融市场渐趋融合、金融资源日益优化配置的过程。城市群的功能一体化是指在市场一体化的基础上，特别是随着城市产业分工的不断深化与专业化，各城市分别形成了基于比较优势和资源禀赋优势的互补性主导产业，从而在城市群地域范围内形成了城市分工合理、功能优势互补的城市群整体功能格局。其中，各个城市金融产业成长的差异性，使得城市群金融系统逐步演化为分工明确、彼此关联的金融等别城市结构，各金融等别城市在发挥各自金融功能的基础上保持着协调和联动发展的合力效应。结合前述关于金融发展对经济发展具有能动作用的分析可知，城市群金融市场的一体化发育程度和金融等别结构的完善程度，对城市群市场一体化和功能一体化有着重要影响，并因此成为城市群经济一体化发展的重要制约因素。从上述两个方面的分析可知，城市群经济与金融系统的耦合有利于加速推进城市群经济一体化发展进程。

2. *有效提升城市群的资源配置效率*

资源就其本义而言一般是指自然资源（可称为狭义资源），但在当今的经济学研究中，资源一词的使用及其涵义已经泛化，凡是能够影响经济发展且具有相应经济价值的因素如制度、资金、技术等都可称之为资源（这种泛化的资源概念可称为广义资源）[192]。此处所讲的资源即是指广义的资源概念。关于效率的表述方式颇多，有两种观点能够帮助我们认识效率的本质和内涵。其一是 P. R. Gregory 和 R. C. Stusrt（1985）提出的效率概念，他们认为，所谓效率指的是一个经济系统在特定时点（静态效率）或在一定时期内（动态效率）对可获得的资源的有效利用[193]；其二是 Paul A. Sumuelson 等（2001）提出的效率概念，他指出，效率是指最有效地使用社会资源以满足人类的愿望和需要[135]P2。由此可见，经济效率的本质是资源的最有效配置，它主要用来反映资源投入与经济运行成效之间的关系。资源配置效率及其帕累托改进不仅对以企业为核心的城市群微观经济活动主体的经济绩效和区位选择产生影响，而且也决定着城市群经济系统的整体运行绩效。因此，资源配置优化与否是城市群经济系统运行绩效的重要评判标准。

生产效率是总体经济效率的一个重要方面，因此我们可以利用生产效率的实现及其变动来揭示城市群经济与金融系统耦合对提升资源配置效率的意义。生产效率的高低通常可用生产可能性边界（Production Possibility Frontier, PPF）来反映。所谓生产可能性边界，是指在技术知识和可投入品数量既定的条件下，一个经济体所能得到的最大产量，它代表可供社会利用的物品和劳务的不同组合[135]P7。为了讨论方便，假设经济体只生产两种经济品（产品 1 和产品 2），则 PPF 可用图 5-5（a）加以表示。

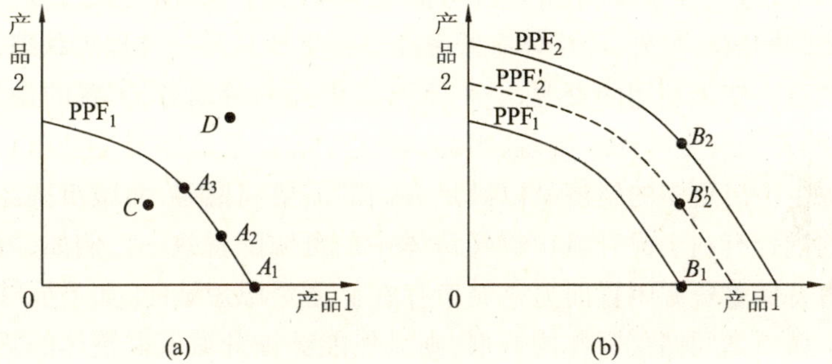

图 5-5　生产可能性边界与经济体的资源配置效率

图 5-5（a）中，连续平滑的曲线 PPF_1 即为生产可能性边界，它表示经济体技术状况和投入数量既定时所能生产出的最大数量的可供社会利用的两种经济品的所有不同组合，该边界上所有的组合点（如 A_1、A_2、A_3 点）都表示经济体在有效率地进行生产，不同的组合点则表示经济资源从一种产品组合换成另一种产品组合时两种经济品之间的替代关系；该边界之外的点（如 D 点）是现行技术和投入所达不到的产出；该边界之内的任何一点（如 C 点），则表明经济尚未达到有效率的生产。如果经济体（如城市群）处于充分就业状态，PPF 上不同经济品产出之间的替代关系实质上意味着人们可以选择各种不同的生产结构，当然，能否按照某一生产结构有效率地组织生产，还受到该经济体经济与金融系统耦合状况等多种因素的制约。假设产品 1 为消费品、产品 2 为资本品，投资之前的初始条件如图 5-5（a）中的 PPF_1 所示，城市群经济系统的生产结构或者说两种经济品的投资比例可以有 A_1、A_2 等多种不同的选择，如果城市群金融系统分别能够提供与 A_1 或 A_2 生产结构相匹配的量性与质性金融资源，则若干年后其生产可能性边界分别如图 5-5（b）中 PPF_1 或 PPF_2，相应的经济品的组合分别为 B_1 点或 B_2 点。从中可以看出，按 A_2 生产结构组织生产，并在金融系统功能相匹配的情况下，随着时间的延续，生产可能性边界可以远远

地向外推移，而按 A_1 生产结构组织生产，其生产可能性边界将不会发生移动，这说明对未来投资较多时城市群经济能够更快地增长，并将拥有更多的资本品和消费品。但如果城市群金融系统不能提供 A_2 生产结构所需的足量的金融资源使得生产中一部分资源因闲置而得不到充分利用时，则若干年后其生产可能性边界只能达到如图 5-5(b) 中 PPF_2'(相应的经济品的组合为 B_2' 点)，即生产可能性边界外移的幅度将减小。由此可见：一方面，经济系统组织生产的不同结构或者说对不同经济品的投资比例对金融发展以及经济效率起着基础性决定作用；另一方面，城市群经济与金融系统的耦合状况对经济效率的提升有着重要的影响。另外，经济体有效率地进行生产只是一种理想状态，现实社会总会拥有一些未利用的资源，它们常常以失业的劳动者、闲置的设备、废弃的土地、闲置的资金等形式出现，因此，现实中的效率是指要尽可能地利用该经济资源生产出更多的经济品以满足人们的需要和愿望，而城市群经济与金融系统的耦合有利于提升城市群经济体中的资源配置效率。例如，城市群内某一城市有储蓄资源闲置而另一城市存在储蓄资源短缺时，如果能够有效地实现两个城市之间储蓄资源的调剂，则显然能够提升城市群整体的资源配置效率。

5.3.3 城市群经济与金融系统耦合的理论假说

城市群经济系统和金融系统分别是劳动地域分工规律支配下经济地域运动和金融地域运动落实到城市群这一共同地理空间所形成的复杂巨系统，因此，对城市群经济系统和金融系统耦合关系的分析，不能仅仅将之作为经济与金融的一般关系去理解，还应运用地理思维，从经济地域运动和金融地域运动相互影响的视角，去深刻认识和把握两大系统之间的相互制约、相互促进的耦合机理。

5.3.3.1 城市群经济系统对金融系统演进的需求拉动假说

城市群经济系统和金融系统之间有着密不可分的联系。这里首先从经济地域运动对金融地域运动的影响视角，分析城市群经济系统在城市群金融系统的形成、发展中所起的作用。经济地域运动理论以条件要素为其分析的逻辑起点，并遵循着“条件要素—空间结构—系统类型”[87]P15-16的研究思路。按照这一思路，我们可以认识到，不论是何种结构或何种类型的城市群经济系统，都是区域发展环境和条件的根本写照。在劳动地域分工和经济地域运动规律的作用下，城市群内各城市经济子系统由于在区位条件、自然资源、历史传承、行政定位、发展基础等方面互不相同从而在发展中呈现出不同的规模、结构和职能，并因此使得城市群经济系统形成特定的规模结构、职能结构和空间结构。经济地域运动理论同时指出，非均衡运动是经济地域运动的总规律，它又是通过梯度推移规律、集中与分散规律、区域整体演进规律和经济地域一体化规律等具体规律而表现出来[87]P62-63。因此，从协同学原理来看，在经济地域运动规律的支配下，城市群经济系统内规模不同、结构有别、职能互补的各城市经济子系统之间通过非线性相互作用，相互补充结合，就能产生特定的自组织结构，表现出一种有序状态，并通过要素流的空间相互作用产生凝聚力、协同力，形成一种较强的整体效应。

结合经济地域运动理论以及前述关于经济对金融的基础性决定作用分析可知，一方面，城市群内各城市经济子系统在规模、结构上的差异，决定了它们在动员、吸纳、传输、引导、配置、开发金融资源上也各有不同的能力，进而导致城市群内金融产业成长的空间差异。例如，各城市收入水平、产业结构等的差距往往使其经济主体在投融资观念、储蓄偏好、资金需求规模上不尽相同，在这种情况下，金融机构就会采取市场细分策略，即根据各城市的市情实际来布局机构网点和确定业务种类。同样，各城市经济子系统发展状况的不同，也会使得各城市在金融市场的设置类型上存在差别，即使有些城市的金融市场设置类型相同，但其规模、业务种类、分布密度及地域影响范围等也会千差万别。由此可见，城市群内各城市经济子系统发展规模和结构的差异，为金融产业提供了差异化的成长空间，进而导致城市群内各城市金融职能的城际分工，随着这种分工的不断深化，各城市逐次演进为金融支点、金融增长极和金融中心等城市类型，分别处于不同的金融等别，发挥着不同的金融功能。另一方面，城市群内各城市经济子系统之间的合理分工与一体化发展，又会引导各城市金融子系统在市场细分的基础上，相互衔接，互为补充，信息共享，即城市群经济系统一体化发展中所形成的人流、物流、能源流、技术流、信息流等的跨地区往来，相应地会提出金融资源跨地区流动和高效率配置的现实需求，从而引导各城市金融子系统在空间相互作用中不断扩大金融资源的可分配界限，使城市群金融系统形成相互衔接、协调统一的金融市场体系，进而提高城市群金融系统的整体运行效率。

5.3.3.2 城市群金融系统对经济系统演进的供给推动假说

金融地域运动理论在借鉴经济地域运动理论研究思路的基础上，又结合金融地理学理论的逻辑路径“空间差异—空间过程—空间相互作用”[194]，形成了“空间差异—空间运动过程—空间组织形式（金融地域系统的形成）—空间相互作用”的研究思路，并认为金融一体化是金融地域系统的发展规律[64]P2-4。按照金融地域运动理论的研究思路及其所总结的规律对城市群金融系统进行分析可知,城市群金融系统作为金融地域运动与城市群具体地域条件紧密结合而成的相对完整的金融地理空间,无论是其生成机理、运行规律、发展模式,还是其系统的特征、结构、功能与类型,都和城市群经济系统有着较大的区别,它并不是简单地依附于、内生于、决定于城市群经济系统,而是具有一定的独立性。在经济金融化趋势日益显著的当今时代,城市群金融系统所提供的各层次的金融资源已经成为城市群经济系统运行的核心性、主导性和战略性因素。

金融地域运动是经济地域运动在金融领域的深入与拓展,不可避免地受到地域区情的左右[64]P50。城市群经济系统内各城市经济子系统发展的不平衡,决定了金融资源在城市群地域的存在和分布表现出非均质的特点。各城市金融子系统金融资源禀赋的这种初始差异,催发了金融资源在城市群内不同部门、不同城市之间的地域运动,进而影响着城市群经济系统结构的调整和变迁。城市群内金融资源地域运动极具重要的价值不是体现在城市群金融系统自身的产值贡献,而是通过引导其他资源流动、提升资源配置效率进而优化城市群经济系统的结构和功能。

以货币资金为例,货币资金是影响城市群经济系统正常运行的基础性核心金融资源,城市群地域范围内社会财富的分配格局以及各城市经济子系统的运行状态,制约着各城市货币资金的原始积累能力和供给力度。货币资金的再投入水平又影响着各城市经济结构的调整以及经济发展状态的改善,进而决定着城市群经济系统内货币资金的形成能力、投入产出效益乃至货币资金的有效需求水平存在着结构性差异,这会导致各城市形成不尽相同的市场利率。在市场利率信号的引导下,为了实现利用效率的最大化,货币资金活跃的流动性表现为两个方面:一是在三次产业部门之间纵向流动;二是在不同城市之间横向流动。货币资金的这种地域运动会带动经济要素在不同产业部门和不同城市之间实现流转与重组,进而促进城市群经济系统的部门结构和地区结构不断调整和优化。

在日益扩大的市场需求作用下,金融产业得以在金融资源的时空运动过程中逐渐形成。作为金融资源与具体地域空间凝结而成的有机实体,金融产业通过自身部门系统的运作,构建出完整、独特的价值运动体系,从而为地域经济的发展发挥着强大的渗透性、独立性和导向性等功能[64]P68。城市群金融系统内金融产业成长的时阶演进和功能提升可以为城市群经济系统的发展提供强大的动力支持。但由于城市群内各城市经济子系统的发展状况不同,因而赋予了各城市金融子系统不同的金融产业成长空间,使得各城市金融子系统的金融产业成长在城市群金融等别城市结构中呈现出非均衡态势。分别处于不同成长阶段的各城市的金融产业,有着不同的外部关联效应①[64]P112(如图5-6所示),进而发挥出不同的功能。

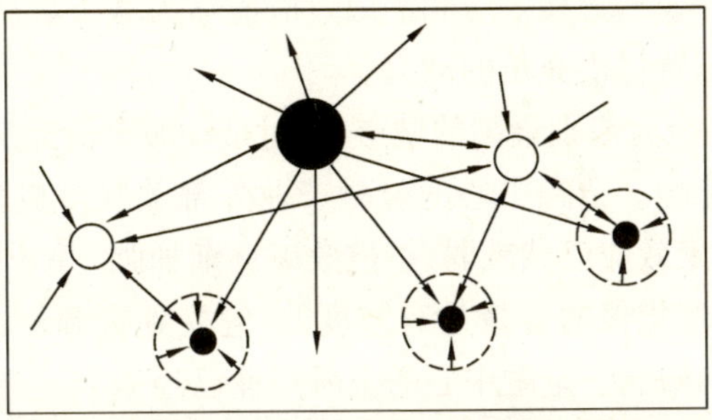

图5-6 金融等别城市金融产业的外部关联效应

金融支点的金融产业虽然已经以产业形式参与部门分工,成为产业结构中不可或缺的部门元素,但由于仍处于低级成长阶段,金融产业规模、吸纳金融资源的能力、产出资本的能力以及对其他产业的有效引导功能等都还很有限,外部关联效应微弱,仅仅对周边县城、农村产生一定的吸引力,而与其他金融支点间的联系尚未建立,通常需要借助城市群内相邻的金融增长极或金融中心一定程度的辐射,获取一些促进本地金融产业成长的金融资源。金融支点的金融产业一般只限于保证本地区的资本支持,而对城市群整体经济结构的变动并无显著影响。

金融增长极的外部关联性相对较强,其金融产业已处于中级成长阶段,集聚效应和扩散效应得以同步发挥。集聚效应的发挥可以广泛吸引周边地区的金融资源向增长极聚集,进而促进增长极内金融产业进一步成长,而扩散效应的发挥则有助于引导金融资源向相邻低级别的金融支点传输,进而带动金融支点的发展。但相比而言,金融增长极的集聚效应要甚于其扩散效应,导致其综合效应表现出巨大的极化动机。同时,金融增长极往往还通过积极承接毗邻金融中心的辐射,来推动自身金融产业的持续快速成长。另外,城市群金融

① 金融产业外部关联效应包含聚集效应(极化作用)和扩散效应(辐射作用),这两种效应相互依存、相互制约,并在一定条件下相互转化。依靠具体区情、历史与偶然因素、积累效应和路径依赖的共同作用,在有效规模的地理空间内,金融中心的金融产业集聚效应十分强烈,逐渐到达金融产业高级成长阶段,而分布其周围的金融增长极与金融支点的金融产业则处于中级或低级成长阶段。

系统内的不同金融增长极之间也会因比较优势产生一定的金融资源流转和置换。由于金融产业具有引导、推动其他产业发展的功能,因而金融增长极所具有的强大的外部关联性决定了它在城市群金融等别城市结构中占有重要的地位,其数量、规模以及布局对城市群经济系统的发展具有深远影响。金融增长极通过发挥金融产业的集聚效应和扩散效应能够为城市群产业结构的调整升级和资源的有效配置提供充足的动力。

金融中心①是金融级别最高的城市,它对带动城市群经济系统的整体发展具有至关重要的影响。金融中心的金融产业外部关联度极强,但与金融增长极不同的是,其集聚效应已然减弱,扩散效应逐渐加强,并开始占据主导地位。原因在于,一个区域集聚的容量是有限度的,它受到资源最大利用、重要区位因素短缺等方面的限制。金融中心的金融产业已经攀升至近乎所能支撑的成长空间的顶端,其能支配和引导的金融资源将近达到规模临界点,若不改造金融产业内外环境而再增添金融资源,必然导致金融产业成本的上升,造成所谓的集聚不经济。因此,金融中心离心力大于向心力所形成的离心传导扩散,必然会指引金融资源寻找新的生长点[64]P115。而金融中心这种服务与辐射功能的发挥,有利于推动企业的跨地区投资经营,有利于加强金融中心与金融腹地(金融增长极和金融支点)的经济合作与交流,有利于提升城市群经济系统的资源配置效率,从而使得城市群在其经济结构的调整优化中不断增强其整体实力和综合竞争力。

城市群内不同金融等别城市金融子系统金融产业成长的非均衡性和外部关联效应的差异性,决定了金融一体化是城市群金融系统演化的一般规律。所谓城市群金融一体化,是指以实现城市群金融系统的资源配置效率帕累托最优化为目标,通过积极发挥金融资源的集聚效应和扩散效应,不断改善金融等别城市金融产业成长状态,有效提升城市群地域系统金融产业整体成长水平的过程[64]P125。城市群金融系统的一体化发展,不仅能够增强城市群金融的整体竞争力,促进城市群金融可持续发展,更重要的是,它能从整体上发挥出金融在城市群地域内聚集、配置资金和引导其他要素合理流动的功能,进而有效推动城市群经济一体化发展。

---

① 这里所提及的金融中心是指业已发育成熟的金融中心,如亚洲的东京、新加坡和香港。上海虽然初步具备了新兴金融中心的基本特征,但目前还未完全具备成为国际金融中心的必要条件,金融产业的集聚效应与扩散效应难分伯仲,扩散效应并不明显。

5.4 城市群经济与金融系统耦合的测度模型

根据前述对城市群经济与金融系统耦合概念的界定可知，要测度城市群经济与金融系统的耦合状况，应从两方面进行：一是在分别测度城市群经济系统一体化发展水平和城市群金融系统一体化发展水平的基础上，对两者的协调状况加以评判，这有利于从总体上揭示出城市群经济系统一体化与金融系统一体化发展的耦合状况；二是对城市群内各个城市的经济与金融系统的耦合度进行测量，以此揭示出各城市经济与金融系统耦合的地区差异性及问题所在，从而为城市群经济系统一体化或金融系统一体化的进一步完善指明方向。

5.4.1 城市群实体经济一体化和金融一体化的测度模型

城市群经济一体化离不开区域市场一体化。区域市场一体化具体又分为区域商品市场一体化和区域要素市场一体化，而区域金融市场则属于广义的区域要素市场。因此，本书主要通过构建区域商品市场一体化和区域金融市场一体化的计量模型来测度城市群市场一体化的综合发展状况，并用商品市场一体化水平和金融市场一体化水平来分别代表城市群实体经济子系统和金融子系统的一体化发展状况。

5.4.1.1 城市群商品市场一体化水平测度模型

自从 Young(2000)[195]的研究以来，围绕中国国内商品市场一体化进程的研究一直是一个热点，并形成了测度国内商品市场一体化程度的多种方法，主要有“生产法”(Young, 2000)、“贸易法”[196]、“专业化指数法”[197]和“价格法”[198]。由于“生产法”所采取的指标过于简单，“贸易法”采用的贸易流指标难以控制规模经济和商品替代弹性等的影响，“专业化指数法”中的专业化程度指标与市场整合程度并无必然和直接的正相关关系，而基于修正的“一价定律”(Law-of-One-Price, LOP)的“价格法”能够直接地反映出商品市场整合程度的信息，故本文选择运用“价格法”来构造指标对城市群商品市场的一体化水平及其进程进行测度和分析。

“价格法”借助于地区间相对价格信息测度区域商品市场一体化程度的思想，来源于 Samuelson(1964)的“冰山成本”(Iceberg Cost)理论[199]，该理论是对“一价定律”理论的一个修正。一价定律认为在没有交易成本的自由竞争市场上，同样的商品在不同地区出售时，用同一种货币表示的价格相等。“冰山成本”理论的核心思想是以现实中交易成本的存在解释两地间一价定律的失效，即在两地间进行商品贸易时，区际贸易中的交易成本就像冰山在运输过程中会融化掉一部分一样是客观存在的，所以两地的价格会在一个区间内上下波动，而不可能完全相等。以 i、j 两地为例，假定某种商品的售价在 i、j 两地分别为 P_i 和 P_j，令“融化”掉的“冰山”成本为该商品单位价格的一个比例 $c(0<c<1)$。此时，只有当条件 $P_i(1-c)>P_j$，或者 $P_j(1-c)>P_i$ 满足时，两地间的商品贸易也才会发生，套利行为才可行。当上述条件不成立时，商品的相对价格 P_i/P_j 将在无套利区间 $[1-c,1/(1-c)]$ 内波动。所以，即使不存在套利壁垒，两地间的市场完全整合，相对价格 P_i/P_j 也可能在一定区间内波动，而不必趋近于1。运输成本的下降、地区间贸易壁垒的削弱均意味着交易成本的下降与市场整合程度的提高，此时两地间相对价格波动的范围也会随之收窄。由此，根据“冰山成本”理论，就可以通过计算两地间商品相对价格波动幅度的大小来衡量市场的一体化程度。

根据 Parsley 与 Wei 的研究[200-201]，如果两地间商品相对价格的方差 $\mathrm{Var}(P_i/P_j)$ 随时间变化而趋于收窄，那么就表明商品相对价格的波动范围在缩小，“冰川”成本 c 降低，无套利区间 $[1-c,1/(1-c)]$ 在收窄，两地间的贸易壁垒有所削弱，市场一体化程度在提高。换言之，我们可以将区域商品市场一体化程度的动态测度指标设定为两地间商品相对价格的方差。因此，本书主要遵循 Parsley 和 Wei 的研究路径，将城市群内各相邻行政地域的相对价格方差作为测度商品市场一体化的动态指标，进而对城市群商品市场一体化水平进行测度。

5.4.1.2 城市群金融市场一体化水平测度模型

国外文献中所研究的金融一体化（financial integration），主要是指跨国区域（即由几个相邻主权国家组成的区域，如欧盟、东亚等）的金融市场一体化。该类研究认为，所谓金融一体化是指某一国家（或地区）的金融市场与区域内其他国家（或地区）的金融市场日益融为一体的过程[202]。由于它可以消除交易中的摩擦和障碍，并能够更有效地配置资本，从而有利于促进经济增长，因而它在跨境区域发展中备受关注[203]。目前，国外关于此类金融一体化水平的测度方法主要有两种：一是基于“一价定律”的价格法；二是基于跨境金融资源流动的数量法。

近年来，随着我国区域发展总体战略中对城市群的培育与发展的日益重视，国内某一区域（如长三角、珠三角等）的城市群金融一体化发展问题正成为我国理论工作者和政策制定者关注的热点，但目前关于国内城市群金融一体化的内涵及其测量方法还未形成统一的认识。基于对跨国区域金融一体化内涵的理解，本书认为，所谓城市群金融一体化是指区域内各城市间金融要素流动壁垒不断消除、金融市场渐趋融合、金融资源日益优化配置的过程。同时，本书借助于由费尔德斯坦和霍里奥克（Feldstein and Horioka）1980 年提出的储蓄—投资相关性方法[204]（以下简称 FH 检验法）对城市群金融一体化水平进行测度与分析。

FH 检验法是从宏观层次上衡量跨境资本流动性最常用的手段，“在一体化的资本市场中，有一个统一的世界真实利率”是其理论依据。该方法认为，任何一国的储蓄都被视为全球储蓄池中的一部分，任何一国储蓄的增加都应引起世界储蓄池的增加，又由于不同国家的投资都是提用全球储蓄池中的一部分，因此一国储蓄的增加将会使得所有国家的投资增加。这意味着，在开放经济条件下，一国投资与储蓄的相关系数应该很低甚至为零，一国的投资决策与其储蓄是相互分离的，低储蓄率的国家可以有高投资率，而高储蓄率的国家不一定有高投资率。基于此认识，费尔德斯坦和霍里奥克提出了用回归方程 $(I/Y)=a+b(S/Y)+\varepsilon$ 来检验一国的开放程度。其中，I/Y 为投资率，是国内投资与 GNP 之比，S/Y 为储蓄率，是国内储蓄与 GNP 之比。在一体化的前提下，对于小国来说，b 应接近于零，而对于大国来说，b 应接近于其资本存量的比例。

虽然 FH 检验法最初是用来衡量相邻国家间金融一体化程度的，但仍可以用来对资本在国家某一经济区域内的流动性及区域金融一体化状况进行检验。一般来说，储蓄—投资相关性越高，区域金融一体化程度越低；反之，相关性越低，一体化程度越高。本书主要采用 FH 检验法对城市群金融市场一体化水平进行测度。

5.4.2 各城市经济与金融系统耦合状况的测度模型

定量测度城市经济与金融系统之间的耦合状况，首先必须求出城市实体经济子系统和金融子系统各自的综合评价值。为了尽量减少评价中确定有关指标权重时所存在的主观人为因素的影响，本书考虑采用主成分分析法对两大子系统的综合发展水平进行测度。在此基础上，借鉴已有系统耦合问题研究中有关耦合度模型的建立方法，尝试构建起评价城市经济与金融系统耦合状况的测度模型。

5.4.2.1 城市经济与金融系统发展水平的度量

假设描述第 t 年城市实体经济子系统发展水平的特征向量为 $X_t=(x_{tl},\cdots,x_{ti},\cdots,x_{tm})$，并记实体经济子系统为 S_1；描述第 t 年城市金融子系统发展水平的特征向量为 $Y_t=(y_{tl},\cdots,y_{tj},\cdots,y_{tn})$，并记金融子系统为 S_2；x_{ti}、y_{tj} 表示第 t 年两个子系统的有关指标，m、n 表示各子系统的指标数，并以 k 表示所分析的年限数。

对 x_{ti} 进行标准化后有：

$$x_{ti}^{*} = \frac{(x_{ti} - \bar{x}_i)}{s_i} \tag{5.11}$$

其中：$$\bar{x}_i = \frac{1}{k}\sum_{t=1}^{k} x_{ti}, s_t = \sqrt{\frac{1}{k}\sum_{t=1}^{k}(x_{ti} - \bar{x}_i)^2}。 \tag{5.12}$$

运用 SPSS 统计软件对 $t = 1, 2, \cdots, k$ 时系统 S_1 的特征向量 $X_t = (x_{tl}, \cdots, x_{ti}, \cdots, x_{tm})$ 进行主成分分析，得到特征向量的相关系数矩阵 R，R 的特征根 $\lambda_1 > \lambda_2 > \cdots > \lambda_m > 0$，以及相应的正交化特征向量 $e_i = (e_{t1}, \cdots, e_{ti}, , e_{tm})$，$i = 1, 2, \cdots, m$。

根据公式(5.13)计算方差贡献率：

$$\alpha_i = \lambda_i / \sum_{i=1}^{k} \lambda_i \tag{5.13}$$

按照累计方差贡献率的主成分选取原则，求出其前 p 个主成分，分别为：$F_i(t,x) = e_i^T x_i^* = e_{t1}x_{t1}^* + \cdots + e_{ti}x_{ti}^* + \cdots + e_{tm}x_{tm}^*$，$i = 1, 2, \cdots, p < m$。在此基础上，计算出城市实体经济子系统 S_1 的综合发展水平：

$$F(t,x) = \alpha_1 F_1(t,x) + \cdots + \alpha_i F_i(t,x) + \cdots + \alpha_p F_p(t,x) \tag{5.14}$$

同理，对金融子系统的特征向量 Y_t 进行分析，可以得到金融子系统 S_2 的综合发展水平：

$$F(t,y) = \beta_1 F_1(t,x) + \cdots + \beta_j F_j(t,x) + \cdots + \beta_l F_l(t,x) \tag{5.15}$$

其中，$l(l < n)$ 表示金融子系统的主成分个数，$\beta_1, \cdots, \beta_l$ 表示各主成分的方差贡献率。

由于主成分分析的子系统 S_1、S_2 的综合发展水平结果正数、负数都会出现，为了避免负数对下文分析的影响，对 $F(t,x)$ 和 $F(t,y)$ 取指数。由于指数函数的单调性特征，对分析子系统的相对离差没有影响，故又用 $F'(t,x)$ 和 $F'(t,y)$ 来表示综合发展水平。记 $F'(t,x) = \exp(F(t,x))$、$F'(t,y) = \exp(F(t,y))$，则 $F'_1(t,X) > 0$、$F'_2(t,Y) > 0$。

5.4.2.2　城市经济与金融系统耦合度测评模型

根据前述城市群经济与金融系统耦合概念的定义，显然会希望 $F'(t,x)$ 与 $F'(t,y)$ 的离差越小越好。用离差系数来表示，即是希望(5.16)式的 $C_v(t)$ 越小越好，式中 S 为标准差。

$$C_v(t) = \frac{S}{\frac{1}{2}[F'(t,x) + F'(t,y)]} = \sqrt{2\left\{1 - \frac{F'(t,x)F'(t,y)}{\left[\frac{F'(t,x) + F'(t,y)}{2}\right]^2}\right\}} \tag{5.16}$$

而 $C_v(t)$ 越小越好的充要条件是(5.17)式中的 $C'(t)$ 越大越好：

$$C'(t)=\frac{F'(t,x)F'(t,y)}{\left[\frac{F'(t,x)+F'(t,y)}{2}\right]^2} \tag{5.17}$$

则子系统 S_1 和 S_2 在时点 t 的耦合度的计算模型如(5.18)式所示：

$$C(t)=\left\{\frac{F'(t,x)F'(t,y)}{\left[\frac{F'(t,x)+F'(t,y)}{2}\right]}\right\}^k \tag{5.18}$$

(5.18)式中，$C(t)$ 的计算值为耦合度，$k\geqslant 2$ 为调节系数。不难证明，$0\leqslant C(t)\leqslant 1$，即耦合度的取值在 0～1 之间。$C(t)$ 值越大，表明子系统 S_1 和 S_2 的耦合状况越好，当 $C(t)=1$ 时，意味着两个子系统之间的耦合状况最佳。

子系统 S_1 和 S_2 在时刻 t 的耦合度 $C(t)$ 反映出的仅仅是时刻 t 两者耦合度的静态度量，不能充分反映出两者之间耦合状况的动态发展趋势。为此，运用公式(5.19)定义一个平均动态耦合度 $C(t_1,t_n)$，用它来反映一定时期内各时刻耦合度的平均动态值，显然，$0<C(t_1,t_n)<1$。

$$C(t_1,t_n)=\frac{1}{t_n-t_1+1}\sum_{i=1}^{n}C(t_i) \tag{5.19}$$

当 $C(t_1,t_n)>C(t_1,t_{n-1})$ 时，说明耦合度的变动趋势在 $[t_1,t_n]$ 时期是处于上升的轨迹中；

当 $C(t_1,t_n)=C(t_1,t_{n-1})$ 时，说明耦合度的变动趋势在 $[t_1,t_n]$ 时期是处于平稳的轨迹中；

当 $C(t_1,t_n)<C(t_1,t_{n-1})$ 时，说明耦合度的变动趋势在 $[t_1,t_n]$ 时期是处于衰退的轨迹中。

第六章　城市群经济与金融系统耦合发展的实现机制

在现代汉语中,“机制”一词在不同的语境中有不同的涵义,其中一个涵义可用来泛指一个工作系统的组织或部分之间相互作用的过程和方式①,这与本章所研究的“机制”的内涵较为吻合。本章所进行的城市群经济与金融系统耦合发展的机制分析,主要就在于深入阐述城市群实体经济子系统与金融子系统之间通过相互作用实现资源有效配置的动因、过程和方式。

6.1　城市群经济与金融系统耦合发展的动力机制

动力机制主要是用来解决“为什么”的问题,即为什么会有城市群经济与金融系统的耦合发展?是什么力量推动着城市群经济与金融系统的耦合发展?本书认为,城市群经济与金融系统耦合发展的动因主要在于各城市对于地方利益和城市群区域共同利益的追求,而城市群经济与金融系统耦合发展的动力则来自于市场、政府以及社会组织的合力。

6.1.1　城市群经济与金融系统耦合发展的动因

追求利益是人类一切经济社会活动最深刻的根源。人们从事物质生产活动,是为了获取物质利益,人们的社会结合是为了取得共同的利益。个人和群体的思想、动机和行为都可以从其对自身利益的追求中找到合理的解释和深层的底蕴[205]。因此,在社会主义市场经济条件下,追求正当的经济利益是推进城市群经济发展的核心和原动力。而在经济金融化和金融全球化的当今时代,城市群经济的又好又快发展离不开实体经济系统与金融系统的相互作用与相互影响。由此可以认为,对经济利益的追求是城市群实体经济系统与金

① 参见:中国社会科学院语言研究所词典编辑室.现代汉语词典(第5版).北京:商务印书馆,2005:628.

融系统耦合发展的根本动因。

在城市群地域空间内，经济利益主体具有多元性。从微观层面看，主要包括居民、企业、政府三大利益主体；从中观层面看，主要包括各行政区地方利益主体，各级地方政府是地方利益的代表；从宏观层面看，则存在一个城市群区域共同利益主体，它是由城市群内不同的利益主体所构成的综合体，在现实经济生活中通常由城市群内各地方政府或其联合体作为维护城市群区域共同利益的全权代表。不同的利益主体有不同的利益诉求，并因此形成不同的利益形态，如居民利益、企业利益、政府利益、地方利益、城市群区域共同利益等。在城市群内众多的利益形态中，地方利益和城市群区域共同利益是两个至关重要的利益变量。

首先，由于作为行政组织的地方政府充当着地方利益的代表，这就使得地方利益不仅是各自行政区内众多微观经济主体利益的综合与汇集，而且还是现行体制下政府绩效和官员晋升的重要评判依据，即地方利益承附着浓厚的政治利益。由于不同地方在各种主观认识和客观因素方面存在差别，这就决定了各地区的地方利益具有差异性。同时，随着地方政府在经济体制改革中地方事权的不断扩大，地方政府对地方利益的维护，使得地方利益之间的矛盾和冲突无法避免，这在很大程度上影响着地方经济的发展质量与速度以及城市群区域合作的广度与深度。这是因为，地方政府的经济职能往往立足于自身行政管辖区域，为实现地方利益而极大地刺激地方经济发展，这一方面有利于推动地方经济的跨越发展，为城市群区域共同利益奠定基础，但另一方面也易形成“行政区经济”，由此造成的地方割据则会损害城市群经济的整体高效运行。

其次，虽然地方利益之间存在着差异和冲突，但城市群区域共同利益是在区域各方利益基础上形成的整体利益，是城市群各方利益主体的共同愿望与一致诉求，是各地方利益的集中体现，它的性能状况及其变化会影响到地方利益的性能状态及其变化[206]。城市群区域共同利益是从长期发展的角度，综合地、全面地反映区域内不同利益主体的经济利益。城市群整体经济利益的提升，有利于帮助地方利益的实现。因此，城市群内各利益主体都应将自身看做是城市群这一个有机经济整体中的组成部分，不应做出有损于区域共同利益的经济行为。事实上，由于城市群内各地区在自然资源、地理区位、人力资源、生产技术、社会经济条件等方面存在着差异性，地区间的合理分工和一体化发展有利于各地区依赖其资源条件和经济优势获取一定的比较经济利益，进而提升城市群区域共同利益。

地方利益的差异性与城市群区域共同利益的一致性之间的矛盾,类似于部分与整体之间的关系,需要通过区域合作加以协调化解。在尊重地方局部利益诉求的前提下充分实现城市群区域共同利益是区域合作的理想结果,如资源的优化配置和高效利用、产业空间布局的优化、城市功能的科学定位与合理分工等。在经济金融化程度日益提升的当今时代,实体经济的发展离不开金融的大力支持,金融的发展也离不开实体经济的基础性支撑。在城市群地域空间内,地方利益的实现离不开自身实体经济系统与金融系统的互动耦合,城市群区域共同利益的实现也离不开一体化发展的实体经济系统与金融系统的互动耦合。如果实体经济系统与金融系统的发展相互脱节,彼此掣肘,那么各地区所追求的地方经济利益以及各地区在利益博弈中所追求的城市群区域共同利益都将不能很好地实现。

既然经济利益是城市群经济与金融系统耦合发展的根本动因,而城市群内各地方利益主体之间又不可避免地存在着利益冲突和利益失衡,那么,在推进城市群经济与金融系统耦合发展过程中,就必须建立起相应的利益协调机制,这样才能在充分考虑城市群各方主体利益诉求的基础上,不断提升城市群区域共同利益。城市群经济与金融系统的耦合过程,必然伴随着地区内以及地区间不同利益主体利益格局的变动与调整,如经济资源和金融资源在不同部门和不同地区之间的重新配置和高效利用会引起部门间或地区间利益的增减,如果缺乏相应的利益协调机制,那么利益减少的部门或地区则可能通过各种途径设置诸多障碍或壁垒阻碍要素的流动和合理配置,这显然不利于地方利益以及城市群区域共同利益的提升。

为此,一是要建立利益表达机制。在合作博弈过程中,实现公平合作和利益平衡的第一步是弱势群体和地区利益诉求的充分表达。构建利益表达机制的重要意义在于,在无法改变强势群体和地区主导城市群区域合作的态势下,通过适当的制度安排,为弱势群体和地区公平享有正当利益表达的权利和机会提供保障,为城市群内合作利益博弈与整合提供较为公正的条件和环境。二是要建立利益分享与补偿机制。利益分享机制的建立有利于充分调动各类经济主体的积极性。可通过契约型分配方式、股权型分配方式、分工型分配方式等多种路径来实现各类经济主体在一体化的城市群实体经济系统与金融系统耦合发展中的利益分享。利益补偿机制不仅可以减少和避免地方政府的机会主义和地方保护主义倾向,同时也是一种对区域合作可能造成的过大利益差距的制度救济[207]。补偿的主体主要包括两类:一类是政府。政府承担一定的利益补偿责任,用以化解区域合作中的利益矛盾与冲突。另一类是区域合作中获利丰厚的群体。补偿的对象也包括两类:一类是区域合作中为了区域整体利益做出牺牲的利益主体;另一类是区域合作中处于弱势地位且受到利益损害的利益主体。补偿的方式可以多种多样,如人才培训、教育支援、资源共享、技术转让、政策优惠等。通过建立长期战略合作关系,形成稳定的利益共享合作链,实现长远的发展目标,也具有利益补偿的实质意义[208]。三是要建立利益争端的调解机制。由于城市群实体经济系统与金融系统的耦合发展涉及多方利益主体,不可避免地会产生各种利益争端,因此需要建立起行政仲裁、法律裁决、第三方斡旋等多种形式的利益争端调解机制,同时还要对利益争端调解的有关法律制度加以规范,不仅要有基于共同体的责任和有诺必践原则所产生的自我约束力、害怕被群体孤立以及担心声誉受到影响等软约束,而且要对违约行为规定相应的处罚措施等硬约束。

6.1.2 城市群经济与金融系统耦合发展的动力

在城市群经济与金融系统耦合发展进程中,市场对经济、金融资源的优化配置起着重要的基础性作用,政府对市场机制的发育、市场体系的健全、市场规则的完善以及市场环境的优化等起着重要的建设性作用,而公民社会则在与市场和政府的紧密联系中发挥着重要的桥梁纽带作用。市场、政府、社会三股力量在推进城市群经济与金融系统耦合发展的着力点不同,作用方式、作用领域、作用效果等也各有差异,因此,它们所形成的合力直接影响着城市群经济与金融系统耦合发展的方式、进程以及演化结果,这就决定了在城市群经济与金融系统耦合发展进程中,应努力形成市场、政府、社会三股力量相互依存、相互补充、相互促进的良好态势,而不应该是顾此失彼、相互排斥或相互阻碍。

6.1.2.1 市场力量的推动

在社会主义市场经济体制下,市场对资源配置发挥着基础性作用,这是由市场机制本身的特性所决定的。从党的十四大提出建立社会主义市场经济体制以来,经过多年改革,中国已初步建立起社会主义市场经济体制,市场在资源配置中的基础性作用得到了越来越大的发挥,以市场交易机制为核心的资源配置体系不断完善。

市场对资源配置基础性作用的不断增强,有力推动着城市群实体经济与金融系统的耦合发展。例如,在市场力量的推动下,城市群内国有经济不断改革,民营经济、外资经济迅猛发展,行业间、地区间的企业重组加速推进,城市群的经济活力和竞争力不断增强,而城市群实体经济的快速发展必然形成新的金融市场需求和获利机会,由此产生对金融结构变迁的诱致性力量,进而使金融更好地服务于经济发展的需要。市场力量之所以能通过实体经济部门诱致金融结构变迁，其原因之一在于金融供给部门具有追逐利润的本性。由于金融机构掌握的巨额货币资本通常比产业资本具有更大的流动性，在市场力量作用下，它会快捷和义无反顾地流向高回报的领域和地区。原因之二在于金融市场竞争淘汰机制的存在。一方面，金融企业与非金融企业之间由于自由的行业进入和退出机制存在着激烈竞争。金融业利润过低，部分金融企业就会因利润不足而被淘汰或挤出金融业，导致金融结构变化；金融业利润较高，非金融企业就会进入金融业参与利润分配，金融结构也相应产生变化。另一方面，金融业的内部竞争会形成“金融创新螺旋”，这会引起金融工具的更迭和金融部门的兴衰，从而导致金融结构变迁[209]。

毋庸置疑，在社会主义市场经济条件下，城市群经济与金融系统的耦合发展离不开市场机制的有效调节。但是，市场机制作用的发挥必须以完备统一的市场为前提。在目前我国市场体系还不够健全、市场机制相对薄弱的宏观环境下，由于行政壁垒等多种因素的制约，城市群区域共同市场还未真正建立起来。同时，由于市场功能、市场调节本身的缺陷和局限性会导致市场失灵，城市群区域资源的整体优化配置不可能完全依靠市场的自发调节来实现。因此，城市群经济与金融资源系统的耦合发展离不开市场力量与地方政府力量及其他力量的有机结合。

6.1.2.2 政府力量的推动

任何一个市场经济社会，都不可能完全否定政府的作用。尤其在中国由传统农业社会向现代工业社会、计划经济体制向市场经济体制的双重转型过程中，由于转型期间利益结构的巨大变动，同时由于市场机制对建立在计划经济时代人格从属基础上的社会关系的解构作用，使得改革进程中一些旧的社会矛盾得到缓解的同时，一些新的社会矛盾开始产生，有些社会矛盾还有所加剧。为了能使转型顺利进行，就需要发挥政府的作用，以协调社会利益关系，克服社会矛盾，推动改革前进。

从中国目前所处的经济转型进程来看，中央及地方政府正在努力发挥以下五个方面的正面作用：一是树立和落实科学发展观；二是消除对改革的阻碍和反抗；三是建立社会主义市场经济体制的各种基础设施；四是保持稳定的宏观经济发展环境；五是努力保持机会的均等和社会的公正。政府的上述工作对推动城市群经济与金融系统耦合发展发挥着重要作用。

例如，科学发展观的提出，标志着我国经济社会发展进入了谋求区域和城乡协调发展的新阶段。在社会主义市场经济条件下，实现区域和城乡协调发展不可能仅仅依靠市场自身的力量。区域内的地方政府通过协作与沟通，以城市群为战略支点全面带动区域经济的增长和城镇化的推进，是实现区域和城乡协调发展的一条有效路径。而大城市群经济是工业经济、城镇经济、金融经济和文化经济等的融合，因此，城市群的规划和建设，不仅能有效推动工业经济、城镇经济的发展，而且也会相应提升金融经济等的区域中心地位，由此可以形成城市群内实体经济系统与金融系统互动互促的良好局面。

再如，政府通过对市场失灵的弥补可以推动城市群金融结构的变迁，进而促进经济的发展。一方面，金融活动中的“市场失灵”可通过政府“公共产品”的提供来克服。例如，为了增加跨地金融活动中信息对称的程度，城市群内各地政府可通过联合创立直接提供信息产品的信息生产机构来实现。另一方面，市场失灵也可通过政府的“信用目标化”来克服。“信用目标化”是指政府力量通过对金融资源流向的控制来实现其政治经济目标。政府介入信用配置能够使金融资源为公共经济社会目标服务，有效克服市场失灵问题[209]。

政府力量的发挥有助于解决城市群经济与金融系统耦合发展中的外部性、公共物品、垄断、信息不对称等市场失灵问题，但是，由于政府行为并非永远代表公共利益，再加上信息不完全和政府能力有限、政府干预市场的成本扩张以及政府机构及其官员的寻租与腐败等多种因素的影响，导致市场失灵之外也同样存在着政府失灵。同时，经济活动中政府干预与市场失灵的关系未必仅仅是替代关系，政府和市场有可能同时失灵。由此可见，由于政府和市场都存在着固有的缺陷，且两者之间并不是零和关系，这就意味着需要在“看得见的手”和“看不见的手”之外寻求新的力量，来推动城市群经济与金融系统的耦合发展。

6.1.2.3 社会力量的推动

20 世纪 90 年代以来，为了走出政府失灵和市场失灵的困境，西方国家在对市场失灵与政府失效进行纠错的基础上，提出了治理与善治的行政改革理念和模式。善治的实质在于实现政府、市场与社会之间的良性互动，以此来弥补政府和市场在调控和协调过程中的某些不足。这里的社会指的是公民社会(civil society)。所谓公民社会，是国家或政府系统以及市场或企业系统之外的所有民间组织或民间关系的总和，它是官方政治领域和市场经济领域之外的民间公共领域。公民社会的组成要素是各种非企业和非政府的公民组织，包括公民的维权组织、民间的公益组织、社区组织、各种行业协会、互助组织、利益团体、同人团体、兴趣组织和公民的某种自发组合等等。由于它既不属于政府部门(第一部门)，又不属于市场系统(第二部门)，所以人们也把它们看做是介于政府与企业之间的“第三部门”(the third sector)。公民社会是相对独立于政治国家的民间公共领域,其基础和主体是各种各样的具有非政府性、非营利性、相对独立性、自愿性以及非政党性和非宗教性等特征的社会组织,即由具有共同利益追求的公民自愿组成的非营利性社团[210]。

作为公民社会载体的第三部门在弥补政府失灵和市场失灵方面有着重要意义。第三部门更贴近公民,它可以与一定范围内的成员进行直接沟通与交流,反复磋商,尽可能在双方意思表示一致的基础上开展自治管理与提供服务,在管理方式上多采用非权力方式,更多地是通过说服与教育,主要依靠内部成员的自觉服从和相应的纪律束缚来实现自治管理的目标。这较好地体现了双方的平等地位与合作关系。因此,第三部门的设立,有利于加强市场的自律管理,营造良好的市场发展环境[211]。同时,第三部门既是市场参与者的民意代表,又在与政府部门的沟通方面具有一定的优势,因此,它既可向立法机构、政府部门反映市场情况以及会员的意见和呼声,又可向市场宣传政府部门的相关政策,从而充分发挥其在沟通会员与立法机构、政府部门之间,以及协调会员之间关系的桥梁纽带作用。

公民社会的形成和发展,依赖于制度环境的约束和规范。改革开放以来,随着社会主义市场经济和民主政治的发展,中国进行了以党政分开、政企分开、政府职能转变、建设法治国家等为重要内容的政治体制改革,修改了宪法,相继出台了一系列鼓励和规范民间组织的法律、规章和政策,在此环境下,各种各样的民间组织不断涌现,一个相对独立的公民社会正在中国迅速崛起,现已初步形成了门类齐全、层次不同、覆盖广泛的社会组织体系。截至 2009 年年底,登记注册的社会组织总量接近 42.5 万个,其中社会团体 23.5 万个,民办非企业单位 18.8 万个,基金会 1 780 个。① 在种类繁多的社会组织体系中,经济类、金融类行业协会或学术团体对城市群经济与金融系统的耦合发展起着重要的推动作用。

例如,中央及地方成立的各类中小企业协会,在缓解中小企业融资难、推动中国中小企业健康快速发展方面发挥着积极的推动作用。以中国中小企业协会为例,该协会是全国中小企业、企业经营者自愿组成的全国性、综合性、非营利性的社会团体,会员由来自不同行业、不同地区的中小企业,关注、支持中小企业发展的大企业,中小企业服务机构和中小企业社会团体等组成。自 2006 年 12 月 10 日成立起,该协会就将为中小企业提供投资融资服务作为其

① 数据来源:中华人民共和国民政部《2009 年民政事业发展统计公报》,2010 年 3 月 5 日,http://files.mca.gov.cn/cws/201003/20100305095000687.htm.

开展的主要业务之一。几年来,该协会通过组织发行中小企业集合债、成立中小企业创业投资基金以及与国家开发银行合作推行全国中小企业融资样本工程等新的融资途径,大大拓宽了中小企业在资本市场的融资渠道,有力提升了中小企业的市场竞争能力、自主创新能力和自我发展能力。除全国性中小企业协会外,城市群内地方性中小企业协会也都将为中小企业提供融资服务作为其主要服务项目,并通过推行企业互助、银政支持等切实有效的举措帮助中小企业化解融资难题,这对建立健全中小企业融资市场体系、有效降低中小企业融资成本、促进中小企业持续健康发展起着重要的推进作用。再如,全国性及地方性的各类金融行业协会,在推动金融产品创新和规范金融市场运行等方面发挥着积极作用。另外,随着人们对区域经济合作认识的不断深入,城市群内各地同业行业协会之间的交流与合作已取得初步进展,这对城市群内有关行业的相关标准、资格认证和质量检测的统一以及信息的共享、管理的互动、人才的交流、产权的保护等都发挥着重要作用。同时,为了避免城市群内部不同经济主体之间的利益冲突和各自为战,有效提升区域整体竞争力,国内一些城市群正在积极探索和加快推进区域性行业协会的建立。如 2009 年 3 月至 7 月间,由上海市政府合作与交流办公室、市经济和信息化委员会、市建设与交通委员会、市民政局(社团局)、浦东新区民政局(社团局)组成的联合调研组,通过与苏浙沪两省一市相关政府职能部门以及部分行业协会负责人进行座谈等形式,就创建长三角区域性行业协会的必要性和可行性进行了充分调查和研究,并对创建长三角区域性行业协会的初步构想进行了论证[212]。

应该说,改革开放以来,在中国的公民社会逐渐兴起的过程中,经济、金融类行业协会取得了较快发展,在提供政策咨询、加强行业自律、促进行业发展、维护企业合法权益等方面发挥了重要作用。但是,与公民社会建设的大环境相同,由于相关法律法规的不健全,政策措施的不配套,管理体制的不完善等多种原因,经济、金融类行业协会还存在着结构不合理、作用不突出、行为不规范等诸多问题。因此,要充分发挥第三部门在推进城市群经济与金融耦合发展中的作用,还必须加快推进中央与地方经济、金融类行业协会的改革与发展,更好地适应城市群经济与金融发展新形势的需要。

6.2 城市群经济与金融系统耦合发展的行为机制

行为机制是动力机制的自然延伸,主要用来解决“怎么做”的问题,即如何推动城市群经济与金融系统的耦合发展?经济与金融之间的相互作用关系表明，只有统筹优化城市群实体经济系统与金融系统，才能从经济需求和金融供给两个方面有效推动城市群经济与金融系统的耦合发展。

6.2.1　实体经济系统的需求拉动机制

经济与金融的关系首先表现为经济是金融活动的母体和基础，实体经济系统的发展水平、质量、态势等对金融系统的发达程度以及金融的质量、态势等起着基础性决定作用，金融系统的发育和完善程度很大程度上依赖于实体经济系统对量性和质性金融资源的需求。因此，城市群经济与金融系统的耦合发展，首先必须通过优化经济结构、转变发展方式、促进合理分工等途径，有效推进城市群实体经济系统的稳定、协调、健康运行，以便充分发挥实体经济系统对金融系统良性运行的有效拉动作用。

6.2.1.1　优化经济结构

所谓经济结构，主要是指构成国民经济整体的各种经济成分和各种产业形式及其相互关系。从宏观层次和中观层次看，经济结构通常包括需求结构、产业结构、收入分配结构、地区结构、城乡结构、所有制结构等内容。经济结构的状况决定着资金投向的结构，经济结构合理与否不仅会影响存量资金投入的合理性，也会制约增量资金投入的良性循环。只有经济结构合理协调，金融系统的良性运行才有可靠的基础。

在不同的发展阶段，城市群具有不同的要素禀赋结构，该要素禀赋结构决定着城市群内最具竞争力的经济结构，并因此形成对金融服务的特定需求。如果城市群实体经济系统演化过程中，能够遵循特定阶段要素禀赋结构所内生决定的比较优势来合理安排其经济结构，实体经济系统对金融服务的需求则会诱致金融制度的完善与创新，与要素禀赋结构所决定的最优经济结构相适应的最优金融结构就会形成。然而，由于现实中存在着地方政府投资冲动以及地区间重复建设、恶性竞争等多种因素的影响，城市群内的现实经济结构通常与其最优经济结构相偏离，由此自然决定了与其最优经济结构不相匹配的金融结构。

针对当前中国经济发展中各种现存的经济结构问题，城市群在今后的发展中应当不断调整与优化其经济结构，实现由主要依靠投资、出口拉动向依靠消费、投资、出口协调拉动转变，由主要依靠第二产业带动向依靠第一、第二、第三产业协同带动转变，由主要依靠城市个体力量向主要依靠城市群体协同力量转变，由主要依靠增加物质资源消耗向主要依靠科技进步、劳动者素质提高、管理创新转变，努力形成与其要素禀赋结构相适应的最优经济结构，以此正确引导城市群金融系统的功能指向。

调整和优化城市群经济结构是一项宏大的系统工程，必须从发挥比较优势、提升核心竞争力和整体实力的角度出发，统筹推进需求结构、产业结构、收入分配结构、地区经济结构等的优化与调整，不断提高城市群经济的发展水平和质量。

具体来说，一是正确处理好城市群内投资、消费、净出口三者的比例关系，着力优化投资结构，逐步增强消费需求对经济增长的拉动作用，不断改善出口环境，努力提高出口企业的竞争力。二是推动产业结构优化升级和自主创新。振兴支柱产业，以带动区域产业结构的升级，实现产业结构的高度化。推进信息化与工业化融合，发展现代产业体系。进一步加强农业基础地位，大力发展服务业，促进工业做大做强，加强基础产业和基础设施建设。积极培育战略性新兴产业，提高自主创新能力，加快形成以科技进步和创新为基础的新竞争优势。三是调整收入分配格局，逐步提高居民收入在国民收入分配中的比重，提高劳动报酬在初次分配中的比重，缩小居民之间的收入差距特别是缩小贫富差距。四是加快改革阻碍城乡协调发展的体制机制，加速城乡一体化发展步伐，努力消除城乡收入扩大的趋势。五是促进地区经济合理布局和协调发展，大力发展特色经济，努力消除地区经济结构趋同、低水平重复建设问题。同时，以市场需求为导向，充分发挥企业作为市场主体在优化地区经济结构、引领城市群区域经济协同发展中的作用。六是搞好搞活国有经济，大力发展各种非国有经济，形成多种经济成分的企业在竞争中互相提高、在联合中共同发展、在发展中优势互补的局面。

6.2.1.2　*转变发展方式*

经济发展方式是一个国家或地区在一定时期内实现经济发展的方法、手段和模式。实体经济系统发展的方法和模式，对金融系统的功能指向起着重要的引领作用。比如，在粗放型经济增长方式下，金融系统资源配置功能的发挥只能进一步加剧资源消耗、资源供给以及生态环境的压力，而在集约型增长方式下，则会催生出“低碳金融”、“绿色金融”等促进经济健康发展的金融创新。

近些年来，随着经济增长速度的持续加快，中国经济粗放增长方式的系列问题更加突出。虽然自党的十四届五中全会提出“积极推进经济增长方式转变”以来，经过不断努力，取得了不少成效，但总体上看经济增长方式尚未实现根本转变。转变经济增长方式要求生产要素结构优化，质量提高，达到节约资源、增加产出的目的，这势必涉及经济发展方式中方方面面的问题，单靠转变经济增长方式不仅难以根本转变经济增长方式，还可能产生一些新的问题。

因此,必须把转变经济增长方式和转变经济发展方式结合起来。为此,党的十七大报告中明确提出,要"加快经济发展方式转变",这是中国国民经济发展战略的一个重要方面。面对当前复杂多变的国际国内经济形势,为了积极适应全球需求结构的重大变化、进一步增强中国经济抵御国际市场风险能力和可持续发展能力,国家在"十二五"规划的指导思想中再次强调,要"顺应各族人民过上更好生活新期待,以科学发展为主题,以加快转变经济发展方式为主线",这是推进新时期城市群经济转型发展的重要指导思想。

经济发展方式的内容丰富复杂,它不仅包括经济增长方式的内容,而且还包括产业结构、收入分配、居民生活以及城乡结构、区域结构、资源利用、生态环境等方面的诸多内容。转变经济发展方式,既要求从粗放型增长转变为集约型增长,又要求从通常的增长转变为全面、协调、可持续的发展[213]。

在加快转变经济发展方式过程中,前已述及的经济结构的战略性调整是其主攻方向,而建设资源节约型、环境友好型社会则是其重要着力点。

从现在起至2020年全面建设小康社会目标的实现,还有近10年时间。在这段时间里,中国经济发展的主要矛盾可以概括为为满足人民群众日益增长的物质文化需要而加快经济发展与产出率较低、消耗较大、污染较重、排放空间有限的传统经济发展方式之间的矛盾[214]。这是因为,在我们这样一个发展中国家,要全面建设小康社会,不断改善民生,促进社会进步,经济就需要保持一定的发展速度,就必须始终坚持发展是第一要务,是硬道理,这一点绝不能动摇。但还必须看到,我国的人均资源不足,环境容量有限。传统经济发展方式下资源产出率偏低,高排放、高污染的特征决定了中国加快转变经济发展方式刻不容缓。同时,在目前的体制和政策格局下,地方政府仍具有追求经济高速增长的强大动力,这使得控制经济增速太快带来的资源紧张、环境恶化问题成为当前转变经济发展方式的重点和难点[215]。因此,在大力推进城市群实体经济系统结构优化调整的同时,各地政府还应深入贯彻节约资源和保护环境的基本国策,广泛运用法律、行政、技术和经济手段,提高资源利用率,加大节能降耗工作力度,积极淘汰落后产能,降低温室气体排放强度,发展循环经济,推广低碳技术,积极应对全球气候变化,促进城市群经济社会发展与人口资源环境相协调,走可持续发展之路。

6.2.1.3　促进合理分工

分工的不断演进是促进社会生产力迅速发展和经济运行效率提高的重要源泉。但是,由于分工在带来报酬递增的同时,也会引起交易费用的增加,而交易费用对分工水平和生产力的发展有着决定性的影响[4]P90。因此，作为人类经济活动的基本原则，分工必然需要借助于某种特定而有效的经济组织形态作为载体。这种经济组织形态的主要功能在于：一方面降低社会分工扩大过程中不断递增的交易费用，进一步促进分工范围的扩大；另一方面放大分工带来的报酬递增，进一步深化分工的效果。分工的组织形态多种多样，市场和企业就是分工最基本的组织形态，另外还有大量的交易是介于企业和市场之间的中间形式。这些中间性组织兼具企业和市场的双重优点，可以同时运用价格机制和权威机制引导资源配置，使其成为分工组织的一般形态[216]。从空间的视角来看，一体化发展的城市群实体经济系统，就是一种中间性组织，它是分工的一种空间组织形态。这种空间组织形态有利于更好地释放分工与市场范围①之间的正向累积效应，即分工的深化、要素报酬的递增、市场范围的扩大、社会财富的增加。这是因为，一方面，作为分工的空间组织形态，一体化发展的城市群可以使分工受市场范围限制的程度大大弱化，从而促进分工的进一步发展，并实现分工的利益。另一方面，分工所产生的报酬递增可以增进城市群实体经济系统一体化发展的程度，进而促进市场范围的进一步扩大。分工使得城市群区域内的企业和企业之间、产业和产业之间、地区和地区之间建立起相互联系。随着分工的不断演进，城市群内各地区的专业化（包括部门专业化和产品专业化）程度不断加深，产业链分工体系不断扩展，迂回生产链条不断加长，这就导致城市群内各地区之间由于分工所引起的各种联系逐步演变成一种建立在各自比较优势和资源禀赋优势基础上的产业结构格局，并且彼此间相互作用、优势互补，共同联结成为一个既有分工、又有密切关联的有机整体。这种由于分工所引起的城市群内不同专业化之间以及产业链的不同环节之间的相互协调，在带来最终产品生产效率提高的同时，也促进了城市群实体经济系统一体化程度的提升。

城市群实体经济系统一体化与分工和市场范围之间的动态良性循环关系表明，打破城市群实体经济系统分割发展的格局，深化城市群内部的产业整合与合理分工，加快城市群实体经济系统一体化发展进程，有利于实现城市群资源的有效配置和高效利用，进而有利于推动城市群金融系统为了适应实体经

---

① 这里的市场范围包括两层含义：市场的广度和市场的深度。前者是指市场空间范围的扩大，它受到消费者的数量、区域市场以及资源禀赋等的制约，后者则是指市场交易环境的改善，如交易费用的减少、知识和技术的外溢等。城市群一体化发展既可以扩大市场广度，也能增加市场深度，从而拓展市场范围。

济系统一体化发展的内在要求而加快其一体化发展进程。

6.2.2 金融系统的供给推动机制

金融发展理论认为,金融发展对经济增长有重要的推动作用。因此,无论是在中国中西部有条件的地区培育壮大若干城市群,还是在东部地区逐步打造更具国际竞争力的城市群,都离不开城市群金融系统对实体经济系统的强力支持。改革开放以来,中国地方金融发展虽初见成效,但仍存在着金融发展不平衡、金融结构不合理、金融功能不完善、金融合作不充分等诸多问题。要进一步增强城市群实体经济系统发展的动力和活力,就必须通过优化金融结构、改善金融管理、促进金融创新、加强金融合作等途径,大力提升城市群金融系统的供给能力和核心竞争力,充分发挥城市群金融系统在转变经济发展方式、调整经济结构、推进自主创新以及加速经济一体化发展进程等方面的推动作用。

6.2.2.1 优化金融结构

在现代经济中,金融活动与经济运行相伴而行。金融总量总是伴随着经济的增长不断得到扩张,这种扩张反过来又对经济增长起着十分重要的推动作用,并在一定意义上反映着经济金融化的广度。但值得注意的是,在金融总量扩张的同时,金融结构也会相应变动。对于某一时点的金融总量或总体而言,其金融结构总是处于某种既定的状态,但这并不意味着此种状态的金融结构一定是合理的。通过对金融结构的考察,人们可以评析金融发展是否存在问题,是否具有理想的效率以及是否符合金融发展的内在规律。金融结构在一定程度上反映着金融与经济发展的层次和经济金融化的深度[47]。因此,要提升金融发展的层次和效率,充分发挥金融系统的各项功能,就必须结合经济发展的现实需求和金融发展的实际状况,不断优化金融结构,深入推进金融系统稳健、高效运行。

金融结构是指金融系统内部各种不同的金融制度安排的比例及其相对构成,人们可以从不同的角度对之加以考察。从金融活动是否需要通过金融中介,可以考察金融市场与金融中介的比例构成,如在许多文献中,常见的做法就是将金融结构区分为市场主导型和银行主导型两种类型;从金融活动是否受到政府金融监管部门的监管,可以区分为正规金融与非正规金融;从金融交易的期限长短,可以将金融市场结构划分为货币市场与资本市场;就银行业结构本身,可以分析银行业的竞争程度和不同规模银行的分布。

不同的金融制度安排在动员储蓄、克服金融交易中的信息不对称、降低交易成本、配置资金和分散风险方面的机制与方式各有优势和劣势,如果就金融论金融往往难以确定何种金融结构对经济发展更有利。因此,深入探究金融结构问题,还需将金融系统和实体经济系统很好地结合起来。

处于不同地理区位和经济发展阶段的城市群具有不同的要素禀赋结构,并由此内生决定了与其相适应的最优产业结构,而处于不同产业的企业具有不同的规模和风险特性,并具有不同的融资需求和信息特征。因此,处于特定地理区位和特定经济发展阶段的城市群都应有适合自身的最优金融结构,不存在适用于所有经济发展阶段和所有城市群的最优金融结构,对于不同的城市群,其实体经济系统对于金融服务的需求存在着系统性差异。这种内生的最优金融结构是客观的,也是动态的,它会随着城市群要素禀赋结构和产业技术结构的提升、企业规模和风险特性的变化而演变。只有城市群金融系统的结构与实体经济系统的最优产业结构相匹配,才能有效发挥出金融系统促进实体经济发展的各项功能。然而,现实中的政策法规、管理体制等各种因素,往往会影响城市群金融系统结构的演化,使其与最优路径发生偏离。这种偏离不仅会降低金融系统的效率,抑制实体经济的发展,而且可能会引发系统性的金融风险。

因此,要有效地发挥金融系统动员储蓄、分散风险、配置资金等基本职能,促进经济又好又快发展,处在特定发展阶段的城市群应当形成与其要素禀赋结构所决定的最优产业结构相适应的最优金融结构,即城市群金融系统中各种金融制度安排的比例构成及其相互关系要与其要素禀赋结构所内生决定的地区、产业、技术结构和企业的特性相互匹配,以支持具有比较优势的产业和具有自生能力①的企业能够健康成长,这样不仅有利于推动区域资本加速积累,创造出更多的经济剩余,而且有利于推动城市群要素禀赋结构和产业结构的进一步优化升级。

6.2.2.2 促进金融创新

创新是金融业的灵魂和不竭动力。从货币的产生到金融衍生品的出现,每一次金融创新都推动了金融乃至整个经济的跨越式发展。面对当前转变经济发展方式、推进经济结构优化调整的新形势新任务,城市群应加快金融系统的金融创新步伐,更好地为实体经济发展提供服务。具体来说,可以通过以下

① 所谓自生能力,是指在一个开放、竞争的市场中,一个具有正常管理的企业在没有政府或其他外力的扶持或保护的情况下,可获得市场上可以接受的正常利润率。在企业都具有自生能力的前提下可以推论,如果一个企业在竞争的市场中并未获得市场可以接受的正常利润率,则一定是由于缺乏正常的管理。而一个企业是否具有自生能力的关键在于,该企业所在的产业及其技术选择是否符合经济体的要素禀赋结构所决定的比较优势。

几个方面来促进金融创新。

一是促进金融制度创新。比如,当前中小企业已经成为中国地方经济的重要组成部分和社会稳定的重要力量。为了支持中小企业的发展,就需要加快完善金融体系,深化改革金融体制,切实从体制机制上解决中小企业融资难的问题。首先,监管机构要进一步放开市场准入管制,鼓励和支持民营资本设立中小金融机构,积极发展小额信贷公司等小型、新型金融机构;其次,要改进金融机构特别是小型金融机构的经营条件和经营环境;第三,要抓紧推进股权和企业质押登记以及大型农用设备、林权抵押登记、纠纷处理办法等配套制度建设,提高抵押品市场的流转效率;第四是要在人才培养方面为中小信贷机构提供支持,并建立银政企融资平台的长效机制;第五是加快资本市场建设,支持鼓励中小企业通过集合发债等方式从资本市场融资。

二是促进金融组织体系和发展模式创新。应推动建立区域的大型金融控股公司和财团,鼓励金融机构在城市群区域内开展综合经营,支持金融机构建立区域性的业务管理总部,与监管部门一道为金融机构跨地区经营和设立分支机构提供便利。要建立健全现代金融企业制度,进一步完善公司治理结构,着力推动发展方式、盈利模式与业务结构的优化调整,着力强化内控机制建设和全面风险管理,着力塑造竞争优势,切实增强金融企业的稳健经营和可持续发展能力。

三是促进金融业务和金融产品创新。要在贯彻落实国家宏观调控政策措施的基础上,积极推动金融机构支付手段、信贷产品、中间业务等的创新,更好地发挥金融对经济的推动作用。比如,为了推动地方形成创新驱动的发展格局,就应促进银行内部创新,鼓励银行推出更多适合高新技术企业特点的信贷产品;为了适应低碳经济发展的需要,环境产业投资基金、商业银行的低碳项目贷款、政策性银行的大型项目的环境结构性金融支持、绿色金融和企业债券的发行、衍生环境金融工具等新的金融创新工具的研究与开发则应成为低碳经济时代金融创新的主要方向;为了支持战略性新兴产业发展,城市群金融系统则应根据战略性新兴产业不同发展阶段和产业链不同环节的特点,创新地开发提供相应的金融产品和金融服务;为了更好地服务大众需求,金融机构应努力开发多样化的理财产品和投资工具,积极促进民生改善与居民消费。

四是促进产业资本与金融资本融合方式创新。各地方政府要积极引导社会资本和产业资本进入金融领域,同时,也要鼓励支持金融资本有效介入产业领域,创新产业资本与金融资本的融合方式和途径,加快培育先进产业和龙头企业。当然,在创新过程中,要注意加强与金融监管的相互协调,控制创新风险，充分发挥创新在经济社会发展中的积极作用。

6.2.2.3 加强金融合作

金融合作是区域经济发展的重要推动力。城市群实体经济系统一体化发展步伐的加快，不仅为城市群金融合作奠定了坚实的基础，同时也对加强城市群金融合作提出了全方位、多层次的综合需求，尤其是对金融机构跨区金融服务提出了更高的新的要求。城市群的形成和发展，不仅需要金融机构提供传统的一般存贷业务，更需要提供跨地区的结算、咨询、资信、理财、保险、证券、财务顾问等全方位的金融服务。城市群内各城市应按照平等互利、合作共赢的原则，打破金融机构相互分割、各自为政的局面，大力推进区域金融合作，积极探索银行业、证券业、保险业之间的整合，不断满足区域经济发展日益增长的跨地金融服务需求，切实发挥金融在城市群区域经济发展中的核心作用。具体来说，可以采取以下几个方面的措施。

一是加快完善金融合作机制。要充分利用城市群的地缘优势，建立健全城市群金融合作协调机制，加强各城市金融领域的信息交流，使地方政府、金融监管部门和金融企业打破行政区划壁垒，共同研究城市群金融合作的规划和策略，为城市群金融合作提供战略指导、政策支持和制度保障，及时协商解决金融联动发展中的各种利益冲突与矛盾，有效密切各城市间的金融合作，充分调动合作各方的积极性，促进城市群金融合作向纵深化、多元化方向发展。

二是合理明确金融功能分工。要以实现地方经济发展和城市群整体发展互动共荣为目标，结合城市群内各金融等别城市金融行业的发展环境、金融资源的保有量、金融体系的完整程度以及地方经济的发展状况，提出各城市在城市群金融等别结构中的不同责任和分工，有针对性地开发本地金融特色产业，进一步加强城市群内部金融资源的整合，使各城市在金融产业的不同细分领域进行互补式协同发展，避免城市群内出现针对金融资源的非理性抢夺和恶性竞争。

三是积极引导金融资源跨区流动。通过建立面向城市群的电子交易平台和产权交易中心，发展异地贷款、银团贷款，开展并购贷款业务，支持商业银行拓展跨地区、跨城市的伴随企业服务，支持金融机构跨区域经营，建立跨地区的金融控股企业等措施，促进信贷资金、投资资金在城市群区域内合理流动。以效益为中心，紧密围绕城市群金融一体化发展的战略思路，切实构建具有较强融资能力的网络化、开放性的城市群区域金融共同市场，积极打造统一的货币、资本、外汇、保险、期货等市场和金融平台，使资金在城市群区域内实现自由流动。

四是要合力共建金融基础设施。要按照统一制度、统一标准、统一实施的要求，不断完善城市群区域内的清算、结算体系，确保城市间的资金流转高效顺畅。积极构建城市群经济金融信息共享平台，为促进区域金融合作与互动以及全面、客观、及时反映城市群经济、金融运行特点和发展趋势提供强大的信息支持。

五是切实改善金融生态环境。各地政府要联合打造良好的法治环境，切实维护好城市群区域内各方利益主体的合法权益。要协调推进规范的区域信用环境建设，在城市群内形成有利于促进金融改革发展的诚信氛围和社会环境。要共同建立起城市群反洗钱区域合作机制，严厉打击洗钱等违法犯罪活动。要积极防范各类金融风险，促进城市群金融机构稳健经营。要加大金融人才的联合培训和交流力度，为城市群金融的深化发展提供人才支撑。要通过组织金融合作论坛等途径，充分动员各种社会力量，为城市群金融合作发展等问题献计献策。

第七章　长三角城市群经济与金融系统耦合的实证分析

长江三角洲(以下简称“长三角”)是中国和世界著名的河口三角洲之一。学术界和决策层对长三角地域空间范围的界定有着不同观点,集中表现为两大分支:即自然地理上的长三角和经济地理上的长三角。前者所讲的长三角北起新通洋运河,南达杭州湾,西抵宁镇丘陵,地势以太湖为中心呈碗状分布,因而也称“太湖盆地”;后者所讲的长三角地域范围比较模糊,但要大于自然地理上的长三角。通常所讲的长三角城市群(也称为“长三角经济圈”)由16个城市组成,分别为:上海市,江苏省的南京、苏州、无锡、常州、镇江、扬州、泰州、南通,浙江省的杭州、宁波、湖州、嘉兴、绍兴、舟山、台州。其中,上海被视为长三角城市群的中心,杭州、南京被视为长三角城市群的副中心。近年来,长三角扩容步伐日益加快,并正逐步向泛长三角经济圈过渡。在2008年9月7日国务院印发的《关于进一步推进长江三角洲地区改革开放和经济社会发展的指导意见》(国发〔2008〕30号,以下简称《指导意见》)中,将经济地理上的长三角地域范围明确为上海市、江苏省和浙江省两省一市;2010年5月,依据《指导意见》制定的《长江三角洲地区区域规划》中除指明规划范围包括沪、苏、浙两省一市外,还将通常所讲的长三角16个城市明确为长三角地区的核心区。考虑到省级行政区划的相对稳定性和分析中数据统计资料的可得性,本书将长三角城市群的地域范围确定为由25个城市①所构成的沪、苏、浙两省一市的完整行政管辖地域空间。

国务院出台的《指导意见》首次将长三角城市群的发展上升至国家战略层面,指出了长三角城市群在中国社会主义现代化建设全局中所具有的重要战略地位和带动作用,并明确提出了长三角城市群发展的总体要求,即实现“科

① 25个城市具体如下,除了通常所讲的长三角城市群的16个城市外,还包括江苏、浙江的其余9个地级市,分别为江苏的连云港、徐州、宿迁、淮安、盐城和浙江的金华、温州、丽水、衢州。

学发展、和谐发展、率先发展、一体化发展”。基于经济建设在地区社会经济发展中的中心地位以及金融在现代经济发展中的核心地位，从系统耦合的视角，深入探究长三角城市群经济与金融系统的耦合发展中取得的成就及存在的问题，提出并实施有效的对策方略，是贯彻落实国家战略关于长三角城市群发展总体要求的重要举措。

7.1 长三角经济与金融系统耦合发展的重要意义[217]

在当前国际经济、金融环境发生重大变化，国内各项改革深入推进的新形势下，按照国家战略的总体要求，扎实推进长三角城市群经济与金融系统耦合发展，意义重大。

7.1.1 有利于增强中国的国际竞争力和抗风险能力

从全球层面看，在经济全球化和国际经济形势复杂多变的当今时代，推进城市群的整体联动发展，充分发挥城市群的整体优势，以城市群取代单个城市作为国家参与国际竞争的主力，已经成为世界各国提升国际竞争力的重要途径。目前，引领中国经济发展的大城市群主要有三个：长三角城市群、珠三角城市群和京津冀城市群。其中，长三角城市群以占全国 2.22% 的土地面积、11.11% 的人口，创造了占全国 21.29% 的 GDP，是三大城市群中综合实力最强的区域（见表 7-1），也是中国参与国际竞争最有潜力的区域。但是，由于长三角城市群在行政区划上包括苏浙沪两省一市，其国际竞争力的提升还有待于这些行政区整体合力的增强。因此，深入推进长三角城市群经济与金融系统耦合发展，进一步加强各行政区之间经济与金融发展的互动与协调，充分发挥各地比较优势，大力提升长三角城市群整体经济素质，有利于将长三角城市群打造成亚太地区重要的国际门户、全球重要的现代服务业和先进制造业中心，从而在更高层次上代表中国参与国际经济、金融合作和竞争。同时，在充满风险和不确定性的世界经济环境中，长三角城市群经济与金融系统的耦合发展，还有利于长三角各地联手应对各种危机与挑战，有利于增强中国区域经济的整体抗风险能力。

表 7-1　我国三大城市群经济社会发展概况比较(2009 年)

地区		土地面积(万平方公里)	年末总人口(万人)	GDP(亿元)	人均 GDP(元)	一般预算收入(亿元)	进出口总额(亿美元)	全社会固定资产投资总额(亿元)	外商投资企业年底投资总额(亿美元)	社会消费品零售总额(亿元)
全国		960	133 474.00	340 506.90	25 511.10	32 602.59	22 075.35	224 598.80	25 000.00	132 678.40
长三角城市群	数量	21.30	14 826.00	72 494.10	48 896.60	7 911.59	8 041.84	34 736.00	9 168.00	25 279.60
	占全国(%)	2.22	11.11	21.29	191.67	24.27	36.43	15.47	36.67	19.05
珠三角城市群	数量	17.98	9 368.00	39 482.56	40 965.51	3 649.81	6 110.94	12 933.10	3 939.00	14 891.80
	占全国(%)	1.87	7.22	11.60	160.58	11.19	27.68	5.76	15.76	11.22
京津冀城市群	数量	21.59	10 017.00	36 910.36	36 847.72	3 915.92	3 081.92	21 624.90	2 413.00	13 505.60
	占全国(%)	2.25	7.5	10.84	144.44	12.01	13.96	9.63	9.65	10.18
长三角：珠三角(倍)		1.18	1.54	1.84	1.19	2.17	1.32	2.69	2.33	1.70
长三角：京津冀(倍)		0.99	1.48	1.96	1.33	2.02	2.61	1.61	3.80	1.87

数据来源：根据《中国统计年鉴——2010》及有关省(市)2010 年统计年鉴数据整理计算。

说明：1. 长三角城市群的范围包括苏浙沪两省一市，珠三角城市群的范围包括广东全省，京津冀城市群的范围包括北京市、天津市和河北省；

2. 人均 GDP 按年末总人口计算。

7.1.2 有利于增强长三角地区在全国的辐射带动力

从全国层面看，改革开放30多年来，尤其是浦东开发开放以来，长三角地区不仅率先发展，而且还为服务全国大局、带动全国改革开放和现代化建设作出了重要贡献。在当前我国经济发展转型的关键历史阶段，深入推进长三角城市群经济与金融系统的耦合发展，强化其服务和辐射功能，有利于进一步发挥该地区在全国的龙头、示范与引领作用。首先，长三角城市群经济与金融系统的耦合发展，有助于增强长三角区域经济、金融的整体实力，创造更多的物质财富和金融资源，从而为国家区域发展总体战略的深入实施提供坚实的物质基础和金融支撑。其次，长三角地区比国内其他地区具有更广阔的辐射空间，它不但处于我国东部沿海地区的中部，有利于沿着"黄金海岸"向全国辐射，而且是长江流域的龙头，溯江而上可通苏、皖、赣、鄂、湘、川、渝及滇、黔、陕、豫等地。长三角区域经济、金融整体实力的提升，有利于增强对中西部地区的辐射带动功能，推动全国区域协调发展。再次，长三角城市群经济与金融系统的耦合发展，有助于推进形成全国统一开放的市场体系，实现产品和要素在更广范围内的合理流动和优化配置，进而推动新的发展方式、完善的体制机制、先进的技术和管理经验等向其他地区扩散，促进全国经济整体素质的提升。

7.1.3 有利于增强长三角地区自身的可持续发展能力

从区域层面看，虽然长三角城市群经济社会发展在国内处于领先位置，具有较强的竞争力，但与国际先进水平相比还有较大差距。同时，长三角城市群在其自身发展过程中，还面临着许多亟待解决的矛盾和问题。主要有：区域内各城市发展定位和分工不够合理；各地区比较优势和区域整体优势没有得到充分发挥，重复建设和过度竞争现象较为突出；市场体系分割，生产要素难以在区域内自由流动，区域资源的整体优化配置和高效利用难以实现；交通、能源、通信等重大基础设施衔接不畅，设施浪费与短缺并存；资源、环境约束日益明显，特别是土地、能源资源紧张，部分地区环境污染较为严重；自主创新能力不强，关键技术和核心技术不足，自主知识产权和国际知名品牌较少；流动人口快速增加，社会关系日趋复杂，社会管理体制和协调机制尚不健全；等等。[218]这些问题既有全国共性的问题，也有长三角地区率先发展中首先遇到的问题，它们构成了长三角地区持续发展的羁绊。推进长三角城市群经济与金融系统的耦合发展，完善长三角城市群经济与金融系统的结构与功能，实现各城市优势互补与合作共赢，有助于克服长三角地区发展中面临的种种问题，进一步增强长三角城市群的可持续发展能力，使长三角城市群能够长久保持经济高速增长的良好态势，并以强大的综合竞争优势成为我国率先实现全面建设小康社会和率先基本实现现代化的先行区域。

7.2 长三角经济与金融系统耦合发展的现状特征

长三角地区地域相连、人缘相亲、经济相通、文化相融，大致自南宋以来，该地区社会、经济、文化、生态、技术等综合协调发展，并逐渐成为中国经济繁荣、文化昌盛之地，具有鲜明的地域特色。历史时期所形成的良好基础为改革开放后长三角区域经济走向一体化的发展道路创造了必要条件。改革开放30多年来，作为长三角地区中心城市的上海与周边城市之间，通过经济集聚与辐射，逐步形成了较为统一的生产和流通网络，区域经济一体化和区域金融一体化发展水平已有所提高。但不可否认的是，由于种种原因，长三角经济与金融系统耦合发展中还存在诸多问题。

7.2.1 长三角经济系统一体化发展概况

改革开放后，长三角经济系统一体化发展大致经历了起步、加强、拓展和深化四大演进阶段，跨地区的产业合作和资源共享已经取得了较大进展，初步形成了以上海为龙头、苏浙两省为腹地的区域有机经济体。但由于行政区经济的刚性约束等体制机制问题尚未得到有效解决，因此当前长三角经济系统一体化发展的深入推进还面临着诸多障碍。

7.2.1.1 长三角经济系统一体化发展的演进阶段

优越的自然地理条件、悠久的经济开发历史、深厚的地域文化底蕴为改革开放后长三角区域经济走向一体化的发展道路创造了必要条件。在此基础上，改革开放以来，长三角区域经济一体化的发展进程大致经历了起步、加强、拓展和深化四大演进阶段。

1. 起步阶段：上海经济区成立至20世纪80年代末

“六五”初期，在改革开放及国民经济调整取得初步成效的基础上，为了把全部经济工作转向以提高经济效益为中心的轨道，我国将积极稳妥地推进经济体制改革列为经济建设的重要方针之一。其中，党中央、国务院为了推进计划经济时期形成的、按条块分割的纵向行政性地区经济组织管理体制改革，决定在各方面条件较好的长三角地区试点建立以上海为中心的长江三角洲经济区（简称“上海经济区”），这是当时我国经济体制改革的一项重大决策和我国经济组织管理体制改革的一项重要试验。1982年12月22日，国务院发出《通知》，决定成立上海经济区，这是长三角城市群概念的最早雏形。[219]成立之初的上海经济区的范围是：以上海为中心，包括长三角地区的苏州、无锡、常州、南通和杭州、嘉兴、湖州、宁波、绍兴共10个城市，其常设机构是一个研究、调研性质的"规划办公室"，主要运作平台是一个协商性质的上海经济区省(市)首脑会议和十市市长联席会议。20世纪80年代以后，中国的改革和发展一直沿着"地方分权+市场化竞争"的路径推进，在区域经济发展层面，"中央—省"两级政府的经济权力和利益分割的博弈表明，后者的地位和分量在不断加强，与此相匹配的另一个趋势，就是地方与地方之间竞争的强化。在这样的背景下，并没有被赋予用组织手段，更没有形成一个统一市场或共同市场来进行资源配置功能的上海经济区，其在长三角主要省市经济生活中的地位不断被边缘化。[220]再加上上海经济区范围的不断扩大，从最早的10个城市，扩张到华东地区5省1市(包括江苏、浙江、上海、安徽、江西和福建，山东始终只有"观察员"身份)，各个省(市)有着各自的地方利益，这种跨省区的行政协调光靠这么一个对区内各省市没有实际行政管理权的机构是很难做到的。种种原因导致上海经济区在成立5年后"无疾而终"。

虽然上海经济区的实践在经济组织管理体制改革上未能很好地实现其战略目标，宏观层面上行政区划之间的联合与协作未能有大的突破，但在微观层面上，上海经济区的成立对推动长三角地区企业间的横向经济联合起到了积极作用。上海经济区存续期间恰逢江浙地区乡镇企业的蓬勃发展时期，江浙地区创造了工业化和城市化的苏南模式和温州模式。这些地区在发展中为了获得资金、技术、人才、管理、市场、信息等方面的支撑，纷纷与上海经济区的有关组织机构和上海的国有企业，开展多种形式的横向经济联合。当时上海的"星期六工程师"现象就是对这种横向经济联合的生动写照。因此可以说，上海经济区的成立及其所诱致的长三角地区企业间的横向经济联合，使得上海和周边江浙地区之间的经济组织管理开始由纵向行政性管理向横向市场性联系方向发展，长三角区域经济一体化的发展格局初露端倪。

2. 加强阶段：浦东开发开放至20世纪末

20世纪80年代，国家实行的一系列优先支持条件较好的沿海地区发展的东倾政策，使得沿海地区成为推动中国国民经济高速增长的重要力量，并形成了一条从南到北沿海岸线延伸的沿海对外开放地带。但是，在该段时期我国东部沿海地区经济整体快速发展的同时，上海的发展却相对滞后。20世纪80年代的上海，既没有像深圳特区那样得到种种优惠开放政策从而充当起中国改革开放的"排头兵"，并由此带动了珠三角的发展，也没有像长三角地区的江浙两省那样涌现出大规模的充满活力的乡镇企业进而带动起省域经济的快速起飞，而只能在传统经济体制内部进行尝试。在江浙两省市场化程度不断加深的同时，上海却裹足不前，所有制结构始终以国有制为主。上海经济转轨的相对滞后对长三角地区的影响是非常显著的。1979—1989 年间，上海市的名义 GDP 年均增长 9.02%，明显低于同期全国平均 15.17% 的水平。同期江苏、浙江两省则分别平均增长 16.61% 和 19.37%，均高于全国平均增速。但由于上海的经济总量相对较大，江浙的快速增长并不足以抵消上海的相对滞后，以致长三角地区 14.69% 的总体增速略低于全国平均增速，比同期快速发展的广东省（20.23%）更是落后达 5.54 个百分点。

始于 20 世纪 90 年代初的上海浦东开发开放，有效改变了上海经济发展相对滞后的状况，使得上海重新确立起长三角地区的龙头地位和全国的经济中心地位。同时，浦东的开发开放，也进一步强化了长三角区域内部的产业分工，进而推动了长三角区域经济一体化发展的进程。

浦东开发开放迸发的不竭动力使得上海再度崛起，并迅速确立了其在长三角、长江流域、全国乃至东亚（远东、太平洋西岸、亚太）地区的中心城市地位。上海的经济发展从 20 世纪 80 年代低于全国平均增长水平一跃而成为增长领先的地区。从 1990 年至 2000 年的 11 年间，上海名义 GDP 一直保持两位数的高速增长，年均增长率为 19.40%，高出同期全国名义 GDP 年均增长率（17.64%）1.76 个百分点，其在中国经济中的核心地位日益巩固。不仅如此，浦东开发开放还强有力地推进了以上海为中心的长三角区域经济的一体化进程。浦东开发开放使得上海开始拥有新的资源优势，包括中央给予的优惠政策及由此而来的制度优势和吸引外资优势，从而为周边江浙地区的经济发展提供了重要的机遇，而这正是长三角区域经济一体化发展得以加强的主要原因。

进入 20 世纪 90 年代后，随着我国市场化进程的深入及对外开放的深化，跨地区的区域经济合作与发展成为关系全局的一项重要任务。为了充分发挥浦东开发开放形成的新的资源优势，长三角区域经济一体化发展中出现的一个明显变化就是地方政府开始主动介入，沪、苏、浙政府间的合作日益加强。1992 年，为推动和加强长江三角洲地区经济联合与协作，促进长江三角洲地区经济可持续发展，由上海、苏州、无锡、常州、镇江、南京、南通、扬州、杭州、嘉兴、湖州、宁波、舟山、绍兴 14 个市经协委（办）发起、组织，成立了长江三角洲 14 城市协作办（委）主任联席会。1997 年，上述 14 个城市的市政府和 1996 年新成立的泰州市共 15 个城市通过平等协商，自愿组成新的经济协调组织——长江三角洲城市经济协调会。该协调会每两年举行一次正式会议，逐步摸索出了一套行之有效的城市间合作专题工作制度，成为长三角城市合作和协调发展的重要平台之一。

在政府主导推进长三角区域内行政主体间协调发展平台建设的同时，该段时期的江浙两省及上海周边主要城市都纷纷提出了“接轨上海”的口号，但因担心浦东开发会吸引江浙地区资本、人才等优质资源流向上海，对自身发展产生不利影响，江浙两省在政策层面上未能有效地出台促进长三角一体化的具体举措。相反，在江浙邻近上海的市县层面上形成了更为实质性的合作。浦东开发开放后，国际上掀起了上海热，带来了外商对长三角地区投资的热潮，对江浙引资极为有利。尤其是江苏的苏锡常地区，它们充分利用自身紧邻上海的优越地理区位优势和上海经济区时期已经建立起来的和上海企业间的横向经济联系，借助浦东开发开放的平台，将原有的上海国有企业和苏南乡镇企业之间的技术转移通道迅速转变为通过引进海外资本大力推动本地经济发展的新的苏沪合作模式，取得了良好成效。对浙江而言，由于该段时期浙江北部近邻上海南翼的嘉兴地区，在更多地通过市场手段去获取地方经济发展资源的主动性方面相对不如苏州，因此其主动利用上海优势资源发展本地经济的成效要逊色于苏南，但浙江的企业在利用浦东开发开放机遇方面取得的收获较大。与该段时期苏南地区以当地各级地方政府为主导，抓住机遇与浦东开发开放接轨，实现传统“苏南模式”向外向型经济转型的发展路径相比，浙江经济对接上海浦东开发开放的路径更多地带有以民间力量为主导、进入上海求发展的特点。据不完全统计，20 世纪 90 年代中后期，浙江企业在上海发展的数量在 30 000 家以上，占全国各地赴上海发展企业的 1/3 左右；其中注册资金在 2 000 万元以上的较大规模企业约 500 家，注册资金在 200 万元以上的企业约 2 000 家。① 浙江民营企业积极“移师”上海，进一步强化了长三角区域内部的产业分工，推进了长三角区域经济一体化发展的进程。

总之，在浦东作为新的经济增长点、新的体制创新点和新的国际联接点的辐射和影响下，在政府和市场的共同推动下，长三角区域经济一体化发展的势头逐步得到加强和巩固，并呈现出新的阶段性特征，具体表现为：合作方式日益灵活多样，企业跨地区资产运作与经营步伐明显加快，合作领域与合作规模进一步扩大，区域商贸、旅游网络建设取得显著成效，等等。[221]

3. 拓展阶段：2001 年至国家战略颁布前

“十五”时期以来，我国经济和社会发展面临着新的国际国内形势。一方面，世界科技革命迅猛发展，经济全球化趋势不断增强，周边国家正在加快发

---

① 数据来源：沈倜. 浙江企业缘何“迁都”上海. 今日浙江，2000(15)：32－33.

展，日益激烈的国际竞争环境既对中国经济发展提出了严峻挑战，同时也给我国实现跨越式发展提供了历史性机遇；另一方面，我国国内经济发展进入了经济结构调整的关键时期，改革处于攻坚阶段，加入 WTO 又会带来新的竞争和问题。面对改革开放和现代化建设新阶段的形势和任务，国家“十五”计划纲要，对我国十五时期地区经济布局的合理调整进行了战略部署，其中要求，东部地区要以提高经济的综合素质和国际竞争力为发展主线，在体制创新、科技创新、对外开放和经济发展中继续走在前列，有条件的地方争取率先基本实现现代化；要进一步发挥长江三角洲等经济区域在全国经济增长中的带动作用；要打破行政分割，重塑市场经济条件下的新型地区经济关系。“十一五”时期，我国进入了全面建设小康社会的关键时期，坚持实施推进西部大开发、振兴东北地区等老工业基地、促进中部地区崛起、鼓励东部地区率先发展的区域发展总体战略，促进区域协调发展成为新时期深入贯彻落实科学发展观、全面建设小康社会的重要任务之一。2007 年，党的十七大报告又进一步指出，要继续实施区域发展总体战略，积极支持东部地区率先发展；要遵循市场经济规律，突破行政区划界限，形成若干带动力强、联系紧密的经济圈和经济带；要以增强综合承载能力为重点，以特大城市为依托，形成辐射作用大的城市群，培育新的经济增长极。在上述精神指导下，2001 年至 2008 年国务院《指导意见》发布期间，通过政府推动和市场主导，长三角区域内两省一市的合作范围不断拓展，合作水平不断提高，取得了丰硕的成果。

首先，在地方政府间合作方面，长三角地区为打破行政区划的束缚，充分发挥区域整体优势，区域内各级党委、政府十分重视区域联动协作，都把加强区域协调发展作为一项重要的发展战略，主动加强彼此间的合作与交流。上海市提出了“服务长三角”的发展定位，江浙两省也在“接轨上海”方面迈出了实质性的步伐，两省一市制定了一系列推进长三角区域一体化发展的政策文件和工作举措。长三角区域内各地政府在推出有关促进地区交流与合作政策的同时，为了有效促进相互间的沟通与协作，区域内各次区域间还先后主要建立和完善了四个层面的协调机制①，初步形成了促进长三角区域经济一体化发展的衔接有致协作体系。在长三角区域内地方政府间区域合作机制不断建立和完善的同时，中央政府也开始着手研究、制定推动长三角区域经济一体化发

① 四个层面的协调机制分别为沪苏浙书记、省（市）长座谈会制度，常务副省（市）长级别的沪苏浙经济合作与发展座谈会制度，16 城市市长级别的长江三角洲城市经济协调会制度和三省市有关政府职能部门间的沟通协商制度。

展的一系列政策制度,从而为从国家战略层面上推进包括沪苏浙在内的长三角区域经济一体化发展定下了基调。

其次,在全球化和市场化两大动力因素作用下,国际制造业加快了向中国大陆尤其是长三角地区转移的步伐,长三角地区企业间的地域分工开始由前一阶段江浙向上海的单向扩张转变为江浙沪三地之间的相互渗透。如根据2004年11月浙江省企业调查队对196家浙江外迁企业和150家外迁至浙江的企业调查显示,浙江跨地区发展企业中有40.3%的企业选择进入上海,13.3%的企业选择进入江苏,其数量分别排在主要进入地区的第一和第二位。而外省市跨区域发展进入浙江的企业中,来源于上海的占16.7%,来源于江苏的占10.7%,其迁入的数量也分别排在外省市进入浙江的第一和第二位。[①]同时,一些上规模的企业基于成本利益和发展战略的考虑,将企业总部与生产加工基地分别布局于中心城市和周边腹地的趋势明显增强,这种基于区域资源空间分布差异而形成的新的企业组织形态,对推动区域经济的一体化发展发挥着重要作用。

4. 深化阶段:2008年国家战略颁布以来

进入2008年以来,为了有效应对国际金融危机冲击带来的不利影响,大力提升长三角地区的抗风险能力、可持续发展能力和国际竞争力,继续发挥其在全国经济发展中的引领带动作用,国务院发布了进一步推进长江三角洲地区改革开放和经济社会发展的《指导意见》。《指导意见》出台后,国家层面上又相继推出了几项有利于长三角区域经济一体化深化发展的区域规划政策。如2009年4月14日《国务院关于推进上海加快发展现代服务业和先进制造业建设国际金融中心和国际航运中心的意见》(国发〔2009〕19号)的出台,对更好地发挥上海在长三角区域经济一体化发展中的龙头地位发挥着重要的推动作用;2009年6月10日,国务院常务会议上讨论并原则通过的《江苏沿海地区发展规划》,对促进江苏沿海"洼地"崛起,进而进一步推动长三角地区产业优化升级和整体实力提升起着重要的战略指引作用;2011年年初,国家"十二五"规划纲要中明确提出,要积极支持东部地区率先发展,推进长江三角洲等地区区域经济一体化发展,重点打造江苏沿海地区、浙江舟山群岛新区等区域发展,其中的浙江舟山群岛新区已由国务院于2011年6月30日正式批准设立,这是继上海浦东新区、天津滨海新区和重庆两江新区后,党中央、国务院决

---

① 数据来源:陈建军、吕猛.区域经济一体化进程中的企业内地域分工——以长三角为例.商业经济与管理,2005(4):18-22页.

定设立的第四个国家级“新区”，也是国务院批准的中国首个以海洋经济为主题的国家战略层面新区，它的设立标志着长三角地区又将崛起一个新的重要增长极。另外，由国家发展和改革委员会牵头编制的《长江三角洲地区区域规划》也于2010年5月由国务院正式批准实施。

在一系列国家战略指引下，沪苏浙两省一市政府间的合作理念进一步加强，合作机制和合作领域不断向深度推进。如2008年12月15日至16日，在浙江省宁波市召开的第五次长三角地区主要领导座谈会上，两省一市的主要领导讨论通过了《长三角地区贯彻国务院〈指导意见〉共同推进若干重要事项的意见》，同时强调，要深化区域合作，坚持政府引导、多方参与，以市场为基础、以企业为主体，建立和完善“三级运作、统分统合、务实高效”的区域合作长效机制，要以交通、能源、信息、科技、环保、信用、社保、金融、涉外服务、工商管理为重点，深化合作课题研究，加快推进长三角地区一体化发展，努力保持长三角地区经济平稳较快发展；2009年11月27日，在江苏省苏州市举行的第六次长三角地区主要领导座谈会上，两省一市主要领导讨论通过了《共同推进长三角地区一体化发展若干重要事项》；2010年12月20日，在上海举行的第七次长三角地区主要领导座谈会上，更是强调了两省一市要在“十二五”规划中，加强与《长江三角洲地区区域规划》的对接，共同贯彻实施好《长江三角洲地区区域规划》。

经过两省一市各级政府的共同努力，长三角地区政府间以决策层、协调层、执行层为基本构架的协作体系已基本形成，长三角地区省市、城市层面政府间的合作逐步实现了相互衔接，合力不断增强。省市层面的合作主要着眼于贯彻落实中央政策、制定区域合作政策、统筹重大项目布局；城市层面的合作则一方面围绕主要领导座谈会确定的事项及项目承担有关推进任务，另一方面继续以专题、项目为抓手，充分发挥各城市比较优势和合作积极性，整合政府、学界、企业界等资源，深化长三角各城市在区域一体化发展中的先行先试功能，促进区域经济一体化发展不断向广度和深度推进。

可以说，国家战略的颁布和实施，不仅为今后一段时期深入推进包括沪苏浙两省一市在内的长三角区域经济一体化发展指明了方向，而且也使得长三角区域经济一体化进程步入到了新的发展阶段——深化阶段，即在已有的基础上，按照国家战略的总体要求，通过政府推动和市场主导相结合，将长三角打造成分工明确、优势互补、机制灵活的有机经济体的新阶段。

从上述关于长三角经济系统一体化发展的演进历程的分析中可以看出，改革开放以来，在经济全球化及全球范围内区域经济一体化迅速发展的大背景下，长三角地区企业跨地合作与经营日渐增多，长三角经济系统一体化发展十分迅速，特别是进入21世纪以来，在市场、企业、政府的合力推动下，经济系统一体化发展步伐明显加快，区域内城市间的经济联系日渐密切，经济一体化趋势不断增强，区域经济一体化的合作机制、合作方式、合作领域呈现出多元化、多样化、广泛化的联动发展特点。

7.2.1.2　长三角经济系统一体化发展的制约因素[217]

改革开放以来，在政府和市场两种力量的推动下，作为长三角中心城市的上海与其周边江浙地区之间，逐步形成了较为密切的生产和流通网络，区域经济一体化发展已步入到深化阶段。但不可否认的是，由于我国跨省域经济圈科学管理体系的长期缺失以及行政区经济的刚性约束等体制机制问题的制约，当前长三角区域经济一体化的深入推进还面临着许多障碍，突出表现在以下几个方面。

第一，缺乏科学统筹的区域空间规划。在经济全球化浪潮的冲击下，区域在全球经济发展中的地位越来越重要。充分发挥区域规划在区域空间管治和综合协调中的重要作用，以此提升区域整体在全球竞争体系中的地位，已经成为市场经济下各国政府宏观调控的重要手段。例如，伦敦于2004年编制完成了大伦敦空间战略规划；日本继五次全国综合开发规划后，又于2007年编制完成新的国土形成规划（六全综）。[222]我国政府在宏观经济管理中历来重视规划工作，并在长期实践中形成了由发展规划和空间规划两大系列组成的规划体系。其中，发展规划系列主要包括国民经济和社会发展规划、国家和地区经济社会发展战略或产业发展战略等；空间规划系列主要包括全国国土规划、区域规划、城市规划、土地利用规划等。[223]发展规划和空间规划虽然都是综合性的总体规划，但两者性质不同、任务有别。随着市场经济的发育，前者主要就发展的方向、速度、结构和布局等提出一些原则性、政策性的规划要求及某些指导性的规划指标，对后者起着导向和指引作用；而后者是前者在不同地域空间的具体落实。所以，两大规划应该相辅相成、密切配合。然而，由于长期以来我国政府较偏重于发展规划，而对空间规划重视不够，导致目前我国空间规划中存在较多问题。其中比较突出的一点就是目前我国尚未很好地建立起跨省（市）域的区域空间规划。跨省（市）的地域空间，由于受到行政区经济的影响，最易导致国土资源的不合理开发、重复建设、恶性竞争、生态环境破坏和建设项目空间布局的失控，最需要通过区域与国土规划进行引导和调控。缺失这类区域的空间规划，就无法从宏观上对该类区域的总体功能定位与分工、区域开发总体空间架构、区域产业和城市建设布局、区域基础设施建设布局、区域资源环境利用与保护等进行科学的规划指导。以长三角地区而言，虽然早在1982年，中央就已提出并建立“上海经济区”，但一直以来，针对长三角区域经济整体开发建设的区域空间规划工作却始终未能得到很好的开展，严重阻滞了长三角区域经济一体化进程。可喜的是，近年来，作为空间规划重要组成部分的区域规划工作，已经得到了我国政府的高度重视。在继2009年国务院批复11个区域规划之后，《长江三角洲地区区域规划》已于2010年5月由国务院正式批准实施。该规划的出台以及后续相关专项规划的编制将为深入推进长三角区域经济一体化发展发挥重要的宏观调控和引导作用。

第二，缺乏统一有序的区域市场体系。放权让利是我国改革开放的突破口。1994年以前，以下放财税权、投融资权、企业管辖权为核心的放权让利，成为我国经济体制改革的主要思路和政策。这种以行政性分权为核心所形成的体制，一方面有效调动了各级政府发展地区经济的积极性，有效推动了地方市场体系的培育和发展；另一方面也刺激了生产流通的地区封锁，导致了地方市场分割。针对行政性分权体制的弊端及其不良影响，中央于1994年进行了以市场化为基础的财税体制改革，改革的重点是把财税包干制改为在合理划分中央与地方事权基础上的分税制，建立中央税收和地方税收体系。分税制所构筑的财税管理体制大大淡化了政府与企业的行政隶属关系控制，为政府适应市场经济发展、发挥对社会经济的调节作用创造了条件。但也必须看到，该体制为种种条件所制约，仍带有很强的过渡色彩，并未根本消除地方市场分割的财税体制基础，地方政府为了自身利益仍通过种种方式保护本地企业，进而保护本地企业发展所需的（本地的）市场空间。[224]在这一宏观体制背景下，长三角地区与全国一样，也存在着区域市场的行政分割。长三角区域内各地政府立足于本地区的利益诉求，通过限制进入或流出、技术壁垒、费率控制等行政手段，形成地区间贸易和要素流动的壁垒，阻碍产品和要素资源在区域内的自由流动，鼓励缺乏竞争力和技术优势的本地企业发展，限制本地企业资本外流和外地企业进入本地并购，保护本行政区市场避免外部的冲击。比如上海，除了国家级的证券市场、外汇市场、期货市场等具有全国统一市场的地位外，其他类型的市场其服务范围基本都局限在本地。欧共体创建和运行的经验表明，建立一个不被行政关系和垄断力量扭曲的区域共同市场，使区域内真正的市场主体进行充分、有效、公平的市场竞争，实现区域共同市场内资源的高效率配置，是区域经济一体化发展的重要保证。在国际竞争日益激烈、我国越来越直面国际竞争的形势下，行政区经济体制下的地方市场分割，严重妨碍着市场在长三角区域资源优化配置中的基础性作用，不利于发挥地区比较优势，不利于实现规模经济和范围经济,不利于培育企业的市场意识和竞争能力,直接影响着区域资源的优化配置和区域经济结构的转型升级。

第三,缺乏切实有效的区域合作制度。现行行政区经济体制下,基于市场经济的合作制度及其执行机制的缺失,客观上构成了长三角区域经济一体化深入推进的重要制约。首先,与行政区划相关联的制度安排造成了对区域合作的割裂。以地方政府绩效评估制度而言,在经济全球化背景下,地区经济社会发展的战略定位、发展模式、治理方略、价值观念等都已发生了重大变化,这就要求对地方政府绩效评估时的制度安排也应发生相应转变。然而我国现行地方政府绩效评估的制度安排和评估指标总体上仍然停留在原有的计划体制框架内,仍然采用的是自上而下的绩效评估模式,并以行政区划内的地方政府业绩对比作为依据,这就从客观上助长了地方政府的本位主义倾向,以致于区域内的"集体理性"行为因地方政府的"个体理性"而无法实现。如在长三角地区,在现行地方政府绩效考评制度下,区域内的各地政府在促进本地经济高速发展时总是极力保护"私人利益"不外溢,同时又力图使自身经济发展过程中的"私人成本"外部化。这种状况不仅影响到长三角区域内合理分工协作关系的形成,而且还严重威胁着长三角区域的可持续发展。其次,长三角区域经济一体化发展缺乏必要的法制保障。一方面,国家的统一法制满足不了长三角区域经济一体化发展的特定需求。国家统一的法制立足于全国,而不是专门针对某一特定区域、某一特殊情况而设计,长三角区域经济一体化发展过程中人才、资金、旅游、信息等资源的共享,基础设施的衔接协调,地区间协作利益的合理分配以及社会责任的分担等所需要的法制保障,无法由国家统一法制加以满足。另一方面,地方法制建设和法律实施活动缺少彼此间的有效沟通与协调。苏浙沪两省一市以及区域内作为较大市的无锡、宁波、苏州、杭州和南京的人民代表大会及其常务委员会具有地方立法权,其人民政府具有规章制定权,它们通过地方立法或制定规章可以弥补国家统一法制对于区域层面管制的不足。但是,由于任何一个行政区域的地方性法规和规章都只能在本行政区域内发生作用,国家统一的法律也要由各地的国家机关分别予以实施,这种多地区、多主体的法制建设和法律实施活动要实现区域经济一体化的共同目标,只能靠协调。然而,目前长三角地区的法制协调机制并不充分,近年来在探索中形成的行政契约制度和磋商沟通制度等法制协调机制还存在不少问题。例如,由区域内省、市人民政府或职能部门以"宣言"、"意见(向)书"或"协议"等形式所缔结的行政契约,其内容往往过于原则,很多只是一种意向或认识,各方事后应采取的实质性措施并不多,如缺少违约责任条款方面的规定等,这就导致契约的履行难以得到有效保证;再如,现行两省一市主要领导人之间的磋商沟通机制,由于缺乏法律效力,具有很大的随意性和不确定性,其作用的发挥还有赖于成员方对区域经济一体化的责任感和自觉性。[225]

7.2.2 长三角金融系统一体化发展概况

伴随着长三角经济系统一体化程度的日益加深,长三角金融系统的融合程度也在不断提高,但总体而言,长三角金融系统一体化发展进程相对落后,并对区域经济系统一体化发展进程形成了一定的阻碍。

7.2.2.1 长三角金融系统一体化发展的演进历程

1. 萌发阶段:改革开放后至新世纪初

改革开放后至新世纪初,由于受中国金融体制改革的相对滞后等多种因素影响,长三角地区的金融合作并未得到很好的开展,但在长三角经济合作与交流不断深入的影响下,长三角地区金融合作的思路和举措也开始得到酝酿和萌动。

首先,长三角区域性异地结算方式不断改进。1980 年 3 月,中国人民银行总行颁发的《关于改进结算工作的意见》中指出,为了进一步适应出省采购的要求,决定在华东三省一市(江苏、浙江、安徽、上海市)之间对自提自运的商品交易、零星采购以及劳务供应等的资金结算试行限额结算办法,以便研究改革全国异地结算方式。至此,由江苏首创的城乡限额结算方式进一步发展为华东三省一市区域性的异地结算方式。1987 年 4 月,为了进一步适应华东三省一市商品经济发展的需要,同时也为改进全国的票汇结算办法摸索经验,华东三省一市人民银行在扬州市召开的座谈会上,将三省一市限额结算修改为三省一市票汇结算,并制定实施了《华东三省一市票汇结算办法》。① 该办法又于 1989 年 6 月中国人民银行在浙江湖州召开的华东三省一市银行结算座谈会上进行了修改和补充,并决定自 1989 年 11 月 1 日起正式施行修订的《华东三省一市银行汇票办法》。在全国范围内流通的银行汇票,俗称“大汇票”,而在华东三省一市范围内流通的银行汇票,俗称“小汇票”。② 华东三省一市银行汇票办法具有通汇面广、兑付方便、人到款到等优点,适应了三省一市地区经济往来密切、乡镇企业发达、金融机构网点多的特点,受到了广大客户的欢迎,业务量不断上升,从而对促进区域经济发展,加速企业资金周转,减少现金

---

① 参见:江苏省地方志编纂委员会.江苏省志·金融志.南京:江苏人民出版社,2000:716-724.

② 参见:《上海金融志》编纂委员会.上海金融志.上海:上海社会科学院出版社,2003:489-490.

使用等发挥了积极作用。

其次,金融机构跨地业务拓展与区域金融联动逐步开展。由于股份制商业银行基本不受行政区划分割的影响,便于为区域内或跨地区企业提供多层次、综合性、全方位的金融服务与支持,因而随着长三角经济一体化的逐步深入,它们不断跨地拓展业务,以充分利用其跨地经营的优势。例如,上海浦东发展银行于1992年10月19日在上海浦东新区登记成立,而1994年3月28日浦发银行杭州分行的成立则标志着它开始向长三角地区乃至全国拓展和延伸。又如,为了更有绩效地参与长三角经济合作,光大银行于2002年在上海开设华东区审贷中心。同时,面对长三角地区内企业跨地发展的需求以及外资银行的激烈竞争,国有商业银行也开始关注和探索跨地金融服务的有效模式。以中国银行上海分行为例,该行在总行的牵头下,从1998年开始为重点客户提供全国服务和实行全国统一授信管理模式,同时通过与中行江苏、浙江分行开展三地的银行卡业务合作,向在苏南等地的跨国公司生产企业发放贷款。中行还通过逐步实现业务处理平台的区域集中等途径,不断提升其跨区域服务质量,防范金融风险。2002年7月,中国银行在上海设立华东信息中心,该中心覆盖了长江流域的上海、江苏、浙江、安徽、江西,以及长江流域外的福建省,成为中国银行在华东地区的信息系统枢纽,并与国内和海外中心连接,为提供跨地金融服务奠定了技术基础。

再次,跨地融资业务和协调监管活动局部展开。以绍兴市为例,为了更多地利用长三角地区相对发达城市的金融资源,在人民银行绍兴市中心支行和绍兴市政府部门的共同组织和推介下,绍兴市通过多种渠道大力引进异地金融机构的信贷资金。2002年4月,人民银行绍兴市中心支行与杭州、宁波、湖州中心支行以会签"备忘录"的形式,建立了"杭、甬、湖、绍"商业承兑汇票再贴现试点联合区,明确联合区内试点企业签发并承兑的商业承兑汇票,联合区内任何一家金融机构均可办理贴现和转贴现,也可向人民银行申请再贴现。联合区建立后,绍兴市的再贴现试点企业积极开办商业承兑汇票跨地区流通、融资业务,2002年异地金融机构累计为绍兴企业办理商业承兑汇票贴现金额30多亿元。同时,为了加强对异地金融机构信贷资金的管理,有效防范信贷风险,人民银行绍兴市中心支行在建立区域金融合作业务的协调监管机制方面也进行了初步尝试。如2002年6月,人民银行绍兴市中心支行向光大、华夏等未在绍兴设立分支机构的7家在杭股份制商业银行发出《关于建立信贷业务联系统计关系的函》,明确人民银行绍兴市中心支行将积极配合政府部门适时向异地金融机构提供绍兴优势企业、重点企业的基本情况和贷款需求等相关信息，并根据异地金融机构的需求提供有关企业的信用状况等咨询服务。[226]

总体而言，在此期间，长三角地区在区域金融方面的交流与合作已开始萌动，并取得了一定的成绩，但还远不能适应长三角地区经济合作与交流发展的现实需要。同时已有的区域金融合作也只是局部的、浅层次的和不完善的。如资金融通方面的合作范围主要集中在省内的几个主要城市之间，合作的主体则以异地股份制商业银行为主，其所产生的能量有限；开展金融合作的内容也仅包括贷款、承兑汇票、信用证等涉及资金流动的几个信贷业务品种。由于现实体制等多种原因，长三角整体的金融联动机制远未建立。

2. 孕育阶段：2003 年至 2007 年“框架协议”签署前

该段时期，除了金融机构在区域联动机制方面不断取得新的进展外，更主要的是金融监管部门已开始着手研讨长三角金融合作的有关课题。

2003 年年初，人民银行上海分行政策研究室提出的“长三角金融合作”研究课题得到上海市政府以及人民银行南京分行的高度关注。人民银行上海分行与南京分行经过沟通后决定由双方共同承担这一项目的研究，并由两行分管副行长出任项目的负责人。2003 年 4 月 15 日，上海、浙江、江苏两省一市央行负责调研的官员召开封闭式会议，对搭建长三角金融合作框架所需进行的有关调研工作进行了安排。这一调研项目是孕育长三角金融协调发展机制的一个重要前奏。2003 年 10 月，人民银行上海分行与南京分行联合起草了一份《长江三角洲金融合作框架研究总报告》，提出了在长三角重点建设信息流、资金流和人才流的金融联动目标构想。2004 年 11 月 26 日，由苏浙沪三地银行同业公会共同主办、上海金融学院承办的“长三角 16 城市银行业合作和发展与上海国际金融中心建设高峰论坛”在上海举行，其突出特点在于将长三角银行业合作和发展置于上海国际金融中心建设的大背景下进行探讨，与会代表一致认为长三角地区银行合作和发展与上海国际金融中心建设是经济一体化发展的必然趋势，长三角经济、金融一体化的发展迫切需要破除各种行政壁垒，促进金融资源在更广泛的范围内自由流动。2005 年 8 月 10 日人民银行上海总部的成立，不仅有利于加快推进上海国际金融中心建设，而且有利于充分发挥上海金融市场对长三角区域的引领作用，进而加速长三角地区的金融合作与发展。

在金融监管部门对长三角金融合作课题加紧研究的同时，金融机构的区域联动机制也在不断取得新的进展。比如，2004 年 10 月 18 日，长三角核心区 16 家城市农业银行在上海召开首届合作发展联席会议，成立中国金融业首个

"区域金融共同体",会议签订了《长三角16城市农行产品创新与共享合作协议》、《长三角16城市农行个人业务合作协议》、《长三角16城市农行市场营销与信贷管理联动合作协议》;又如,2004年4月中国建设银行总行在杭州召开了长三角区域分行合作与联动会议,召集长三角五分行共商联动与合作大计,同年10月19日,中国建设银行长江三角洲区域分行合作与联动研讨暨银企合作签约会议在杭州举行,会上,中国建设银行所辖浙江、上海、江苏、宁波、苏州五家分行与长三角地区江苏双良集团有限公司、万向集团等11家优质企业签定了银企合作协议。不同于以往"一对一"协议的惯有模式,这次所签的均为多边协议:签协议的一方,少则2家分行,多则5家分行。这意味着企业将能享受到中国建设银行在长三角三地五行的"一体化"金融服务。因此,此次签约标志着建行长三角联动开展跨区域、跨分行合作迈出了实质性的一步。另外,股份制银行中,华夏银行于2003年建立了苏沪浙三地六家分支行整体联动的模式,光大银行于2004年在上海开设了华东区审贷中心,等等。

在长三角区域经济一体化发展的推动下,随着金融机构和金融监管部门对长三角金融合作问题认识的不断深入,长三角金融一体化发展已在孕育中取得了一定成绩,主要体现在以下几个方面:一是在银行业务、货币市场业务方面,商业银行异地贷款取得了较快发展,上海的区域性票据市场中心已经形成,长三角金融机构在银行间货币市场的合作较为频繁;二是本地注册单位存款人赴异地开立银行结算账户明显增多,截至2007年9月底,苏浙两省注册的单位存款人赴上海开立的异地银行结算账户约占上海全部异地银行结算账户总数的30%,上海注册的单位存款人赴苏、浙两省开立的异地银行结算账户分别占其全部异地银行结算账户总数的44.30%和18.31%[227];三是在证券、期货、产权交易方面,苏浙两地的证券中介机构、期货中介机构在上海设立营业部等分支机构的情况已非常普遍,总部在上海的证券公司、基金管理公司、期货经纪公司也积极到苏浙去展业,区域内互动较为明显;四是在保险业务方面,长三角地区跨地保险业务的开展相对较为有限,主要集中于跨区域的运输保险以及旅游保险等有限的险种;五是中央银行金融服务方面的合作也在不断加深,人民银行上海分行所辖区域为沪浙闽两省一市,但人民银行上海分行的清算服务并未受此地域限制,人民银行上海分行区域性票据交换系统以及国家外汇管理局上海市分局的外币清算系统均已涵盖到江苏的部分城市;六是在金融调控和金融监管方面,人民银行上海分行与南京分行都在加快建立促进信息交流和沟通的有关制度,以加强在货币政策、金融稳定、金融服务等方面的合作,为防范跨区域业务风险,各金融调控、监管部门加强了信息沟通,如异地贷款备案、监测，跨区域银团贷款协调等。但由于需要一定时间的磨合，合作机制尚未制度化、常规化[228]。

3. 起步阶段：2007年“框架协议”签署后至今

长三角区域经济一体化进程的不断加快，对该地区的资金、金融信息、金融人才跨地区流动和高效率配置提出了新的要求，对区域内金融基础设施的承载能力、金融市场的融合程度也提出了新的挑战，这使得长三角金融协调发展问题被提上重要议事日程。2007年11月30日，苏浙沪两省一市政府与中国人民银行在上海共同签署了《推进长江三角洲地区金融协调发展支持区域经济一体化框架协议》（以下简称“框架协议”），设立了推进“长三角”金融协调发展工作联席会议制度，标志着推进“长三角”地区金融协调发展工作正式启动，也意味着推进机制的初步建立。框架协议提出了长三角金融协调发展的宗旨和原则，明确了由中国人民银行、苏浙沪两省一市政府共同建立推进长三角地区金融协调发展工作联席会议制度，每年召开一次区域性金融协调发展联席会议，负责金融协调发展重大问题的组织和协调。框架协议提出了设立“长江三角洲地区金融论坛”，并将其作为推进区域金融协调发展的重要平台，按照“联合主办、轮流承办”的方式举办，原则上每年举办一次。为推进长江三角洲地区金融协调发展，签署协议的各方将逐步完善长江三角洲地区金融协调发展推进机制，并就金融基础设施建设、金融市场融合与创新、资金跨地区流动、金融机构发展合作、外汇管理改革创新、经济金融信息共享平台构建、改善金融发展环境、建立金融风险的共同预警和防范机制、加大金融人才引进和培训力度等方面的问题，进一步制定和完善具体措施。框架协议的落实，不仅有利于发挥上海国际金融中心的集聚和辐射功能，而且有利于促进沪苏浙三地金融资源跨行政区划的流动和配置，推进区域内金融组织、制度、产品、服务等的创新，不断提高金融服务国民经济发展的能力和水平。

2008年4月至2011年5月，中国人民银行和苏浙沪两省一市政府已先后举行过四次长三角金融协调发展工作联席会议，四次会议上分别签署了《信用长三角合作备忘录》、《共同应对金融风险合作备忘录》、《共同推进长三角地区金融服务一体化发展合作备忘录》和《共同推进长三角地区贷款转让市场发展合作备忘录》。长三角金融论坛也已连续举办了四届。历次联席会议以及论坛的召开，使长三角地区政府层面的金融合作发展逐渐由虚变实。2009年3月25日国务院常务会议审议并原则通过的《关于推进上海加快发展现代服务业和先进制造业、建设国际金融中心和国际航运中心的意见》，又为推进长三角金融协调发展工作提供了新的推动力。2009年3月27日在浙江省湖州市举行了第九次长江三角洲城市经济协调会，苏浙沪25个城市首次集体出席这一市长级协调组织的年度会议，并共同决定将“长三角金融合作”确定为长三角两大新的合作专题之一。

总之，自框架协议签署后，在中央政府、沪苏浙两省一市政府、金融监管部门以及金融机构的共同努力下，长三角地区金融一体化发展步伐已正式启动。虽然当前长三角金融一体化发展进程落后于经济一体化进程，但在很多层面上已经形成了良好的开端。一是区域金融一体化发展机制更加健全，地区金融协调发展已经成为沪苏浙地区加强金融交流与合作、支持区域经济一体化发展、促进区域经济转型升级的一项重要工作机制。二是金融机构跨行政区划及跨城市的资金流动不断增加。区域内异地贷款、跨地区票据交换、跨地区外汇资金清算、货币市场来往、证券市场融资等业务发展迅速。特别是在金融市场方面，商业承兑汇票在两省一市广泛使用，正式发布了全国首个区域性商业汇票贴现价格指数——“长三角”票据贴现价格指数，签署了《票据承付自律公约》，定期召开长三角地区票据业务联席会议。三是商业银行跨地经营、合作和互动不断深入。例如，商业银行跨地布局不断加快，截止2009年年底，交通银行、上海银行、浦东发展银行分别在长三角地区设有16、6、13家分支行，江浙商业银行也从2007年开始陆续在上海设立分行，使其成为总行学习的基地。[229]四是金融监管合作也取得一定进展，建立了两省一市金融稳定评估协调机制，发布了《长三角一体化金融稳定评估报告》，在征信与反洗钱、外汇检查、货币信贷、金融统计等方面也形成了一系列跨区协作机制。“十一五”期间，以上海国际金融中心建设为契机，长三角地区金融市场体系逐步健全，金融产品和工具不断丰富，金融资产和交易规模快速增长，金融生态环境持续优化。

7.2.2.2 长三角金融系统一体化发展的制约因素

长三角经济系统一体化的深入发展必然会对信贷资金、金融信息、金融人才等要素的跨地区流动和高效率配置提出新的需求，但行政区划壁垒的存在以及金融体制机制中的某些缺陷，构成了现今长三角金融系统一体化发展的主要障碍。

1. 行政区划壁垒的阻碍

随着长三角区域经济一体化的深入发展，各种经济要素在经济区域间的流动日益增强。这种以市场为中心形成的区域经济，往往是跨行政区划的相互经济合作。而长三角各城市行政区划的不同，决定了它们在区域规划、基础设施、环境保护、市场准入、发展阶段等方面缺乏协调，从而不能从全局视角对区域经济的整体运行进行统筹规划与调节。金融是现代经济的核心，由于行政壁垒而导致的金融合作障碍也是显而易见的。一方面,与行政区划的同一性和业务的属地性,使得金融部门往往和地方政府结成同一利益共同体,即在地方利益和部门利益之下,金融机构往往是地方利益圈中的成员。虽然地方政府从表面上并不直接干预国有商业银行的贷款,但由于地方政府手中掌握着税收、法院以及工商部门的信息,而且,重大基础设施项目也得由地方政府财政作保障,银行只有依赖与当地政府的关系才能拿到业务。另一方面,与经济发展相伴随,我国地方政府的事权逐步扩大,在激励的市场竞争中,地方政府和金融部门往往站在地方利益、部门利益等基础上思考问题,它们控制本地市场的意愿非常强烈,不希望本地优质的金融资源与他人共享。这种人为划定的市场边界或者说地方保护主义,在金融资源流动的各个环节设置了重重壁垒,从而导致区域金融资源的自由流动受到了较大限制。

2. 金融业管理体制的缺陷

长期以来,我国的金融业都是以银行业为主体。而占我国银行业主体的国有银行实行的是严格的划区域经营体制,其内部管理实行的是从上到下的垂直型管理体制,即总分行制。国有银行的分支机构都不是独立的法人实体,完全由总行对分支机构实行严格的授权经营。而国有银行分支机构的设立通常都是按行政区划进行的,从总行到分行再到支行,层层制定资产负债比例等经营性指标,当地吸收的资金只能在当地放贷,资金难以优化配置。风险管理和控制方面也是按照行政区划,层层以存贷比等来判断金融安全。这些指标不能反映省际或城际间的经济联系程度,分行或支行之间不能得到有效的资金余缺调剂。尽管目前长三角中小银行和外资银行跨区域经营已经较为普通,但占了70% ~80%市场份额的国有商业银行因为机构多、摊子大,各分行基本处于独立经营的状况,传统的总分行管理体制使得各分支机构画地为牢,无法跨地区办理业务,跨省市合作及跨行合作更是阻力重重。

3. 金融监管体制的障碍

目前我国的金融监管体系由人民银行、银监会、保监会以及证监会"一行三会"组成。其中,银监会、保监会和证监会实行派出机构制,对于跨地区的金融活动,由于受管辖权限、信息沟通、监管技术、监管人员数量等因素的制约而不得不严加限制或加以禁止。同时,由于中国人民银行采取的是大区行行政管理体制,长三角经济区域分属于中国人民银行上海分行和南京分行两家分行管辖。而我国央行每个大区行的行政管辖范围不是以区域经济的联系程度为首要出发点,而是以平衡各区域经济总量为原则。因此,长三角地区银行系统管理的人为分割,为长三角地区金融机构合作设置了障碍,一定程度上阻碍着区域内金融资本和金融信息的流动。

4. 信息不对称问题的影响

由于跨地经营的空间距离相对较远，以及长三角城市群征信体系等金融基础设施建设的相对滞后等原因，金融机构在开展异地业务时往往面临管理难度大、风险管理手段缺乏等问题。比如，商业银行发放异地贷款时，通常会面临银企信息不对称问题。异地贷款贷前调查、贷时审查、贷后管理难度较大，管理成本相对较高，容易形成多头贷款、垒大户等问题，导致风险集中。又如，跨地区的关联公司因为不规范的关联交易，也会集聚大量风险，导致银行信贷资金损失。[228]

5. 区域金融共同市场发展缓慢

正是由于长三角金融发展受到上述诸多约束，当前长三角区域金融共同市场建设尚难有大的进展，市场在区域金融资源优化配置中的基础性作用难以全面发挥。比如，当前长三角地区的资金还难以在国有商业银行和中小民营企业之间进行流动，特别是难以在异地两种所有制之间进行流动；再如，地方政府往往会迫使本地国有商业银行去执行符合行政意愿的非市场融资需求，阻碍本地银行资金流向异地，而大量的满足行政性或政策性的融资又是在非市场化利率下运作的，等等。在此类因素影响下，区域金融共同市场发展缓慢、金融资源的低效和错误配置就在所难免。[74]

行政壁垒的阻碍、管理体制的制约、金融基础设施和区域金融共同市场建设的滞后，必然会导致区域金融资源配置的低效率。因此，努力消除各种行政壁垒以及管理体制中的障碍，加大金融基础设施的建设力度，加快建设区域金融共同市场，是推进长三角经济一体化和金融一体化深入发展的必然要求。

7.2.3 长三角经济与金融系统一体化水平测度[230]

这里首先利用第五章所讲的价格法模型来测度长三角商品市场一体化发展水平，并用之代表长三角实体经济系统一体化发展状况。然后运用第五章所讲的 FH 检验模型来测度长三角金融市场一体化发展水平，并用之代表长三角金融系统一体化发展状况。在此基础上，通过两者的对比分析可以发现，长三角实体经济系统一体化进程相对较快，而金融系统一体化进程则相对落后。

7.2.3.1 长三角区域商品市场一体化进程的测度

1. 数据收集与处理

由于长三角内各城市的数据资料较难搜集，所以这里主要选取长三角两省一市的数据进行分析。采用相对价格方差的分析工具，需要三维($t \times m \times k$)的面板数据。其中，t 为时间，m 为地区，k 为商品。我们的原始数据是历年《中国统计年鉴》中的分省(市)商品零售价格分类指数,涵盖了1985—2008年24年间长三角两省一市9类商品,具备了时间、地点与商品种类三个维度(24×3×9)。数据筛选原则如下:① 以1985年作为数据集的起始年份。从数据的可获得性看,1985年以前的统计年鉴没有给出商品零售价格分类指数的分省(市)数据;从历史角度看,1984年十二届三中全会后,国家开始实行价格改革,自此以后,经济活动主体的理性决策在价格形成中的作用越来越大,可以认为价格运动在总体上越来越顺应市场经济规律。[198] ② 在商品种类的取舍上,本书将1985年未纳人统计范围的商品略去,只选取了9类从1985年起连续统计的商品,包括粮食、鲜菜、饮料烟酒、服装鞋帽、中西药品、书报杂志、文化体育用品、日用品以及燃料等。③ 由于有关年份统计年鉴中商品种类划分的变化,造成了数据的不连续性,为了尽可能地获得更多的数据,1993年及以前的饮料烟酒数据以烟酒茶数据代替,服装鞋帽以衣着类代替,中西药品以药及医疗用品类代替,文化体育用品以文化娱乐用品代替;2003年及以后的中西药品以中西药品及医疗保健用品代替,文化体育用品以文化办公用品代替。

对于三维面板数据相对价格方差的形式,本书选择采用将观测地点 i、j 与时期 t 固定,算出两地在给定时期各类商品之间价格变动平均值的方差 $\mathrm{Var}\left(\frac{p_i^t}{p_j^t}\right)$,该方差的个数为 $\frac{t\times m\times(m-1)}{2}$。这种处理的优点在于:① 方差 $\mathrm{Var}\left(\frac{p_i^t}{p_j^t}\right)$ 是时序数据,便于直接观察方差随时间推进的演变情况,从而利用时间序列的自身运动规律检验市场一体化程度的变化趋势;② 方差 $\mathrm{Var}\left(\frac{p_i^t}{p_j^t}\right)$ 综合了不同商品的价格信息,形成了对商品市场整合程度的总体评价。因循上述思路,所求出的24年来长三角3对相邻省(市)的相对价格方差数据一共是72个(24×3)。

对于相对价格的形式,本书采用相对价格一阶差分形式,即 $\Delta Q_{ijt}^k = \ln\left(\frac{p_{it}^k}{p_{jt}^k}\right) - \ln\left(\frac{p_{it-1}^k}{p_{jt-1}^k}\right)$。这是因为,可以将市场分割的状态视作"冰山成本" c 极大的特殊情况,此时相对价格 Q_{ijt}^k 终会收敛,而 ΔQ_{ijt}^k 自然也收敛。所以 Q_{ijt}^k 与 ΔQ_{ijt}^k 在数据特征上是等效的。更为重要的是,统计年鉴中各地区商品零售价格分类指数的原始数据是环比指数,差分形式便于利用环比价格指数来构造反映市场一体化进程的指标。由式(7.1)可知,通过直接转换,商品零售价格的环比指数$\frac{P_{it}^k}{P_{it-1}^k}$和$\frac{P_{jt}^k}{P_{jt-1}^k}$可以直接表示出 ΔQ_{ijt}^k。

$$\Delta Q_{ijt}^k = \ln\left(\frac{P_{it}^k}{P_{jt}^k}\right) - \ln\left(\frac{P_{it-1}^k}{P_{jt-1}^k}\right) = \ln\left(\frac{P_{it}^k}{P_{it-1}^k}\right) - \ln\left(\frac{P_{jt}^k}{P_{jt-1}^k}\right) \tag{7.1}$$

根据样本,9 类商品 3 对相邻省市 24 年的数据可得出 648 个(9 × 3 × 24)差分形式的相对价格指标 ΔQ_{ijt}^k。逐对相邻省(市)、逐年计算 9 类商品之间相对价格变动平均值的差分形式方差 $\mathrm{Var}(\Delta Q_{ijt})$,即可得到 3 组相邻省(市)24 年的方差时序数据。同时,由于取对数形式后 i 地与 j 地价格的分子分母位置调换将引起 ΔQ^k 的符号反向变化,亦即 $\Delta Q_{ijt}^k = -\Delta Q_{jit}^k$。此时,置放顺序将影响到 $\mathrm{Var}(\Delta Q_{ijt})$的大小。为了避免这一问题,本书采用相对价格的绝对值$|\Delta Q_{ijt}^k|$来衡量方差。

为了更为准确地度量相对价格的方差,本书采用去均值法(de-mean)剔除了$|\Delta Q_{ijt}^k|$中由商品异质性导致的不可加效应。具体做法是:设$|\Delta Q_{ijt}^k|$由 a^k 与 ε_{ijt}^k两项组成,a^k 仅与商品种类 k 相关,ε_{ijt}^k与 i、j 两地特殊的市场环境相关。要消去 a^k 项,应对给定年份 t、给定商品种类 k 的$|\Delta Q_t^k|$在 3 组相邻省(市)之间求平均值$|\overline{\Delta Q_t^k}|$,再分别用这 3 个$|\Delta Q_{ijt}^k|$减去该均值。以去均值的方法得到 $|\Delta Q_{ijt}^k| - |\overline{\Delta Q_t^k}| = (a^k - \overline{a^k}) + (\varepsilon_{ijt}^k - \overline{\varepsilon_{ijt}^k})$,令 $q_{ijt}^k = \varepsilon_{ijt}^k - \overline{\varepsilon_{ijt}^k} = |\Delta Q_{ijt}^k| - |\overline{\Delta Q_t^k}|$。最终用以计算方差的相对价格变动部分是 q_{ijt}^k,记其方差为 $\mathrm{Var}(q_{ijt}^k)$。在这里 q_{ijt}^k为仅与地域间分割因素和一些随机因素相关。

2. 测度结果分析

经过数据处理,我们得到了长三角区域 3 对相邻省(市)24 年的 72 个方差值,构成了关于 $\mathrm{Var}(q_{ijt}^k)$的 3 组时间序列,其各自演变进程如图 7-1 所示。图 7-1 表明,在 1985—2008 年的 24 年间,长三角区域 3 对相邻省(市)相对价格方差走势大体一致,都呈现出"先期放大,后期收窄"的阶段性特征。

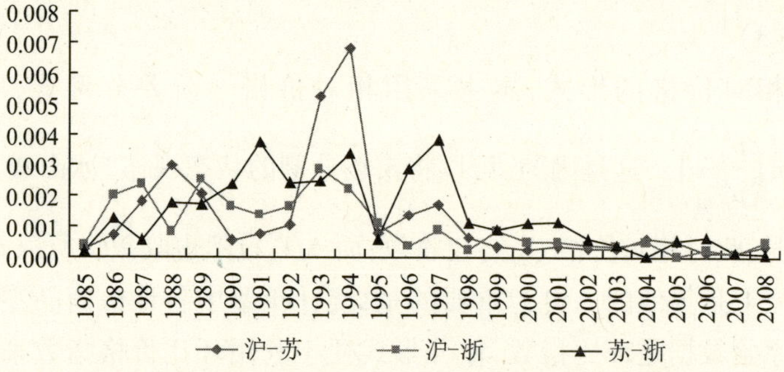

图 7-1　长三角区域相邻省(市)相对价格方差走势

同时,根据沪—苏、沪—浙和苏—浙相对价格方差,通过均值计算可进一步求得长三角区域整体的相对价格方差,其演变进程如图 7-2 所示。从图 7-2 可直观地看到,1985—2008 年间,长三角区域相对价格的波动经历了一个先放大后收窄的过程,长三角区域商品市场的一体化程度在调整中逐步得到提升。

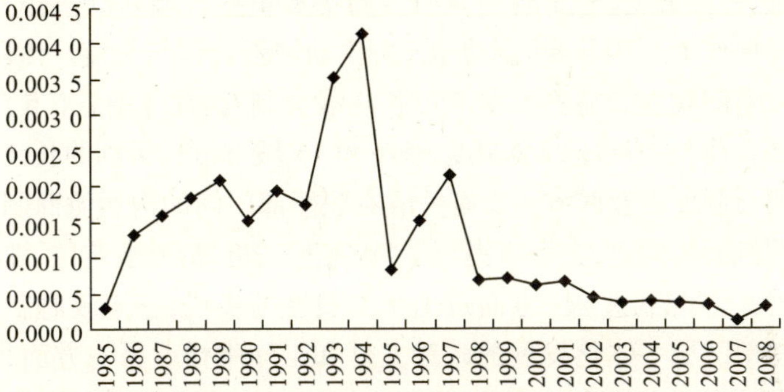

图 7-2　长三角区域整体相对价格方差走势

从图 7-1 和图 7-2 可以看出:

① 1985—1997 年期间,长三角区域相对价格方差变动幅度较大,并在 1994 年达到 0.004144847 的峰值,这表明,该段时期区域商品市场一体化发展较不稳定。产生这一状况的主要原因在于,虽然从 1982 年 12 月开始,国家选择在自然条件和经济基础较好的长三角地区试点建立上海经济区,以便为解决旧体制下地区间存在的工业生产重复建厂、商品流通相互制约、技术成果彼此封锁、对外贸易互争客户等种种问题提供有益经验,但由于当时上海经济区的常设机构仅仅是一个"规划办公室",并无超越各省市行政权以上的行政权力,因此从经济学角度讲,上海经济区并没有超越地方行政壁垒进行资源配置的功能。同时,20 世纪 80 年代以后,地方与地方之间的竞争随着中国改革和发展的推进不断强化。在这样的背景下,上海经济区的实践,虽然在微观层面上对于推动长三角企业间的横向经济联合起到了一定的积极作用,但在宏观层面上,它并未能在促进行政区划之间的联合与协作方面实现大的突破,最终导致其在成立 5 年后"无疾而终"。另外,在 20 世纪 90 年代前半期,虽然上海浦东的开发开放为长三角各地的联动发展和共同繁荣带来了新的契机,江浙两省及上海周边主要城市也都纷纷提出了"接轨上海"的口号,但由于担心浦东开发会吸引江浙地区资本、人才等优质资源流向上海,对自身发展产生不利影响,江浙两省在政策层面上并未有效出台促进长三角一体化的具体举措。以上种种原因,导致该段时期长三角统一市场或共同市场未能很好地形成。

② 自1998年以来，尤其是进入新世纪以来，在苏、浙地区“接轨上海”和上海“服务长三角”步伐不断加快的形势下，长三角区域相对价格方差稳定在[0.000000000,0.000800000]的数值区间内，方差曲线平滑，揭示出这一时期长三角区域商品市场处于逐步整合状态，一体化格局初步形成。20世纪90年代后期以来，一方面，长三角各地政府开始更加重视区域联动协作，都把加强区域协调发展作为一项重要的发展战略，主动加强合作与交流。该段时期，沪苏浙三地政府间建立和完善了省（市）长座谈会制度、常务副省（市）长级别的沪苏浙经济合作与发展座谈会制度、长三角16城市市长级别的长江三角洲城市经济协调会制度以及两省一市有关政府职能部门间的沟通协商制度等四个层面的协调机制。同时，上海市提出了“服务长三角”的发展定位，江浙两省也在“接轨上海”、“错位发展”方面迈出了实质性的步伐，三地政府制定了一系列推进长三角区域一体化发展的政策文件和工作举措。另一方面，全球化和市场化两大动力因素的驱动，国际制造业加快向中国大陆尤其是长三角地区的转移，区域交通等基础设施条件的改善，使得长三角区域内“总部＋制造加工基地”的合作新模式和地区间企业相互迁移渗透的现象日益增多。总之，在政府和市场等多种因素的共同作用下，该段时期长三角商品市场一体化发展的势头得以日益巩固和加强。

7.2.3.2　长三角金融市场一体化进程的测度

根据数据资料的可得性和可比性，这里仍以省级面板数据为基础，利用FH检验法对沪苏浙两省一市1985—2007年的金融一体化进程进行测评。数据来源于两省一市2009年度统计年鉴和《新中国50年统计资料汇编》。每个省（市）的储蓄等于支出法GDP减去最终消费，储蓄率等于储蓄与支出法GDP的比率；投资率等于资本形成总额与支出法GDP的比率。同时我们对照上述长三角商品市场一体化水平测度的阶段特征，将FH检验分成了1985—1997年和1998—2007年两个阶段，检验结果如表7-2所示。

表7-2　长三角两省一市及长三角整体FH检验结果

	投资率对储蓄率的回归系数（F统计值显著性水平）	
	1985—1997	1998—2007
江苏省	0.693 328	1.343 211
	(0.001 8)	(0.013 4)

续表

	投资率对储蓄率的回归系数 （F统计值显著性水平）	
	1985—1997	1998—2007
浙江省	0.773 49	0.641 786
	（0.000 1）	（0.011 2）
上海市	-1.150 158	1.497 435
	（0.038 5）	（0.050 1）
长三角	1.394 788	1.060 319
	（0.000 0）	（0.015 6）

表中结果显示，就长三角整体而言，其储蓄—投资相关性有所下降，投资率对储蓄率的回归系数由第一阶段的1.394 788下降为第二阶段的1.060 319。这表明，随着长三角区域在全国经济发展中龙头地位的日益巩固和提升，长三角区域经济发展对区域外金融要素的吸引和利用有所上升。但就长三角内部而言，两省一市中仅浙江的投资率对储蓄率的回归系数出现略微下降，由第一阶段的0.773 49下降为第二阶段的0.641 786；而江苏的投资率对储蓄率的回归系数则由第一阶段的0.693 328上升为第二阶段的1.343 211，第二阶段约扩大为第一阶段的两倍；上海在第一阶段的投资率对储蓄率的回归系数为负，即投资率与储蓄率总体呈现出负相关的态势，但在第二阶段其投资率对储蓄率的回归系数高达1.060 319。这表明，改革开放以来，随着长三角区域商品市场一体化进程的不断加快，长三角金融市场的一体化程度并未得到相应的提升，有些地区甚至还出现了一定程度的下降。其原因在于，虽然改革开放以来，长三角各地基本完成了自身的市场体系建设，但这种建设基本都是在本地政府主导下开展起来的，其宗旨首先是促进和保护本地经济的发展，因而区域内不同行政区之间仍然存在着明显的市场分割现象，尤其是要素市场的分割。由于生产要素是进行社会生产和服务活动所要投入的基本经济资源，生产要素拥有量的多寡对地区经济的持续快速发展起着决定性作用，所以，在当前一系列与行政区经济相关联的制度安排下，长三角区域内各地政府总会积极争夺要素流入，千方百计地限制要素流出。这种状况严重阻碍了包括金融资源在内的要素资源在长三角区域内的自由流动与优化配置，弱化了地区间的合理分工与协作程度。

7.2.3.3 长三角经济与金融系统一体化发展综合比较

在现代市场经济条件下，市场对社会经济资源的优化配置发挥着重要的基础性作用。长三角区域经济一体化的深入推进，离不开区域内统一开放、竞争有序的市场体系的建立。从上述关于长三角区域商品市场以及金融市场一体化发展程度来看，长三角商品市场的一体化进程相对较快，而金融市场的一体化进程则相对迟缓。这种状况显然会阻碍长三角区域整体实力和国际竞争力的进一步提升。

以商品市场一体化而金融市场分割下完全竞争厂商的生产决策为例（见图 7-3），在商品市场和金融市场均实现一体化的情况下，当产品价格为 p_1 时，完全竞争厂商利润最大化的产量为 Q_1，它由该厂商的边际成本曲线 MC_1 和边际收益曲线 MR_1 的交点 A 决定。现在假定长三角区域金融市场处于行政分割状态，地区间金融交易成本上升，导致厂商的边际成本曲线从 MC_1 变动到 MC_2。在厂商的产品价格维持不变的情况下，也即厂商的边际收益曲线仍为 MR_1 时，厂商利润最大化的产量将从 Q_1 下降到 Q_2，这说明在厂商产品价格不变的条件下，追求利润最大化的完全竞争厂商只能通过缩小生产规模、减少产量的方式对金融市场分割下金融交易成本的提高作出反应。

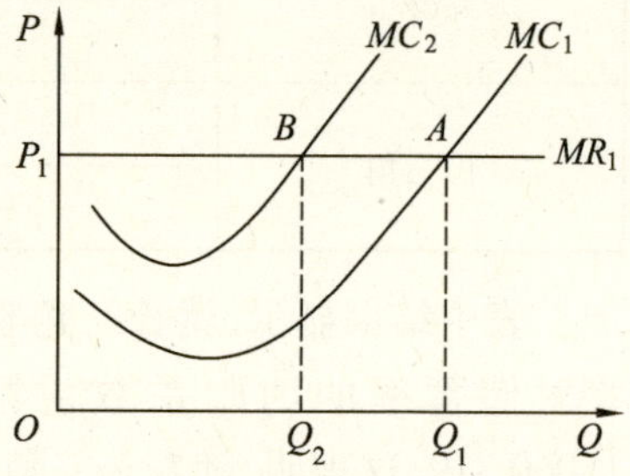

图 7-3 完全竞争厂商的生产决策

由此可见，区域金融一体化进程的滞后，对于区域资源的优化配置和区域经济的增长有着不利影响。所以，按照国家战略要求，要在已有的发展平台上进一步推进长三角区域经济一体化发展，加快提升长三角区域经济的整体实力和国际竞争力，就必须在长三角区域商品市场一体化格局已初步形成的基础上，通过制度创新，进一步消除区域内不同行政区之间的市场保护和行政分割，清理不利于金融市场一体化的规则和政策，加强区域金融资源自由流动的平台和网络建设，努力建设区域金融共同市场。

7.2.4 长三角各地区经济与金融系统耦合状况

这里主要根据第五章所介绍的经济与金融系统耦合状况测度模型，以苏浙沪省级面板数据为基础，对长三角两省一市的经济与金融系统的耦合度进行测评。

7.2.4.1 指标体系构建与数据来源

评价指标体系是评价经济与金融耦合发展状况的基础，本书根据作者尽可能收集到的各地区的公开统计资料来构建实体经济系统和金融系统的评价指标体系。由于与中国社会主义市场经济体系相适应的金融体制改革的决定于1993年年底才由国务院颁布实施，所以上述统计数据均以1994年为起始点。数据主要来源于历年《中国统计年鉴》、《中国金融年鉴》、两省一市历年的统计年鉴和金融年鉴以及《新中国60年统计资料汇编》。

1. 实体经济系统发展指标

对实体经济系统主要选取GDP、人均GDP、第三产业占GDP比重、城镇化率、一般预算收入、社会消费品零售总额、进出口总额、实际利用外商直接投资额等8个指标来反映两省一市的经济发展状况。

2. 金融系统发展指标

地区金融系统的发展状况主要体现为地区银行业、证券业和保险业的发展状况，所以本文主要选取金融资产总量、金融相关比率、股票累计筹资额、直接融资比、存贷比、保费收入、保险密度、保险深度等8个指标作为反映两省一市金融系统发展状况的主要指标。

① 金融资产总量。由于只能搜集到历年来长三角两省一市在存款、贷款、股票筹资额、保费收入等几个指标的较为完整的资料，所以就以地区存款额、贷款额、股票累计筹资额以及保费收入的总和近似代替各地区金融资产总量的数额。

② 金融相关比率(Financial Interrelations Ratio，FIR)。这里以上述计算后形成的金融资产总量与地区GDP的比来表示FIR。

③ 股票累计筹资额。由于在当前我国企业的直接融资行为中，股票融资所占的比例要显著高于债券融资，所以这里主要以股票融资额来反映各地区的直接融资状况。所谓股票累计筹资额，是指各地区上市公司截至某一年年底在股票市场上通过发行新股和配股等方式累计筹集到的资金。

④ 直接融资比。直接融资比是指直接融资总量占企业外部融资总量(包括直接融资总量和间接融资总量)的比重，主要用来反映各地区企业外部融资结构的变化。这里以股票累计筹资额代表直接融资总量，以金融机构贷款额代表间接融资总量。

⑤ 存贷比(Deposits-loans Ratio，DLR)。存贷比是某一个地区一定时期贷款额与存款额的比率，它反映该地区信贷资金的自给程度。若超过其信贷资金来源，则信贷资金不能自给；反之，则信贷资金自给有余。

⑥ 保费收入。保费收入是保险公司为履行保险合同规定的义务而向投保人收取的对价收入。在保险业发展衡量上，保费收入作为绝对值指标，可以

反映保险业整体发展规模和市场吸引力。

⑦ 保险密度。保险密度是人均保费收入,反映国家或地区保险的普及程度和保险业的发展水平。

⑧ 保险深度。保险深度是保费收入占 GDP 的比重,反映保险业在国民经济中的地位。保险深度和保险密度作为相对值指标更便于进行横向比较,有利于解释保险业发展空间和潜力。

7.2.4.2 长三角各地区经济与金融系统发展水平的度量

结合上述指标,选用长三角两省一市 1994—2009 年的数据,按照累计方差贡献率大于 90% 的主成分选取原则,运用 SPSS18.0 统计软件分别对长三角两省一市的经济与金融的综合发展水平进行分析后,所得到的两省一市的经济、金融综合发展水平如表 7-3 所示。

表 7-3 1994—2009 年长三角两省一市经济、金融系统综合发展水平值

年份	江苏		浙江		上海	
	经济	金融	经济	金融	经济	金融
1994	-3.34	-2.65	-3.20	-2.64	-3.45	-3.00
1995	-2.93	-2.33	-2.94	-2.72	-3.15	-2.87
1996	-2.57	-2.06	-2.76	-2.54	-2.54	-2.44
1997	-2.23	-1.70	-2.57	-1.67	-2.15	-1.56
1998	-1.90	-1.48	-2.38	-1.45	-1.98	-1.68
1999	-1.63	-1.21	-2.06	-1.16	-1.76	-1.45
2000	-1.21	-1.06	-1.36	-0.51	-1.39	-1.12
2001	-0.90	-0.64	-0.85	-0.02	-0.96	-0.36
2002	-0.46	0.18	-0.28	0.34	-0.53	0.23
2003	0.16	0.90	0.37	0.66	-0.02	0.40
2004	0.38	0.99	0.99	0.81	0.85	0.32
2005	1.22	1.07	1.70	0.77	1.58	0.78
2006	2.18	1.37	2.47	1.16	2.23	1.48
2007	3.39	1.80	3.54	1.92	3.40	2.91
2008	4.52	2.79	4.36	2.91	4.53	3.63
2009	5.32	4.03	4.97	4.15	5.31	4.73

从表 7-3 可以看出，苏浙沪三地的经济与金融系统的综合发展水平在 1994—2009 年间一直处于不断发展的上升趋势（其中的负值只具有前后各年间的相对比较意义）。经济与金融同时保持持续发展，从认识论的角度可以大致判断该段时期三地的经济与金融系统两者之间存在着相互促进、互为影响的关系。

由表 7-3 可分别对江苏、浙江、上海三个地区的经济、金融系统综合发展水平进行纵向比较，如图 7-4、图 7-5、图 7-6 所示。

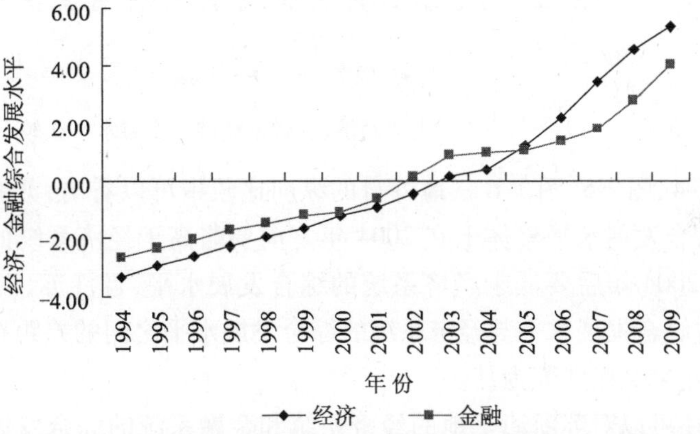

图 7-4　1994—2009 年江苏经济、金融系统综合发展水平比较

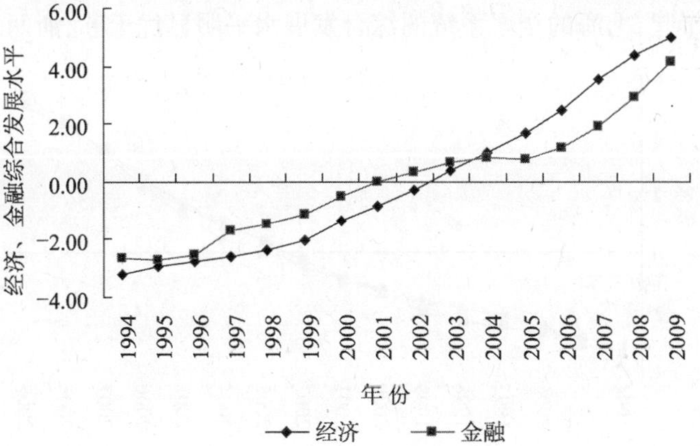

图 7-5　1994—2009 年浙江经济、金融系统综合发展水平比较

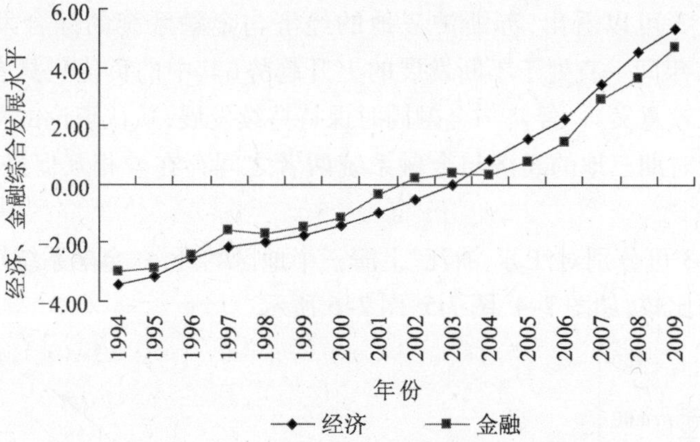

图 7-6　1994—2009 年上海经济、金融系统综合发展水平比较

从图 7-4、图 7-5、图 7-6 三地各自的纵向比较中可以看出，苏浙沪三地金融系统的综合发展水平整体上在 2004 年之前要略高于经济系统的综合发展水平，而自 2004 年后要低于经济系统的综合发展水平，且江苏、浙江自 2004 年后的金融综合发展水平与经济系统的综合发展水平之间的差距在三地中较为明显，近年来又以江苏为甚。

此外，还可以对苏浙沪三地的经济系统和金融系统的综合发展水平分别作横向比较，如图 7-7、图 7-8 所示。从图 7-7、图 7-8 的横向比较中可以看出，1994—2009 年苏浙沪三地各自经济系统综合发展水平的走势基本保持一致，但自 2005 年起，上海的金融系统的综合发展水平明显优于苏、浙两地。

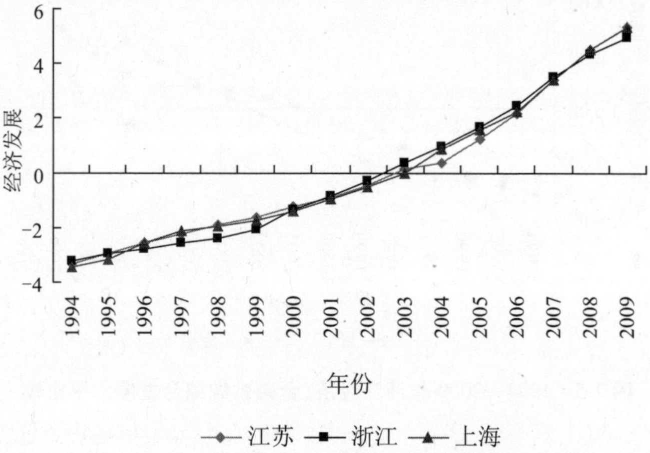

图 7-7　1994—2009 年苏浙沪三地经济系统综合发展水平比较

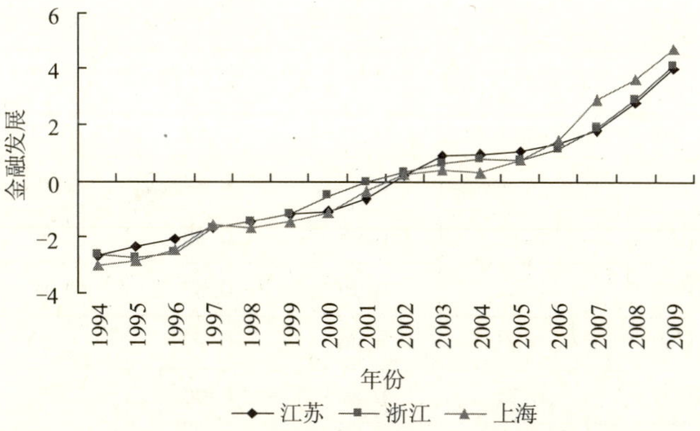

图 7-8　1994—2009 年苏浙沪三地金融系统综合发展水平比较

7.2.4.3　长三角各地区经济与金融系统耦合度测评

为了能更好地刻画长三角两省一市各自经济系统与金融系统的耦合情况，这里首先运用第五章中公式(5.18)、(5.19)所示的耦合度模型对长三角两省一市各自经济系统与金融系统的静态耦合度和动态耦合趋势进行评价。对经济金融系统耦合发展情况的评判需要有一参照依据，即评判标准。依据复杂系统协同学的协调度判断标准，结合经济金融的发展情况，这里首先提出一个一般性的经济金融系统耦合情况的评判标准(如表 7-4 所示)，作为评判参考依据。

表 7-4　经济、金融系统耦合状态及耦合趋势评判依据

静态耦合度	0～0.7	0.7～0.9	0.9～1.0	动态耦合趋势	$C(t_1,t_n)$与$C(t_1,t_{n-1})$比较		
					大于	等于	小于
耦合状态	差	中	好	耦合趋势	上升	平稳	衰退

经计算，长三角两省一市各地经济与金融系统的静态耦合度和动态耦合度如表 7-5 所示。

表 7-5　1994—2009 年苏浙沪经济与金融系统静态耦合度和动态耦合度

年份	静态耦合度 $C(t)$			动态耦合度 $C(t_1,t_n)$		
	江苏	浙江	上海	江苏	浙江	上海
1994	0.79	0.86	0.91	0.79	0.86	0.91
1995	0.84	0.98	0.96	0.81	0.92	0.93
1996	0.88	0.98	0.99	0.84	0.94	0.95

续表

年份	静态耦合度 $C(t)$			动态耦合度 $C(t_1, t_n)$		
	江苏	浙江	上海	江苏	浙江	上海
1997	0.87	0.68	0.85	0.84	0.93	0.93
1998	0.92	0.66	0.95	0.86	0.87	0.93
1999	0.92	0.67	0.96	0.87	0.80	0.94
2000	0.99	0.71	0.96	0.89	0.79	0.94
2001	0.97	0.71	0.84	0.90	0.78	0.93
2002	0.82	0.83	0.76	0.89	0.79	0.91
2003	0.76	0.96	0.92	0.87	0.80	0.91
2004	0.83	0.98	0.87	0.87	0.82	0.91
2005	0.99	0.66	0.73	0.88	0.81	0.89
2006	0.72	0.45	0.76	0.87	0.78	0.88
2007	0.32	0.30	0.89	0.83	0.74	0.88
2008	0.26	0.38	0.67	0.79	0.72	0.87
2009	0.46	0.72	0.85	0.77	0.72	0.87

表7-5的耦合度反映在图7-9、图7-10上可更直观地看出1994—2009年间长三角两省一市经济与金融系统的耦合状态。由图7-9对照评判依据可以看出,2005年以前,苏浙沪三地经济与金融系统的静态耦合状态基本上均保持在中等以上水平,但自2005年往后,除上海的经济与金融系统的耦合度仍处于中等以上水平外,江苏、浙江经济与金融的耦合度整体上都下降到中等以下水平,其中,江苏经济与金融的静态耦合度在2007—2009年下降较为明显,虽然于2009年有所回升,但仍处于差等水平;浙江经济与金融的静态耦合度于2006—2008年出现明显下降后于2009年又回升到中等水平。图7-10也从动态视角反映出,2005年之后,苏浙沪三地经济与金融系统的耦合态势整体上处于衰退状态,其中,上海经济与金融系统耦合状态的衰退趋势较为缓慢,而江苏、浙江的衰退幅度相对较大。其原因可从两省一市2005年及其以后年份各自经济、金融综合发展水平的差异找到初步答案。首先,图7-4、图7-5和图7-6表明,从各地区纵向比较来看,2005年及以后,三地金融系统的综合发展水平都滞后于各自经济系统的综合发展水平,且江苏、浙江的这种滞后状况要甚于上海,这是苏浙沪三地经济与金融系统的耦合态势整体上处于衰退状态的主

要原因。其次，图 7-7、图 7-8 表明，从横向比较来看，2005 年及以后，虽然苏浙沪三地的经济综合发展水平基本保持齐头并进，但相对而言，江苏略好于上海，上海又略好于浙江；而在三地的金融综合发展水平方面，上海要明显优于苏浙两地。江苏、浙江经济综合发展的强劲势头与其金融综合发展的相对滞后决定了近年来两地经济与金融系统耦合状态的衰退幅度要甚于上海。

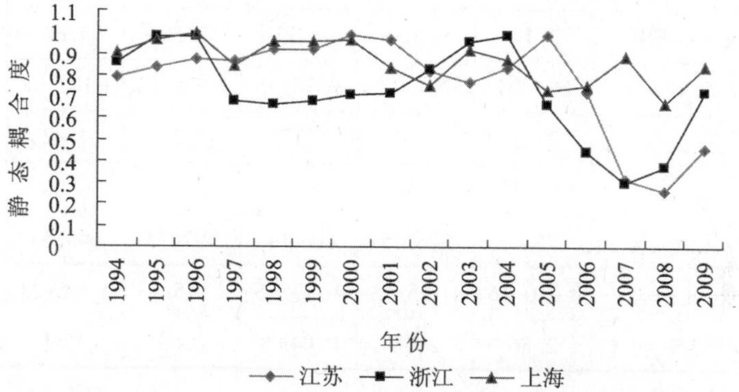

图 7-9　1994—2009 年苏浙沪经济与金融系统静态耦合度

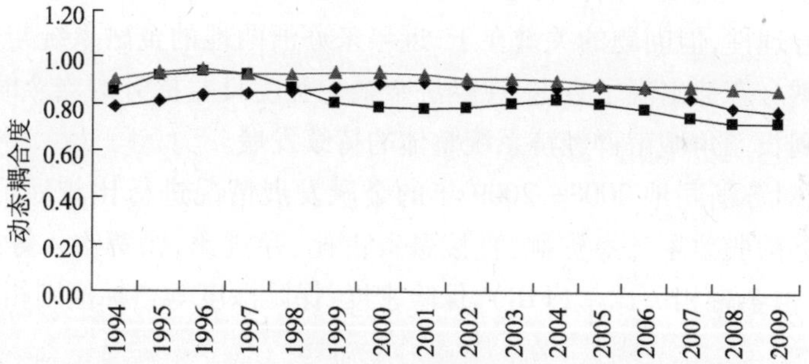

图 7-10　1994—2009 年苏浙沪经济与金融系统动态耦合度

苏浙两地与上海在金融系统综合发展水平上的差距可通过具体年份三地系列金融发展指标上的差距得到更具体的反映（见表 7-6）。表 7-6 列示了 2008—2009 年苏浙沪三地金融发展的基本情况。通过对比可以发现，2008—2009 年，除了金融资产总量指标外，苏浙两地的金融相关比率、股票累计筹资额、直接融资比、存贷比等其他金融指标都明显逊于上海，江苏的保费收入总量虽与上海相比相对较高，浙江的保费收入也基本与上海相当，但两地的保险密度、保险深度都明显差于上海，这无疑验证了国务院建设上海国际金融中心决策的客观性、合理性。

表 7-6　2008—2009 年苏浙沪三地金融发展基本情况

	2008 年			2009 年		
	江苏	浙江	上海	江苏	浙江	上海
金融资产总量(亿元)	64 836.7	65 057.68	58 856.57	86 225.92	84 081.65	73 405.31
金融相关比率(FIR)	2.14	3.03	4.30	2.50	3.66	4.88
股票累计筹资额(亿元)	883.05	796.92	3 376.45	1 171.17	1 101.64	4 252.75
直接融资占比(%)	3.27	2.68	13.72	3.21	2.82	13.97
存贷比	0.71	0.83	0.63	0.72	0.86	0.62
保费收入(亿元)	775.45	576.35	600.06	907.73	645.54	665.03
保险密度(元/人)	1 010.16	1 125.68	4 313.75	1 175.13	1 246.22	4 747.84
保费深度(%)	2.56	2.68	0.043 8	2.63	2.81	4.42

不过,虽然从城市群金融等别城市结构的角度而言,上海作为长三角城市群的金融中心和建设中的国际金融中心,其金融系统综合发展水平高于金融腹地有其合理性,但问题的关键在于,近年来苏浙两地的金融系统与其自身经济系统的耦合态势出现了衰退,在经济金融化程度日益提升的当今时代,这显然会影响到长三角城市群经济系统整体的持续发展。

另外,对苏浙两地 2008—2009 年的金融发展情况进行比较后可以发现,近年来江苏的股票累计筹资额、直接融资占比、存贷比、保费收入等指标值要优于浙江,但金融相关比率(FIR)、保险密度、保险深度等指标值则相对落后。

7.3　长三角经济与金融系统耦合发展的对策建议

通过对长三角区域经济、金融一体化发展状况以及两省一市经济、金融系统耦合状况的分析可知,目前长三角城市群呈现出金融一体化进程整体上落后于经济一体化进程的特征,且由于两省一市金融系统综合发展水平相对滞后于经济系统的综合发展水平,导致两省一市经济与金融系统的耦合状态呈现出衰退的特征。虽然导致这些特征的缘由从衡量指标来看主要是由金融系统方面的原因引起的,但根据经济与金融相互作用、互促共进的关系可知,要切实改变长三角城市群经济与金融系统之间的不协调状况,仅仅依靠改善金融系统的发展状况是不够的,还需从经济和金融两个方面同时着手,既要充分发挥好经济系统对促进金融系统发展的需求拉动作用，又须切实提升金融系统对促进经济系统发展的资源配置功能，这样才能更好地激发出长三角城市群经济与金融系统之间的协同效应，实现长三角城市群经济与金融系统之间的良性耦合发展。

7.3.1 充分发挥经济系统的需求拉动作用

根据经济与金融的一般关系理论，要充分发挥长三角城市群经济系统在运行过程中所形成的各项需求对其金融系统功能的基础性决定作用，就必须紧密结合长三角城市群经济系统的运行实际和现实需求，努力促进区域经济发展的转型升级，加快生产力空间布局的优化调整和要素市场的一体化发展进程，从而科学合理地诱导、引致金融系统的各项金融功能高效发挥。

7.3.1.1 促进区域经济发展转型升级

近年来，由于劳动力、土地、资源与环境等要素成本的不断上升以及传统经济发展方式下累积的结构性矛盾的日益加剧和国际金融危机的外部冲击等多种因素的影响，长三角地区的一些劳动力密集型产业、资源与环境依赖型产业和出口依赖型产业面临着生存困境。能源和资源消耗的迅猛增长，工业用地的日益减少，供需缺口越来越大，对国外资源的依存度不断攀高，使得长三角地区生产要素制约经济发展的迹象已经抬头，并给长三角区域经济的可持续发展带来了前所未有的挑战。[231]同时，在后危机时代，作为中国经济发展的高梯度地区，正在走向成熟阶段的长三角城市群不仅肩负着通过产业转移带动内地落后地区发展的战略使命，而且承载着代表中国参与国际经济合作与竞争的历史重任。由此可见，无论是自身所处的发展阶段还是区域经济发展的现实需要，都要求长三角城市群必须选择经济转型、产业结构优化升级的发展道路。

经济转型是一项庞大而又复杂的经济活动，涉及经济系统运行过程中的各个方面。就长三角城市群而言，其区域经济转型的方向和路径主要包括：一是要从投资、出口拉动为主的外向型经济向消费、投资、出口协调发展的经济发展模式转变；二是要从制造业与生产性服务业分离向制造业与生产性服务业共生的方向转变；三是要从土地盲目扩张向注重土地利用效率转变；四是要从高消耗、高污染的经济增长方式向低消耗、低污染的绿色、低碳经济发展方式转变；五是要从聚集经济的产业链低端产品生产区域向加强工业品设计与加工、研究与开发投入强度的创新型区域转变。要实现上述转型目标，必须做好以下几点：第一，完善政府间的合作协商机制和区域协调发展的利益补偿机制，加强区域法律框架建设，为长三角区域经济转型提供制度基础；第二，加大财政税收对新兴产业培育和传统产业转型的扶持力量，提供各项担保和优惠政策支持中小企业产业转型和优化升级；第三，增强长三角城市群制造业的专业化水平，提升服务性环节在整个价值链生产过程的价值，适度加深制造业对于生产性服务业的依存度，增强生产性服务业活力；第四，加大基础设施建设力度，打造交通、通信网络一体化的长三角经济圈，建成地区信息资源共享与交换平台，实现苏浙沪三地的信息资源的整合与共享；第五，建立新能源、低碳科技成果转化的有效机制，营造有利于新能源、低碳产业发展的法制环境；第六，提高城乡居民收入，提高低收入群体等社保对象待遇水平，增加城市和农村低保补助，加快建设保障性安居工程，加大对廉租住房建设支持力度；第七，推进企业规模结构优化，促进大企业和中小企业融合发展，形成以大企业为主导，产业集中度合理，大中小企业协调发展的产业组织结构。

7.3.1.2　加快生产力空间布局的优化调整

区域生产力空间布局是否合理，直接影响着区域生产力系统整体功能的发挥，影响着区域社会经济资源配置的宏观效益。改革开放以来，长三角两省一市各自立足于本省（市）的发展基础和区位特点，经过不断调整和优化，已基本形成了适合本地区经济发展实际的生产力空间布局。如上海市已明确提出浦东南汇地区、中心城区、郊区、崇明三岛地区四大功能片区的区域功能定位；江苏正按照“提升苏南发展水平，促进苏中快速崛起，发挥苏北后发优势”的分类指导方针，协同推进“四沿”产业带（沿江、沿沪宁线、沿东陇海线、沿海）的规划建设；浙江在培育杭、甬、温三大都市经济圈，建设环杭州湾、温台沿海、金衢丽高速公路沿线三大产业带的同时，正致力于打造山区经济和海洋经济等新的经济增长点。这种各自为政的生产力空间布局对省（市）域经济的跨越与协调发展具有重要的推动作用，但由于彼此间缺乏对长三角区域空间整体的通盘考虑，容易造成地区间的重复建设与恶性竞争，从而导致区域生产力的浪费。如当前长三角各地在港口等基础设施建设方面的过度竞争就是鲜明的例证。要切实提升长三角城市群经济系统的整体实力和竞争力，就必须紧密围绕《指导意见》的总体要求，严格按照《长江三角洲地区区域规划》的战略部署，立足各地资源特色和区位条件，明确各城市的功能定位与合理分工，通过区域内产业结构和产业空间布局、城镇体系空间布局以及基础设施布局等的优化调整，形成功能优势互补、分工布局合理的区域生产力空间布局的总体架构，并以此为依据，做好各地区生产力空间布局与总体布局的对接协调。

7.3.1.3　加快推进区域要素整合

在现代市场经济条件下，市场对社会经济资源的优化配置发挥着重要的基础性作用。长三角区域经济一体化的深入推进,离不开区域内统一开放、竞争有序的市场体系的建立。统一有序的市场体系,既包括产品市场,也包括资本、土地、人才、技术、信息、产权、品牌等生产要素市场。从当前长三角区域市场体系的发育情况来看,产品市场的发展相对较快,而生产要素市场的发育则相对迟缓。因此,长三角城市群内各地区之间应通过多种手段和途径,加快推进区域要素整合。一是推进信息跨区域互通。即要大力推动地区间信息要素的交流与互动,加快地区间信息网络沟通,实现区域内电子政务、电子商务等信息资源和信用体系资源的互通共享。二是促进区域资本整合。要充分借助上海金融中心和投资中心的作用,拓展区域内投融资渠道,鼓励和支持优质资本、优良企业跨行政区的企业并购、资产重组等。三是增进技术合作和人才流动。长三角地区科教资源丰厚、人才密集。整合区域内科教资源,实现科技成果转化的相互开放和共享,加快科技成果向现实生产力转化。联合推进长三角人才市场建设,促进人才自由流动。集中区域内的科研优势力量,联合开展重大攻关项目,在高科技、高附加值项目的研制开发方面,互为对方提供更加便利的条件。

7.3.2 切实提升金融系统的资源配置功能

长三角城市群金融系统应紧密结合自身发展实际和区域经济转型的现实要求,以加快金融业改革为导向,加快金融转型,加大创新力度,加强金融合作,不断调整优化金融系统的结构,切实提升金融系统的资源配置功能。

7.3.2.1 加快金融转型

在后危机时代,经济转型无疑已上升为中国政府的首要任务。这是经济可持续发展的内在要求。经济转型的成功与否,很大程度上取决于社会资源的配置能否从政府行政主导型模式转向市场主导型模式。由于资金是稀缺的社会生产资源的支配和使用权,资金配置的市场化就成了资源配置市场化的核心,这就决定了金融转型应成为经济转型的核心。[232]

所谓金融转型,是指通过深入推进金融业市场化改革,全面调整金融业经营结构,加快金融创新,改变目前依靠高信贷投放为主的增长模式和以存贷利差为主的收益模式,推动金融业经营模式和增长方式由以资金支持、规模扩张为主向以全面支持、质量效益为主转变,进一步提升金融服务经济和客户的能力。

加快长三角城市群金融转型不仅是长三角城市群金融业自身发展的需要,更是长三角城市群经济转型发展的需要。一方面,由于信贷规模扩张受到资本金约束,利率市场化将导致利差大幅收窄、金融脱媒不断发展、同业竞争日趋激烈，导致长三角地区的商业银行依靠规模扩张和垄断存贷利差的增长模式具有不可持续性，因而需要进一步加快金融转型；另一方面，经济、金融转型并不是割裂的，而是相辅相成的，长三角地区经济转型过程中所呈现出的先进制造业和现代服务业的兴起、民营经济的快速成长、战略性新兴产业的培育与成长、大型企业“走出去”战略的加快实施、消费需求的加快提升、区域经济一体化发展的逐步深入等新的变化和发展趋势都迫切要求金融系统在功能、业务流程、客户选择、产品种类、经营效率、组织架构、风险管理、盈利模式等方面要与之相适应、相匹配，即经济转型离不开金融转型。因此，按照国家战略规划要求，要通过经济转型和结构调整尽快使长三角地区逐步成长为亚太地区重要的国际门户、全球重要的现代服务业和先进制造业中心和具有较强国际竞争力的世界级城市群，必须加快推进长三角城市群金融转型，全面提高金融服务效率。具体来说，可以采取以下几个方面的措施。

1. 深入推进金融市场化改革

金融领域的市场化改革是优化金融资源配置、推动经济增长方式转变的重要环节。长三角城市群的金融业应将加快推进市场化改革作为金融体制改革与发展的重点与主攻方向，充分发挥市场机制在金融经营机制、管理体制、监管体制等诸方面改革的推动作用，从而消除制约金融业转型发展的深层次体制障碍，推动建立多元化、多层次的金融机构体系和金融市场体系，最终形成统一、开放的区域金融共同市场格局，为经济转型发展提供更为有效、更为广泛的服务。[233]

2. 促进商业银行信贷结构、客户结构、盈利结构转型

今后一段时期，商业银行信贷业务仍将是金融支持经济发展的最主要方式，但应结合经济转型和结构调整的实际需要，优化调整其信贷结构、客户结构和盈利结构。首先，苏浙沪两省一市都已提出把发展先进制造业、现代服务业作为经济转型的主攻方向。银行作为资金配置的主要渠道，应该在这些领域发挥重要的杠杆调节作用，重点引导金融资源向优势产业尤其是战略性新兴产业和高新技术产业化等重点产业领域集中，以此推动区域产业升级换代，提升长三角地区产业发展层级和核心竞争力。其次，当前长三角地区的中小企业和民营经济已经成为区域经济增长和效率提升的主要动力，居民消费升级也将为经济增长注入新的活力。就商业银行而言，必须适应外部经济环境的变化，通过调整自身客户结构，实现从以大客户为主向大中小客户并举，从以国有企业为主向国有、民营经济并举，从对公客户为主向对公对私客户并举转变，以更好地支持民营经济和消费信贷增长，从而为区域经济的持续发展打

造新的动力和活力。第三，通过银行盈利结构调整，提高中间业务收入比重，为实体经济提供全方面金融服务。中间业务收入比重的提升，是商业银行转型成功与否的重要标志。因此，从发展趋势看，要摆脱目前以存贷利差为主要收入来源的盈利模式，实现商业银行盈利结构的根本转变，根本还在于通过创新，突破传统业务领域边界，大力开拓中间业务，为实体经济提供更为多元化的金融服务，满足客户一揽子金融需求。

3. 推动金融机构向运营集中化、精益化转型

20 世纪 80 年代，西方国家以银行业为主的金融机构在充分借鉴工业生产企业管理创新成果的基础之上，率先在金融业兴起了新一轮业务转型浪潮，其中一项重要内容就是运营管理体系建设。他们普遍采取前后台相互分离、相互制约，后台集中运作和管理的方式，形成集约的运营模式，以达到降低成本、提升效率和打造核心竞争力的目的。而网络信息技术的快速发展及其在金融领域的广泛运用，则为这种转变提供了坚实的技术实现条件。[234] 近年来，为了应对中国金融业全面开放后的激烈竞争，国内金融机构也在不断借鉴国外金融机构的运营管理经验，对业务流程和作业模式进行系统性改革，并已取得不同程度的进展。在推动金融业务经营转型、实施精细化管理、综合化和国际化快速发展的新时期，作为国内金融业相对发达的长三角地区的金融机构，应顺应国际金融业发展变革的新趋势，充分借鉴国内外同行运营管理先进经验，极力塑造客户至上、高效服务、科学量化、追求卓越的经营管理理念，并从宏观公司治理，到中观组织架构至微观运作流程，进行全方位再造，以更加主动的姿态参与未来的市场竞争，走出一条适合自身实际的流程化运营变革之路。

4. 推动融资结构转型

以多层次资本市场建设为契机，拓宽直接融资渠道，推动融资方式从间接融资方式为主向以间接融资与发行债券等直接融资相结合的方式转变。鼓励证券业加大对高新技术产业等领域的项目和企业的金融服务力度，积极推动企业在主板（含中小板）、创业板市场首发上市或再融资。支持大中型重点企业集团通过借壳、注资、吸收合并等多种形式实现集团整体上市。鼓励证券公司充分发挥财务顾问作用，推动区域内的上市公司以股权、现金和多种金融工具组合作为并购重组支付方式，利用资本市场积极开展境内外的兼并重组，实现产业整合。鼓励金融机构积极引导各地重点产业中符合条件的企业发行企业债、公司债、可转换债券、短期融资券、中长期票据等融资工具筹措发展资金。大力发展符合中小企业特点的集合债券、集合票据。规范发展股权投资、

产业投资等各类专业投资基金，使高成长企业投资渠道畅通，提高资本化水平。积极发展风险投资，促进科技、信息、文化、中介服务等生产性服务领域的创业投资。积极推进非上市企业股权转让服务平台建设，规范发展非上市企业股权转让市场，促进非上市企业股权通过市场化机制实现资源流动配置。

7.3.2.2 推动金融创新

随着经济全球化和金融一体化程度的日益加深，创新已经成为金融支持经济发展的重要途径。长三角城市群应努力推动金融产品、服务方式、体制机制等多方面创新，全面提高区域金融体系的服务能力，加快区域金融的现代化步伐。

1. 加强金融产品和金融业务创新

深入推动并购及银团贷款业务的创新发展，促进大平台、大产业、大项目、大企业建设；加强研究契合市场需求的标准化、可交易的金融产品，比如中小企业集合票据、集合债券、中小企业信贷资产支持证券等；探索开发与排污权交易、碳交易相结合的绿色金融产品，助推低碳经济发展；积极开发知识产权质押贷款、贷款证券化、金融期权等金融创新产品，促进高新技术产业加快发展；加强金融同业合作，发展交叉性金融工具和业务品种，增强综合服务能力；稳妥发展金融衍生产品，加快保险产品创新，提高金融市场服务创新能力。

2. 推动金融服务方式创新

丰富担保融资方式，积极开展高新技术中小企业融资担保换期权试点；鼓励金融机构以"银群"会商、整体授权等方式加大对产业集群发展的金融支持力度；基于企业供应链管理需要，推动供应链金融加快发展，为企业盘活资金流的同时提高企业供应链管理的质量和效率；针对科技创新、文化创意、信息服务、中介服务及各种新兴业态企业发展对金融服务的新需求，不断改善金融服务的机制，创新服务方式，积极为此类企业拓宽融资渠道。

3. 鼓励和引导金融组织体系和体制机制创新

长三角城市群是中国外向型经济最为发达的地区，对外依存度很高，受外部需求变化的制约较大。经济结构调整和产业升级要求长三角城市群进一步优化其内部需求结构。完善金融组织体系，有利于促进形成合理的内需结构，引导民间投资和消费合理增长。要推动设立更多的创投基金、小额贷款公司、村镇银行、资金互助社、社区银行等新型金融机构，不断提高对中小企业融资服务覆盖面；鼓励、引导民间资本积极参与金融机构设立与改革，促进民间资本有序流入实体经济；推动地方金融机构优化股权结构，完善法人治理，规范运作模式；深化农村合作金融机构改革创新，转换体制机制，提高服务"三农"

和中小企业的能力;大力开发推广保障性住房等新型消费信贷产品,满足不同层次的消费需求。通过对弱势群体、消费的融资支持,引导公众预期收入合理增长,确保经济转型有序开展。[235]

7.3.2.3 深化金融合作

目前,虽然长三角城市群区域金融一体化发展步伐已经起步,同时,各中心城市在金融发展中所形成的较为明显的梯度关系以及客观上既定的经济地域联系,也使得长三角金融合作相比其他地区而言具有相对有利的合作条件和比较迫切的合作要求,但总体而言,长三角城市群还存在着区域金融一体化发展程度不够、范围不广、体系不强等诸多问题,如缺少金融合作战略规划、货币市场一体化动力不足、资本市场运作层次不高、金融创新亟待增进、社会诚信体系不够健全等。因此,加快推进长三角城市群区域金融一体化进程,还需要从制定金融协调发展战略规划、完善利益协调机制、发挥上海的龙头作用、加强区域内金融机构间的合作等多方面着手,多层次、多领域推进区域金融合作与交流的深入开展。

1. 制定金融协调发展战略规划

只有确立了区域金融协调发展的具体战略,各级政府以及金融机构等才有可能站在战略的高度进行全方位、多层次、系统化的实践操作。因此,中国人民银行应会同苏浙沪两省一市政府以《长江三角洲地区区域规划》和国家关于上海国际金融中心建设的战略部署为依据,在原有的"框架协议"基础上,制定出长三角金融协调发展的专项规划,进一步明确长三角金融协调发展的战略目标、战略模式、战略重点、战略阶段和战略对策,从战略高度为长三角金融合作提供有力保障。

2. 完善利益协调机制

利益是建立合作机制必须考虑的核心问题,也是市场主体在合作中考虑的首要问题。这是因为任何合作并不是只有收益没有成本,无论哪方面的合作都会给合作各方带来显性或隐性成本,比如合作方改造、升级原有业务系统、信息系统以及产品业务创新、分支机构建设、人员调配等都需要增加额外的成本支出,而取得收益则可能需要一定的间隔期。在利润考核指挥棒下,如果参与合作没有确定的盈利预期,没有合理的成本分摊机制和利益共享机制,市场主体参与合作的积极性就会大打折扣。因此,要深入推动长三角金融合作,就应该在已有的合作基础上进一步构建起强有力的区域金融协调发展的利益协调机制,统筹兼顾好合作各方的利益诉求。如果合作初期不能满足市场主体的利益诉求,政府应该考虑建立补偿机制。

3. 明确金融等别城市的功能定位

长三角城市群金融的协调发展，离不开区域内金融中心与金融腹地之间有差别、有梯次、有不同重点而又能够相互支撑的协同发展。在上海国际金融中心建设和杭州、南京区域金融中心建设的不断推进下，当前长三角核心区日益凸显出“一心两极两轴多点”的金融业空间布局结构特征，即一个金融中心（上海）、两个金融增长极（南京、杭州）、两个金融增长轴（“沪宁”沿线的苏州、无锡、常州及“沪杭甬”沿线的嘉兴、宁波、绍兴、舟山）、多个金融支点（长三角核心区其他城市）[229]。在此基础上，应进一步明确上海、南京—杭州、苏州—无锡—常州和嘉兴—宁波—绍兴—舟山以及其他长三角城市这4个层次金融等别城市的功能定位，努力形成分工合理、各有侧重、优势互补的多层次区域金融协作发展格局。具体而言，上海作为建设中的国际金融中心，金融业相对发达，资金、机构、人才、技术等资源已经形成集聚效应，现在应考虑如何充分发挥其辐射效应问题。上海拥有比较多的资金存差，完全可以通过一定渠道调配到苏、浙地区满足其资金的需求；南京、杭州作为次级金融中心要借助省会城市的种种优势，以区域内较为丰富的金融资源为基础，积极探讨金融体制改革和金融业务创新，深入开展与上海的金融业务合作，力求在完善自身的同时增强其立足本省、辐射周边地区的吸引力和辐射力；“沪宁”沿线的苏州、无锡、常州及“沪杭甬”沿线的嘉兴、宁波、绍兴、舟山作为长三角城市群金融增长轴，应凭借其靠近上海且交通便利的区位及基础设施优势，充分发挥其在前两层级金融产业层之间的承接作用，有效填补上海、南京、杭州三大城市对区域内小城市、城镇等的金融辐射漏洞，带动长三角内地金融业加速发展；其他金融欠发达地区的城市作为长三角城市群的金融支点，应在金融联动发展的大环境中，积极接触金融中介，大力吸引资本集聚，加速当地经济增长。

4. 加强金融机构之间的合作

长三角金融一体化发展取得实质成效的关键在于长三角地区市场主体之间的合作广度和深度。金融机构之间的合作主要包括：（1）金融监管机构的合作。在当前我国“一行三会”的金融监管体制下，长三角地区的金融监管机构是其总部的派出机构，分属于不同的管理部门。金融监管机构的合作既要协调好各金融监管机构内部的政策和措施，也应协调好不同监管部门之间的政策和措施。金融监管机构的合作行为可以在地方政府金融办的组织、协调下开展合作，也可以建立专门的政策协调会议。（2）商业性金融机构之间的合作。长三角地区金融资源整合的真正主体应该是各地的商业性金融机构。仅仅只有政府层面和金融监管机构的合作，并不一定能够使长三角地区的金融资源发生实质性流动。只有商业性金融机构真正行动起来,才能够有力推动金融资源的有效配置。商业性金融机构之间可以开展的合作非常广泛,可以是不同金融机构之间的合作,也可以是同一金融机构内部业务流程的再造;可以是金融业务合作,也可以是金融机构的股权融合。各金融机构间还应坚持因地制宜原则、整体效益原则和可持续发展原则,对各自的战略规划和业务定位进行统一和协调。其目标就是按照区域经济发展的内在要求,突破现有机构布局中的行政限制,重新进行机构和业务的布局,以增强区域内金融资源的合理配置。金融资源中有相当一部分是通过金融产品的销售实现在不同市场主体间的配置的。如果能够实现金融产品在不同地区的更大市场销售,就能够实现金融资源的更科学、合理的有效配置。所以,在长三角地区建立金融服务联合营销机制尤为重要。可建立金融机构之间的各种业务代理机制,合作开拓金融服务市场、相互交流客户信息、互相介绍客户、互相代理金融产品销售等。当然,商业性金融机构之间的合作,只能按照市场化原则进行。[236]

第八章 结论及展望

进入工业社会以来，随着城市化水平的不断提升，城市在国家和区域经济社会发展中的集聚功能、创新功能、协调功能和辐射功能显著增强，城市已经成为推进国家和区域现代化的主体和极核，并呈现出以区域内城市群整体参与全球竞争与国际分工的新的发展态势。改革开放以来，在我国区域发展战略从沿海到西部、从西部到东北进而到中部的新型发展格局中，城市群已经成为我国区域发展“多极网络”结构的不可替代的战略支点。

城市群固有的地域系统特征，意味着城市群内各城市之间相互补充结合所形成的合力，对各城市自身经济效益以及区域经济整体竞争力的提升都有着极其重要的作用。这种作用的发挥主要是通过各种连接城市与城市以及城市与区域之间的网络系统来实现的，如经济网络系统、金融网络系统、交通网络系统、信息网络系统等。各种网络系统的发达程度及其相互间的耦合状态决定着城市群运行效率的高低。在城市群的众多网络系统建设中，经济建设是中心，而在当今信用经济时代，金融是现代经济的核心。所以，从系统论的角度，充分认识和把握好城市群经济与金融系统各自的结构与功能，科学构建城市群经济与金融系统耦合发展的基本理论和测评模型，并在利用它们对城市群经济与金融系统耦合状况进行测度和评价的基础上，提出统筹发挥城市群实体经济系统的需求拉动作用和金融系统的供给推动作用的对策建议，是推进城市群健康快速发展的必然要求。

虽然不同城市群的区位条件、资源禀赋、发展阶段、文化根基等的差异导致其实体经济与金融系统的发展有着鲜明的个性特征，但不同城市群的实体经济与金融系统之间的耦合机理也有其共性规律。本书在借鉴经济地域系统、金融地域系统、系统耦合理论、经济与金融相互作用关系理论等已有研究成果的基础上，运用系统论思维，主要对城市群经济与金融系统耦合发展的共性规律及其测度模型进行了初步探求。研究认为，在经济金融化程度日益提升的当今时代，要促进城市群全面、协调、可持续发展，不能就经济论经济、就金融论金融，而应从经济与金融相互影响、彼此制约、互促共进的视角，统筹推进城市群实体经济与金融系统之间的良性耦合。同时，本书还运用所建理论与模型，对长三角城市群经济与金融系统耦合发展的实际进行了实证分析，并提出了相应的完善对策。本书所做的研究只是一个初步的尝试，研究中在运用复杂系统的自组织理论对城市群经济及金融系统演化实际进行分析方面还不够深入，对城市群经济与金融系统耦合发展机制的分析尚欠全面，所建立的关于城市群经济与金融系统耦合状况的测度模型也需加以改进和完善，这将是今后进一步研究的努力方向。

参考文献

[1] 熊剑平,刘承良,袁俊. 国外城市群经济联系空间研究进展[J]. 世界地理研究,2006,15(1):63—70.

[2] Frideman J R. The World City Hypothesis: Development&Change [J]. Urban Studies. 1986,23(2):59—137.

[3] Fujita, M., P. Krugman & A. J. Venables. The Spatial Economy [M]. Cambridge, Massachusetts: The MIT Press, 1999.

[4] 杨小凯,张永生. 新兴古典经济学与超边际分析(修订版)[M]. 北京:社会科学文献出版社,2003.

[5] Mckinnon, R. I. Money and Capital in Economic Development [M]. Washington: The Bookings Institution, 1973.

[6] Shaw, E. Financial Deepening in Economic Development[M]. New York: Oxford University Press, 1973.

[7] Greenwood Jeremy & Jovanovic Boyan. Financial Development, Growth, and the Distribution of Income[J]. Journal of Political Economy, University of Chicago Press, 1990, vol. 98(5), pages 1 076—1 107, October.

[8] Pagano Marco. Financial markets and growth: An overview[J]. European Economic Review, Elsevier, 1993, vol. 37(2—3), pages 613—622, April.

[9] King, R. G. and R. Levine. Finance, Entrepreneurship, and Growth: Theory and Evidence[J]. Journal of Monetary Economics, 1993(32):513—542.

[10] Jayaratne, J. and P. E. Strahan. The Finance-Growth Nexus: Evidence from Bank Branch Deregulation [J]. Quarterly Journal of Economics, 1996 (1): 639—670.

[11] Guiso, L., P. Sapienza and L. Zingales. Does Local Financial Development Matter. National Bureau of Economic Research Working Paper No. 8922, 2002.

[12] Dehejia, R. and A. Lleras-Muney. Why Does Financial Development Matter? The United States from 1900 to 1940. National Bureau of Economic Research, Working Paper No. 9551, 2003.

[13] Fernández de Guevara, Juan & Maudos, Joaquin. Regional financial development and bank competition: effects on economic growth. MPRA Paper 15255, University Library of Munich, 2007, Germany.

[14] 丁洪俊,宁越敏. 城市地理概论[M]. 合肥:安徽科学出版社,1983:314—324.

[15] 周一星. 中国的城市体系和区域倾斜战略探讨[M]. 哈尔滨:黑龙江人民出版社,1991.

[16] 姚士谋. 中国城市群[M]. 合肥:中国科学技术大学出版社,1992.

[17] 崔功豪,王本炎. 城市地理学[M]. 南京:江苏教育出版社,1992:58—92.

[18] 许学强,周春山. 论珠江三角洲大都会的形成[J]. 城市问题,1994(3):3—6.

[19] 顾朝林. 中国城镇体系:历史、现状、展望[M]. 北京:商务印书馆,1992.

[20] 代合治. 中国城市群的界定及其分布研究[J]. 地域研究与开发,1998,17(2):40—43,55.

[21] 朱英明. 我国城市地域结构特征及发展趋势研究[J]. 城市规划汇刊,2001,(4):55—57.

[22] 苗长虹,王海江. 中国城市群发展态势分析[J]. 城市发展研究,2005,12(4):11—14.

[23] 方创琳,宋吉涛,张蔷等. 中国城市群结构体系的组成与空间分异格局[J]. 地理学报,2005,60(5):827—840.

[24] 仇保兴. 第三次城市化浪潮中的中国范例——中国快速城市化的特点、问题与对策[J]. 城市规划,2007,31(6):9—15.

[25] 牛文元. 中国新型城市化战略的设计要点[J]. 中国科学院院刊,2009(2):130—137.

[26] 方创琳. 改革开放30年来中国的城市化与城镇发展[J]. 经济地理,2009,29(1):19—25.

[27] 张鸿雁. 中国城市化理论的反思与重构[J]. 城市问题,2010(12):2—8.

[28] 周一星. 主要经济联系方向论[J]. 城市规划,1998(2):22—25.

[29] 王德忠,庄仁兴. 区域经济联系定量分析初探——以上海与苏锡常地区经济联系为例[J]. 地理科学,1996,16(1):51—57.

[30] 李国平,王立明,杨开忠. 深圳与珠江三角洲区域经济联系的测度及分析[J]. 经济地理,2001,(1):33—37.

[31] 陈彦光,刘继生. 基于引力模型的城市空间互相关和功率谱分析[J]. 地理研究,2002,21(6):742—751.

[32] 郑国,赵群毅. 山东半岛城市群主要经济联系方向研究[J]. 地域研究与开发,2004,23(5):51—54.

[33] 苗长虹,王海江. 河南省城市的经济联系方向与强度——兼论中原城市群的形成与对外联系[J]. 地理研究,2006,25(2):222—232.

[34] 邓春玉. 城市群际空间经济联系与地缘经济关系匹配分析——以珠三角建设全国重要经济中心为例[J]. 城市发展研究,2009,16(8):83—90.

[35] 陈涛,刘继生. 城市体系分形特征的初步研究[J]. 人文地理,1994,9(1):25—30.

[36] 刘继生,陈彦光. 城镇体系等级结构的分形维数及其测算方法[J]. 地理研究,1998,17(1):82—89.

[37] 许波,纪慰华. 长江三角洲地区城市规模分布的分形研究[J]. 城市问题,2001(2):7—9.

[38] 陈彦光. 城市化:相变与自组织临界性[J]. 地理研究,200423(3):301—311.

[39] 张雪花,郭怀成,张宏伟. 区域经济联系强度的分形特征分析及其在我国西部地区的应用[J]. 北京大学学报(自然科学版),2007 43(2):245—250.

[40] 盛松成,施兵超,陈建安. 现代货币经济学——西方货币经济理论研究[M]. 北京:中国金融出版社,1992.

[41] 谢平. 中国金融资产结构分析[J]. 经济研究,1992(11):30—37.

[42] 易纲. 中国金融资产结构分析及政策含义[J]. 经济研究,1996(12):26—33.

[43] 张杰. 中国的货币化进程、金融控制及改革困境[J]. 经济研究,1997(8):20—25,78.

[44] 谈儒勇. 中国金融发展和经济增长关系的实证研究[J]. 经济研究,1999(10):53—61.

[45] 赵志君. 金融资产总量、结构与经济增长[J]. 管理世界,2000(3):126—136,149.

[46] 王维安. 金融结构:理论与实证[J]. 浙江大学学报(人文社会科学版),2000,30(1):135—142.

[47] 王广谦. 中国金融发展中的结构问题分析[J]. 金融研究,2002(5):47—56.

[48] 沈坤荣,张成. 金融发展与中国经济增长——基于跨地区动态数据的实证研究[J]. 管理世界,2004(7):15—21.

[49] 李健等. 中国金融发展中的结构问题[M]. 中国人民大学出版社,2004.

[50] 易纲,宋旺. 中国金融资产结构演进:1991—2007[J]. 经济研究,2008(8):4—15.

[51] 林毅夫,孙希芳,姜烨. 经济发展中的最优金融结构理论初探[J]. 经济研究,2009(8):4—17.

[52] 白钦先. 金融结构、金融功能演进与金融发展理论的研究历程[J]. 经济评论,2005(3):39—45.

[53] 曾康霖. 要注重研究区域金融[J]. 财经科学,1995(4):15—18,34.

[54] 唐旭. 货币资金流动与区域经济发展[D]. 中国人民银行研究生部博士论文,1995.

[55] 贝多广. 中国资金流动分析[M]. 上海:上海三联书店、上海人民出版社,1995.

[56] 张军洲. 中国区域金融分析[M]. 北京:中国经济出版社,1995.

[57] 巴曙松. 转轨经济中的非均衡区域金融格局与中国金融运行[J]. 改革与战略,1998(4):21—27.

[58] 周立,胡鞍钢. 中国金融发展的地区差距状况分析(1978—1999)[J]. 清华大学学报(哲学社会科学版),2002,17(2):60—74.

[59] 刘仁伍. 区域金融结构和金融发展理论与实证研究[M]. 北京:经济管理出版社,2002.

[60] 陈先勇. 中国区域金融发展与区域经济增长[M]. 武汉:武汉大学出版社,2005.

[61] 麦勇. 自由化进程中的中国区域金融比较研究[M]. 北京:中国经济出版社,2005.

[62] 艾洪德,徐明圣等. 区域金融研究:以辽宁省为例[M]. 大连:东北财

经大学出版社,2006.

[63] 田霖.区域金融成长差异:金融地理学视角[M].北京:经济科学出版社,2006.

[64] 张凤超.金融地域系统研究——关于金融一体化的一种解释[M].北京:人民出版社,2006.

[65] 杨德勇.区域产业与金融发展研究[M].北京:中国经济出版社,2007.

[66] 王景武.中国区域金融发展与政府行为:理论与实证[M].北京:中国金融出版社,2007.

[67] 郑长德.中国区域金融问题研究[M].北京:中国财政经济出版社,2007.

[68] 范祚军.区域金融调控论[M].北京:人民出版社,2007.

[69] 尹优平.中国区域金融协调发展研究[M].北京:中国金融出版社,2008.

[70] 高连和.区域金融和谐发展研究[M].北京:中国经济出版社,2008.

[71] 陈雁云.区域金融理论与问题研究[M].南昌:江西人民出版社,2009.

[72] 潘志纯.加快长江三角洲地区经济协调发展[J].宏观经济研究,2002(9):22—25.

[73] 诸大建.把长江三角洲建设成为国际性大都市带的思考[J].城市规划汇刊,2003(1):59—61.

[74] 李方.长三角经济一体化与金融资源配置优化[J].社会科学,2006(8):48—51.

[75] 洪银兴.长江三角洲经济一体化和范围经济[J].学术月刊,2007(9):71—76.

[76] 刘志彪,郑江淮等.长三角经济增长的新引擎[M].北京:中国人民大学出版社,2007.

[77] 苏宁.推进"长三角"金融协调发展[J].上海金融,2008(5):5—7.

[78] 中国人民银行上海总部国际部课题组.东京城市经济圈发展经验及其对长三角区域经济一体化的借鉴[J].上海金融,2008(4):10—13.

[79] [美]冯·贝塔朗菲著.林康义,魏宏森等译.一般系统论基础、发展和应用[M].北京:清华大学出版社,1987.

[80] 许国志.系统科学[M].上海:上海科技教育出版社,2000.

[81] 钱学森. 创建系统学(新世纪版)[M]. 上海:上海交通大学出版社,2007.

[82] 钱学森等. 论系统工程(增订本)[M]. 湖南:湖南科学技术出版社,1988.

[83] 魏宏森,宋永华等. 开创复杂性研究的新学科——系统科学纵览[M]. 四川:四川教育出版社,1991.

[84] 魏宏森,曾国屏. 系统论——系统科学哲学[M]. 北京:清华大学出版社,1995:201—276.

[85] E. 拉兹洛著. 闵家胤译. 用系统的观点看世界[M]. 北京:中国社会科学出版社,1985,30.

[86] 沈小峰,胡岗,姜璐. 耗散结构论[M]. 上海:上海人民出版社,1987.

[87] 陈才. 区域经济地理学[M]. 北京:科学出版社,2001.

[88] Gottmann J. Megalopolis: or the Urbanization of the Northeastern Seaboard[J]. Economic Geography,1957,(33),189—200.

[89] Pyrgiotis Y. N. ,Urban Networking in Erope,Ekistics,1991,50(2).

[90] Kunzmann,M. Wegener,The Attern of Urbanization in Western Europe, Ekistics,1991, 50(2).

[91] Allen J Scott. Global City-regions: Trends,Theory,Policy. Oxford University Press,2001:78—87.

[92] 姚士谋,陈振光,朱英明等. 中国城市群(第三版)[M]. 合肥:中国科学技术大学出版社,2006.

[93] 顾朝林. 中国城镇体系研究[M]. 北京:商务印书馆,1995:201—226.

[94] 李京文. 中国区域经济发展格局的演变趋势与城市群的建设及其对国民经济增长的影响——以长江三角洲为例[J]. 中国城市经济,2007(3):12—24.

[95] 陈柳钦. 城市群:城市化健康发展的主体形态[J]. 中国矿业大学学报(社会科学版),2008(3):68—73.

[96] 赵晓雷. 城市经济与城市群[M]. 上海:上海人民出版社,2009.

[97] 崔大树. 经济全球化进程中城市群发展的制度创新[J]. 财经问题研究,2003(5):68—72.

[98] 吴易风. 马克思的经济增长理论模型[J]. 经济研究,2007(9):11—17.

[99] 宋则行. 马克思经济增长理论探索——兼与西方现代经济增长模式比较[J]. 当代经济研究,1995(1):1—12.

[100] 吴易风. 经济增长理论:从马克思的增长模型到现代西方经济学家的增长模型[J]. 当代经济研究,2000(8):1—4.

[101] 孙力军. 中国金融发展与经济增长关系的理论和实证分析[D]. 复旦大学经济学院博士论文,2007.

[102] Solow, R. M. A Contribution to the the Theory of Economic Growth[J]. Quarterly Journal of Economics, 1956, 70(1):65—94.

[103] 高鸿业. 西方经济学(宏观部分)(第四版)[M]. 北京:中国人民大学出版社,2007:702—704.

[104] Cass, D. Optimum Economic Growth in an Aggregative Model of Capital Accumulation[J]. Review of Economic Studies, 1965, Vol. 32:233—240.

[105] Koopmans, T. C. On the Concept of Optimal Economic Growth. In The Economic Approach to Development Planning. Amsterdam: North-Holland, 1965.

[106] Romer, P. M. Increasing Returns and Long-run Growth[J]. Journal of Political Economy, 1986, 94(5):1002—1037.

[107] Romer, P. M. Endogenous Technological Change[J]. Journal of Political Economy. XCⅧ, 1990, 71—103.

[108] Lucas, R. On the Mechanics of Economics Development[J]. Journal of Monetary Economics, 1988, (22):3—42.

[109] Mankiw, G. N., Romer, D. and Weil, D. A Contribution to the Empirics of Economic Growth[J]. Quarterly Journal of Economics, 1992, 107, 407—438.

[110] [美]雷蒙德·W·戈德史密斯著,周朔等译. 金融结构与金融发展[M]. 上海:三联书店上海分店出版,1990.

[111] Merton, R. C. A Functional Perspective of Financial Intermediation [J]. Financial Management, 1995(24):23—41.

[112] Levine, R. Financial Development and Economic Growth: Views and Agenda[J]. Journal of Economic Literature, 1997, 35(2):688—726.

[113] [美]约翰·G. 格利,爱德华·S. 肖著. 贝多广译. 王传纶校. 金融理论中的货币[M]. 上海:三联书店上海分店,1994:1.

[114] Marco Pagano. Financial markets and growth: An overview[J]. European Economic Review, 1993, 37(2—3):613—622.

[115] [美]兹维·博迪,[美]罗伯特·C. 莫顿. 伊志宏等译校. 金融学

[M]. 北京:中国人民大学出版社,2000.

[116] Levine, R. Finance and Growth: Theory and Evidence. NBER working Paper, No. 10766, 2004.

[117] 白钦先. 金融结构、金融功能演进与金融发展理论的研究历程[J]. 经济评论,2005(3):39—45.

[118] 白钦先,谭庆华. 论金融功能演进与金融发展[J]. 金融研究,2006(7):41—52.

[119] 孙立坚,李安心,牛晓梦. 金融体系的脆弱性不会影响经济增长吗?——来自对中国案例实证分析的答案[C]. 厦门:全国金融理论高级研讨会会议论文,2003.

[120] 徐良平,黄俊青,覃展辉. 金融与经济关系研究的功能范式:一个初步分析框架[J]. 经济评论,2004(1):63—67.

[121] 白钦先. 以金融资源学说为基础的金融可持续发展理论和战略——理论研究的逻辑[J]. 华南金融研究,2003(3):1—6.

[122] 白钦先. 再论以金融资源论为基础的金融可持续发展理论——范式转换、理论创新和方法变革[J]. 国际金融研究,2000(2):7—14.

[123] 林广明,谭庆华. 金融资源论:对金融功能观与金融机构观的综合研究[J]. 金融论坛,2004(6):3—8.

[124] 白钦先,白炜. 金融功能研究的回顾与总结[J]. 财经理论与实践,2009,30(5):2—4.

[125] 昝廷全. 系统经济:新经济的本质——兼论模块化理论[J]. 中国工业经济,2003,(9):23—29.

[126] 高洪深. 经济系统分析[M]. 北京:清华大学出版社,2007.

[127] 梁吉义. 论区域经济系统与发展整体观[J]. 系统辩证学学报,2002,10(1):41—44,60.

[128] 谷国锋,张秀英. 区域经济系统耗散结构的形成与演化机制研究[J]. 东北师大学报自然科学版,2005,37(3):119—124.

[129] 金丽国. 区域主体与空间经济自组织[M]. 上海:上海人民出版社,2007:57.

[130] 苏汝劼,夏明. 国民经济核算概论[M]. 北京:中国人民大学出版社,2004:11—14.

[131] 苏东水. 产业经济学[M]. 北京:高等教育出版社,2000:246—249.

[132] 王士君. 城市相互作用与整合发展[M]. 北京:商务印书馆,2009:

73—74.

[133] 汪浩. 社会经济系统结构、运行机制与功能的系统思考——祝贺《系统工程》创办 100 期[J]. 系统工程,2000,18(4):3—4.

[134] 周惠中. 微观经济学(第二版)[M]. 上海:上海人民出版社,2003:1.

[135] [美]萨缪尔森,诺德豪斯著. 萧琛主译. 经济学(第 17 版)[M]. 北京:人民邮电出版社,2004.

[136] [美]克鲁格曼,韦尔斯著. 黄卫平等译. 微观经济学[M]. 北京:中国人民大学出版社,2009:11.

[137] 郁鸿胜. 中国城市群要走的道路:培育世界级城市群[N]. 国际金融报,2004—8—23,第十四版.

[138] 王子龙,谭清美,许箫迪. 区域经济系统演化的自组织机制研究[J]. 财贸研究,2005(6):5—9.

[139] 白钦先. 百年金融的历史性变迁[2003]. 国际金融研究,2003,(2):59—63.

[140] 胡祖六. 金融与现代化[M]. 北京:清华大学出版社,2009:1.

[141] [美]艾伦,[美]盖尔. 王晋斌等译. 比较金融系统[M]. 北京:中国人民大学出版社,2002.

[142] [美]克鲁格曼,[美]韦尔斯著;赵英军等译. 宏观经济学[M]. 北京:中国人民大学出版社,2009.

[143] [美]梅耶,[美]杜森贝里,[美]阿利伯著;林保清等译. 货币、银行与经济:第 6 版[M]. 上海:上海人民出版社,2007:18.

[144] [美]米什金著;刘毅等译. 货币金融学(第六版)[M]. 北京:中国人民大学出版社,2005:8.

[145] [美]迪恩 · 克罗绍著;吕随启译. 货币银行学[M]. 北京:中国市场出版社,2008:13.

[146] 易钢,吴有昌. 货币银行学[M]. 上海:上海人民出版社,1999:1,103.

[147] 黄达. 金融学(第 2 版)[M] . 北京:中国人民大学出版社,2009.

[148] 何问陶,田晔. 中国金融体系演进的内在逻辑初探——兼与"市场主导型"商榷[J]. 经济体制改革,2003(4):85—89.

[149] 向新民. 金融系统的脆弱性与稳定性[M]. 北京:中国经济出版社,2005:15—30.

［150］胡志强. 金融系统的福利经济分析［M］. 武汉：武汉大学出版社，2005：1.

［151］邵国华. 金融系统协调论［M］. 北京：中国财政经济出版社，2008：8—9.

［152］姜璐，蔡维. 金融系统分析与风险管理［M］. 北京：北京师范大学出版社，2009：1.

［153］杨晓光，马超群. 金融系统的复杂性［J］. 系统工程，2003(5)：1—4.

［154］胡庆康. 现代货币银行学教程(第四版)［M］. 上海：复旦大学出版社，2006：58.

［155］朱孔来，路翠. 金融控股公司：我国商业银行由分业到混业的摆渡者［J］. 管理世界，2008(7)：168—169.

［156］杨凤华. 经济发展与金融发展相互作用关系的一般分析［J］. 南通大学学报(社会科学版)，2012(1)：113—120.

［157］沈坤荣，孙文杰. 投资效率、资本形成与宏观经济波动——基于金融发展视角的实证研究［J］. 中国社会科学，2004(6)：52—63.

［158］［美］米什金(Mishkin，F. S.)，［美］埃金斯(G. Eakins，S. G.)著；张莹，刘波译. 金融市场与金融机构(原书第5版)［M］. 北京：机械工业出版社，2008：10—18.

［159］中国社会科学院经济增长前沿课题组. 经济增长、结构调整的累积效应与资本形成——当前经济增长态势分析［J］. 经济研究，2003(8)：3—12，27.

［160］王定祥，李伶俐，冉光和. 金融资本形成与经济增长［J］. 经济研究，2009(9)：39—51.

［161］任继周，葛文华，张自和. 草地畜牧业的出路在于建立草业系统［J］. 草业科学，1989(5)：1—3.

［162］任继周，万长贵. 系统耦合与荒漠—绿洲草地农业系统——以祁连山—临泽剖面为例［J］. 草业学报，1994，3(3)：1—8.

［163］董孝斌，高旺盛. 关于系统耦合理论的探讨［J］. 中国农学通报，2005，21(1)：290—292，339.

［164］杨士弘. 广州城市环境与经济协调发展预测及调控研究［J］. 地理科学，1994，14(2)：136—143.

［165］廖重斌. 环境与经济协调发展的定量评判及其分类体系——以珠江三角洲城市群为例［J］. 热带地理，1996，19(2)：171—177.

[166] 吴跃明,郎东锋,张子琦等. 环境—经济系统协调度模型及其指标体系[J]. 中国人口资源与环境,1996,6(2):47—50.

[167] 黄金川,方创琳. 城市化与生态环境交互耦合机制与规律性分析[J]. 地理研究,2003,22(2):211—220.

[168] 刘耀彬,李仁东,宋学锋. 中国城市化与生态环境耦合度分析[J]. 自然资源学报,2005,20(1):105—112.

[169] 熊鹰,曾光明,董力三等. 城市人居环境与经济协调发展不确定性定量评价——以长沙市为例[J]. 地理学报,2007,62(4):397—406.

[170] 董会忠,薛惠锋,宋红丽. 基于耦合理论的经济—环境系统影响因子协调性分析[J]. 统计与决策,2008(2):8—10.

[171] 吴寒光. 关于科技经济社会协调发展的思考[J]. 兰州商学院学报,1995(3):18—21.

[172] 孟庆松,韩文秀,金锐. 科技——经济系统协调模型研究[J]. 天津师大学报(自然科学版),1998,18(4):8—12.

[173] 张利华,李一峰,徐晓新. 我国县域科技进步与经济发展协调性分析[J]. 管理评论,2005,17(2):45—50.

[174] 张仁开,杨耀武. 我国科技进步与经济发展的协调性评价研究[J]. 世界科技研究与发展,2007(2):100—107.

[175] 刘满凤. 地区科技发展与经济发展的协调性分析——基于相对效率角度[J]. 江西财经大学学报,2008(4):5—8.

[176] 殷林森. 基于复合系统理论的上海市科技经济系统协调发展研究[J]. 科技进步与对策,2010,27(2):37—39.

[177] 李欣燃. 产业集群与区域经济系统耦合研究[J]. 当代经济 2004(4上):116—118.

[178] 吴勤堂. 产业集群与区域经济发展耦合机理分析[J]. 管理世界,2004(2):133—134,136.

[179] 王琦,陈才. 产业集群与区域经济空间的耦合度分析[J]. 地理科学,2008,28(2):145—149.

[180] 李晓西,杨琳. 虚拟经济、泡沫经济与实体经济[J]. 财贸经济,2000(6):5—11.

[181] 成思危. 虚拟经济探微[J]. 南开学报(哲学社会科学版),2003(2):23—28.

[182] 杜厚文,伞锋. 虚拟经济与实体经济关系中的几个问题[J]. 世界经

济,2003(7):74—79.

[183] 刘金全.虚拟经济与实体经济之间关联性的计量检验[J].中国社会科学,2004(4):80—90.

[184] 袁国敏,王亚鸽,王阿楠.中国虚拟经济与实体经济发展的协调度分析[J].当代经济管理,2008,30(3):12—15.

[185] 蔡则祥,孙国锋.江苏省县域经济与县域金融发展的耦合研究[J].审计与经济研究,2004,19(5):44—47,56.

[186] 河北省金融学会课题组.金融与经济协调性研究[J].金融研究,2005(8):150—162.

[187] 谭玉成.对环渤海经济圈金融产业集聚与经济增长的耦合关系研究[J].时代金融,2009(7):54—56.

[188] 邓奇志.西部视角的实体经济系统与金融系统协调度分析[J].求索,2011(3):35—37.

[189] 刘学录,任继周.河西走廊山地—绿洲—荒漠复合系统耦合的景观生态学机制[J].应用生态学报,2002,13(8):979—984.

[190] 周立华,樊胜岳,王涛.黑河流域生态经济系统分析与耦合发展模式[J].干旱区资源与环境,2005(5):67—72.

[191] 赵勇.区域一体化视角下的城市群形成机理研究[D].西北大学博士学位论文,2009:26—27.

[192] 傅允生.资源约束变动与区域经济动态均衡发展——基于广义资源视域与资源配置力的考察[J].学术月刊,2007,39(11):73—80.

[193] 王振山.金融效率论[M].北京:经济管理出版社,2000:24.

[194] [瑞典]劳拉詹南著;孟晓晨,樊绯等译.金融地理学:金融家的视角[M].北京:商务印书馆,2001:3.

[195] Young, A., The Razors Edge: Distortions and Incremental Reform in the Peoples Republic of China[J]. Quarterly Journal of Economics, 2000, 115(4): 1 091—1 135.

[196] Poncet, S., 中国市场正在走向"非一体化"?——中国国内和国际市场一体化程度的比较分析[J].世界经济文汇,2002(1):3—17.

[197] 白重恩,杜颖娟,陶志刚等.地方保护主义及产业地区集中度的决定因素和变动趋势[J].经济研究,2004(4):29—40.

[198] 桂琦寒,陈敏,陆铭等.中国国内商品市场趋于分割还是整合?——基于相对价格法的分析[J].世界经济,2006(2):20—30.

[199] Samuelson, Paul A., Theoretical Note on Trade Problem[J]. Review of Economics and Statistics, 1964, 46(2), 145—154.

[200] Parsley, David C. and Wei, Shang-Jin. Convergence to the Law of One Price without Trade Barriers or Currency Fluctuations[J]. Quarterly Journal of Economics, 1996, 111(4), 1 211—1 236.

[201] Parsley, David C. and Wei, Shang-Jin. Explaining the Border Effect: The Role of Exchange Rate Variability, Shipping Cost, and Geography[J]. Journal of International Economics, 2001(55): 87—105.

[202] Worthington, A. C. and H. Higgs. Assessing Financial Integration in European Union equity markets, 1990—2006: Panel Unit Root and Multivariate Cointegration and Causality Evidence, University of Wollongong, School of Accounting and Finance Working Paper series No 07, 10, 2007.

[203] Lieven Baele, Annalisa Ferrando, Peter Hrdahl, Elizaveta Krylova and Cyril Monnet. Measuring Financial Integration in the EURO Area. European Central Bank. Occasional Paper Series No. 14, April, 2004.

[204] Feldstein Martin, Charles Horioka. Domestic Saving and International Capital Flows[J]. The Economic Journal, 1980(6): 314—329.

[205] 李旭辉. 论马克思主义的经济利益理论[J]. 经济评论, 2004(3): 27—31.

[206] 汪伟全. 区域一体化、地方利益冲突与利益协调[J]. 当代财经, 2011(3): 87—93.

[207] 黄溶冰. 府际治理、合作博弈与制度创新[J]. 经济学动态, 2009(1): 76—80.

[208] 庄士成. 长三角区域合作中的利益格局失衡与利益平衡机制研究[J]. 当代财经, 2010(9): 65—69.

[209] 刘晴辉. 市场诱致、政府推动与金融结构变迁[J]. 财经科学, 2008(8): 35—41.

[210] 俞可平. 中国公民社会:概念、分类与制度环境[J]. 中国社会科学, 2006(1): 109—122.

[211] 梁莹. 政府、市场与公民社会的良性互动[J]. 公共管理学报, 2004, 1(4): 86—91.

[212] 创建长三角区域性行业协会可行性研究课题组. 创建长三角区域性行业协会可行性研究(一)[J]. 上海企业, 2010(9): 51—54.

[213] 周叔莲. 深刻领会和把握"转变经济发展方式"[N]. 中国社会科学院院报,2007—12—18,第001版.

[214] 马建堂. 关于加快转变经济发展方式的几个问题[J]. 国家行政学院学报,2010(3):4—9.

[215] 张卓元. 调整经济结构 加快转变经济发展方式[J]. 政策,2011(1):35—37.

[216] 梁琦. 分工、集聚与增长[M]. 北京:商务印书馆,2009:21—24.

[217] 杨凤华. 长三角区域经济一体化深化发展的思考[J]. 工业技术经济,2011(5):8—14.

[218] 范恒山. 加快提升长三角地区国际竞争力:当前环境与实现途径[J]. 经济研究参考,2008(54):4—7,25.

[219] 张颢瀚. 长江三角洲一体化进程研究:发展现状、障碍与趋势[M]. 北京:社会科学文献出版社,2007:50.

[220] 陈建军. 长江三角洲区域经济一体化的三次浪潮[J]. 中国经济史研究,2005(3):113—122.

[221] 洪银兴,刘志彪. 长江三角洲地区经济发展的模式和机制[M]. 北京:清华大学出版社,2003:34—35.

[222] 周学江,吴唯佳. 空间功能整合与规划制度保障——面向京津冀地区的区域空间协调合作[A]. 生态文明视角下的城乡规划——2008中国城市规划年会论文集[C]. 2008:1—9.

[223] 胡序威. 中国区域规划的演变与展望[J]. 地理学报,2006(6):585—592.

[224] 银温泉,才婉茹. 我国地方市场分割的成因和治理[J]. 经济研究,2001(6):3—12.

[225] 叶必丰. 长三角经济一体化背景下的法制协调[J]. 上海交通大学学报(哲学社会科学版),2004(6):5—13.

[226] 人民银行绍兴市中心支行课题组. 参与长三角金融合作的对策建议[J]. 浙江金融,2003(10):13—15.

[227] 中国人民银行上海总部课题组. 江浙沪二省一市银行结算账户及资金往来分析[J]. 上海金融,2008(3):84—87.

[228] 中国人民银行上海分行课题组."长三角"金融合作研究[J]. 上海金融,2005(3):8—10.

[229] 沈玉芳,张婧,王能洲等. 长三角城市群金融业演进的空间结构特

征[J]. 地域研究与开发,2011(2):86—90.

[230] 杨凤华,王国华. 长江三角洲区域市场一体化水平测度与进程分析[J]. 管理评论,2012(1):32—38.

[231] 孙久文,姚永玲,文余源等. 长三角地区经济发展转型问题初探[J]. 开发研究,2011(1):1—4.

[232] 潘英丽. 为何需要加快金融转型[J]. 西部论丛,2010(12):49—51.

[233] 刘仁伍. 加快金融产业培育,优化金融资源配置,助推浙江经济转型[J]. 浙江金融,2011(1):3—9.

[234] 张玉庆,马树江,宋利鹏. 现代商业银行运营管理模式探讨[J]. 华北金融,2011(5):30—32.

[235] 中国人民银行上海总部课题组. 金融支持上海经济转型问题研究[J]. 上海金融,2011(5):5—11.

[236] 戴小平,鹿长余. 长三角金融合作与区域经济发展[J]. 上海金融学院学报,2010(5):45—52.

后　记

本书是在我的博士学位论文基础上修改完成的，在本书即将付梓出版之际，我最想说的是，博士学习生活美好而难忘，因为我有幸师从中国人民银行调查统计司司长盛松成教授。恩师博学睿智的大家风范和严谨务实的治学态度如春风化雨，令人景仰。在我攻读博士学位的几年中，恩师经常鼓励我夯实理论基础，关注学术前沿，掌握科研方法。在博士论文写作过程中，从选题、构思、资料收集、写作到最后的审阅，都凝聚着恩师大量的心血。几年的学习生活虽然短暂，但恩师对我研究方向的指引以及研究思维、研究方法和研究能力的培养，让我终身受益。在此，谨向恩师致以崇高的敬意和衷心的感谢！

饮水思源，借此我要真诚感谢我的硕士导师栾贵勤教授。在她的精心指导和教诲下，我开始真正涉足区域经济学领域。

真心感谢上海理工大学管理学院的雷良海教授、王恒山教授、叶春明教授、严广乐教授、孙绍荣教授、张永庆教授、杨会杰教授等各位良师的谆谆教诲！感谢他们在我博士论文完成写作所给予的热情鼓励和有益指导，他们高屋建瓴的见解拓宽了我的学术视野。深深感谢原吉林省教委主任陈谟开教授、复旦大学陈学彬教授、上海财经大学施兵超教授、上海交通大学胡海鸥教授、南通大学管怀鋆教授对我论文的评阅和指正。同时，诚挚感谢我所在单位——南通大学及其商学院的领导和同事们在我攻读博士学位期间为我提供的种种支持和帮助。

感谢陈宁波、施佺、束义明、张睿、吴兵等好友和同窗，他们不仅在学习、研究、生活中给了我极大的帮助，而且与他们的交往使我深深体会到挚友情、同学情的弥足珍贵。

本书写作中查阅了大量的国内外文献资料，并选择性地吸收了他人的研究成果和理论，限于篇幅不能一一列示，在此一并对这些作者表达我深深的谢意。

感谢苏州大学出版社薛华强主任和施小占编辑，正是在他们的大力支持和精心策划下，本书才得以顺利出版。

最后，我要感谢我的家人，感谢他们对我的理解、支持、关心和鼓励。家人的温暖总是可以汇聚成跨越困难的巨大力量。在我近些年来攻读学位期间，对家庭顾及较少，但家人时时刻刻都在给予我无私的关爱与鼓励。家人的理解与支持是我一生最大的财富和动力。

杨凤华

2012 年 9 月